이더리움 쿡북

이더리움 쿡북

실전 예제와 함께 배우는 이더리움 기반 토큰,
게임, 스마트 계약, 댑 구현 방법

마노지 P R 지음 남기혁 · 최현영 옮김

Packt>
에이콘

아버지께

— 마노지 P R

지은이 소개

마노지 P R Manoj P R

분산 원장 기술 분야에서 3년 이상의 경력을 보유한 IT 기술에 능통한 개발자다. 인기 있는 최신 기술에 관심과 열정을 갖고 있어 적극적으로 학습하고 공헌한다. 전문 분야는 이더리움, 자바스크립트, Go 언어이며, 프로그래밍을 독학으로 익혀서 학창 시절부터 프리랜서 개발자로 경력을 쌓았다. 전 세계 다양한 고객을 대상으로 확장성 있는 엔터프라이즈 블록체인 솔루션을 여러 차례 개발했으며, 현재 콘듀언트 랩스Conduent Labs에서 블록체인 SMESubject Matter Expert(주제 전문가)로 근무하고 있다. 현실 문제를 기술로 해결하는 데 관심이 많고, 오픈 소스 프로젝트에 활발하게 참여한다. 본업 외에도 여행과 글쓰기를 즐긴다.

기술 감수자 소개

마유크 무크호파디아이|Mayukh Mukhopadhyay

타타 컨설턴시 서비스에서 어시스턴트 컨설턴트로 근무하며, 전 세계에서 가장 오래된 통신 회사의 빅데이터 및 수익 보장 프로젝트에 참여하면서 복잡한 데이터로부터 실제로 유용한 의미를 도출하는 업무를 수행하고 있다. 『Ethereum Smart Contract Development』(Packt, 2018)를 집필했으며 틈틈이 블록체인 구현과 관련된 자원 봉사 컨설팅 활동도 하고 있다. 인도의 자다브푸르 대학에서 소프트웨어 공학 석사 학위를 취득했으며, IIT 카라그푸르에서 EMBA 과정을 이수하고 있다.

아직 11개월밖에 되지 않은 연약한 아기지만 딸바보인 아빠를 항상 응원해준 딸, 아브리티에게 감사의 말을 남긴다. 또한 나의 아내 브라티카에게 "서로 다른 점은 많지만 마음만큼은 하나다"라고 전하고 싶다.

옮긴이 소개

남기혁(kihyuk.nam@gmail.com)

고려대 컴퓨터학과에서 학부와 석사 과정을 마친 후 한국전자통신연구원에서 선임 연구원으로 재직하고 있으며, 현재 ㈜프리스티에서 네트워크 제어 및 검증 소프트웨어 개발 업무를 맡고 있다. 에이콘출판사에서 출간한 『GWT 구글 웹 툴킷』(2008), 『해킹 초보를 위한 USB 공격과 방어』(2011), 『자바 7의 새로운 기능』(2013), 『iOS 해킹과 보안 가이드』(2014), 『Neutron 오픈스택 네트워킹』(2015), 『실전 IoT 네트워크 프로그래밍』(2015), 『애플 워치 WatchKit 프로그래밍』(2015), 『현대 네트워크 기초 이론』(2016), 『도커 컨테이너』(2017), 『스마트 IoT 프로젝트』(2017), 『파이썬으로 배우는 인공지능』(2017), 『메이커를 위한 실전 모터 가이드』(2018), 『트러블 슈팅 도커』(2018), 『Go 마스터하기』(2018), 『자율주행 자동차 만들기』(2018) 등을 번역했다.

최현영(commani@gmail.com)

고려대학교 컴퓨터학과에서 학사, 석사, 박사를 마치고, 고려대학교 융합소프트웨어 대학원에서 연구교수를 거쳐, 현재 미국 펜실베니아 대학, PRECISE 센터에서 연구교수로 재직 중이다.

옮긴이의 말

최근 비트코인을 비롯한 암호화폐에 대한 열기가 주춤한 분위기입니다. 그래도 블록체인과 스마트 계약에 대한 기대감은 꾸준합니다. 이 책은 스마트 계약의 원조격인 이더리움 개발과 관련된 다양한 내용을 실습 위주로 소개합니다. 블록체인과 스마트 계약에 대한 개념은 어렴풋하게나마 갖고 있지만 실제 개발 경험은 없는 독자를 대상으로 하는 책입니다. 이더리움 개발 관련 오픈소스 도구들은 유난히 업데이트가 잦은 편입니다. 이 책에서 예제 코드가 solidity 0.4.1x부터 0.4.2x까지 다양하게 나온 것만 봐도 개발이 급속도로 진행되고 있다는 것을 가늠할 수 있습니다. 번역서가 출간되는 현재 solidity만 봐도 0.5.x대로 올라갔고, 다른 도구도 얼마든지 변경될 여지가 많습니다. 이러한 환경을 염두에 두고, 이 책에 나온 기본 사항을 얼마든지 응용하겠다는 자세로 활용한다면 도움될 것으로 믿습니다.

이번 번역도 예전 책과 마찬가지로 쉽고 빠른 내용 전달에 우선순위를 뒀습니다. 한창 개발 중인 분위기를 반영해 굳이 한글 표현을 고안하기보다는 음차 표기를 적극적으로 택했습니다. 최대한 원서의 의도와 코드를 정확히 전달하고자 노력했지만 독자 입장에서 아쉬운 점은 얼마든지 나올 수 있습니다. 이 점에 대해 미리 양해를 구합니다. 마지막으로 좋은 책 맡겨주신 에이콘 대표님과 마지막까지도 많은 수정 요청을 잘 받아주신 편집 팀, 예제 코드의 문제점을 예리하게 지적해주신 최현영 박사님, 1장 예제를 꼼꼼히 확인하고 캡처까지 남겨준 이충희 군에게 감사의 말을 남깁니다.

차례

들어가며

이 책은 당장 실전에 써먹을 수 있는 기법을 소개하는 가이드이다. 이더리움을 설치하는 방법, 네트워크에 연결하는 방법, 뛰어난 품질의 스마트 계약을 개발하고 배치하며 트러플과 가나슈로 개발 과정을 관리하고, 자신만의 토큰과 ICO를 개발하고, 탈중앙화 게임과 조직을 구축하고, 여러 종류의 토큰을 지원하는 자신만의 지갑을 개발하는 방법 등을 소개한다.

또한 이더리움에서 발생할 수 있는 여러 가지 보안 취약점과 다양한 이더리움 관련 프로토콜도 소개한다. 그리고 확장성 있고 보안이 뛰어난 애플리케이션을 만드는 데 도움이 되는 다양한 설계 고려 사항과 기법도 소개한다. 이 책에서 전반적으로 다루는 내용과 고급 주제를 통해 이더리움의 원칙과 생태계를 이해할 수 있을 것이다.

이 책의 대상 독자

이더리움 블록체인 네트워크를 구축하고, 스마트 계약을 개발해서 배치하고, 탈중앙화 애플리케이션, 댑DApp을 만들거나 P2P 트랜잭션을 수행하는 방법을 알고 싶은 이들을 대상으로 하는 책이다. 이 책을 제대로 이해하기 위해서는 블록체인의 기본 개념과 자바스크립트 및 노드JS의 기초 지식이 도움이 된다.

이 책에서 다루는 내용

1장 이더리움 시작하기 이더리움의 기초와 관련 도구를 소개한다. 이더리움 설치하고 설정하는 방법과 네트워크에 연결해서 실행하는 예제를 실습해본다.

2장 스마트 계약 작성하기 스마트 계약을 작성하는 요령을 다양한 예제를 통해 살펴본다. 또한 작성한 계약을 컴파일, 배치, 테스트하는 방법도 소개한다.

3장, 스마트 계약 다루기 블록체인과 스마트 계약과 상호작용하는 탈중앙화 애플리케이션(댑DApp) 개발에 관련된 핵심 주제를 소개한다.

4장, 트러플 이더리움 생태계에서 인기 있는 도구인 트러플 프레임워크를 소개한다. 워크플로우와 댑의 품질을 향상시키기 위한 몇 가지 활용 사례도 소개한다.

5장, 토큰과 ICO 이더리움 기반 토큰을 직접 만들고 ICO를 통해 배포하는 데 필요한 핵심 사항을 소개한다.

6장, 게임과 DAO 탈중앙화 게임이나 조직(DAO)을 구축하는 방법을 소개하고 직접 따라해 볼 수 있는 예제를 제공한다.

7장, 솔리디티의 고급 기능 블록체인에서 좀 더 복잡한 작업을 효율적으로 처리하는 데 도움이 되는 솔리디티의 고급 기능을 소개한다.

8장, 스마트 계약 보안 널리 알려진 보안 취약점에 대응하는 기법을 소개한다. 또한 코드를 분석하는 데 활용할 수 있는 다양한 도구도 알아본다.

9장, 설계 고려 사항 풍부한 기능을 갖춘 댑을 개발하는 과정에서 흔히 고민하는 주제를 여러 가지 예제와 함께 살펴본다.

10장, 다양한 프로토콜과 애플리케이션 댑 개발에 도움될 만한 이더리움 관련 프로토콜과 애플리케이션을 소개한다.

11장, 스마트 계약 개발 관련 기법 높은 수준의 댑을 개발하는 데 필요한 여러 가지 주제를 소개한다.

이 책의 활용 방법

이 책을 제대로 이해하려면 블록체인의 기본 개념을 알고 있어야 한다. 여기서는 블록체인의 개념과 작동 방식에 대한 설명을 건너뛰고 곧바로 이더리움을 다루는 기법을 소개한다.

자바스크립트와 노드JS도 잘 다룰 수 있으면 좋다. 이더리움 개발 작업은 대부분 자바스크립트로 처리하기 때문이다. 다른 언어를 사용하는 방법도 소개한다.

예제 코드 다운로드

한국어판의 예제 코드는 에이콘출판사의 도서정보 페이지인 http://www.acornpub.co.kr/book/ethereum-cookbook에서 다운로드할 수 있다.

원서의 예제 코드 파일은 http://www.packtpub.com/support를 방문해 이메일을 등록하고 직접 받을 수 있다. 또한 깃허브 페이지 https://github.com/PacktPublishing/Ethereum-Cookbook에서도 다운로드할 수 있다.

다운로드한 파일은 압축된 형태로 제공된다. 따라서 다음과 같은 압축 프로그램의 최신 버전을 이용해 다운로드한 파일의 압축을 해제한다.

- 윈도우: WinRAR / 7-Zip
- 맥: Zipeg / iZip / UnRarX
- 리눅스: 7-Zip / PeaZip

컬러 이미지 다운로드

이 책에서 사용한 스크린샷과 도표의 컬러 이미지를 PDF 파일로 제공한다. 컬러 이미지는 책의 내용을 이해하는 데 도움을 줄 것이다. 파일은 https://www.packtpub.com/sites/default/files/downloads/EthereumCookbook_ColorImages.pdf에서 받을 수 있다.

에이콘출판사의 도서정보 페이지 http://www.acornpub.co.kr/book/ethereum-cookbook에서도 받을 수 있다.

편집 규약

이 책에서는 독자의 이해를 돕기 위해 정보의 종류에 따라 글꼴 스타일을 다르게 적용했다. 각 스타일은 다음과 같은 의미를 지닌다.

코드 인용, 데이터베이스 테이블 이름, 폴더와 파일 이름, 파일 확장자, 경로명, URL, 사용자 입력값, 트위터 핸들 등은 CodeInText와 같은 폰트로 작성했다. 예를 들면 다음과 같다.

"첫 번째 방법은 man(1) 커맨드를 사용할 때와 비슷하지만, 고 함수와 패키지를 사용한다는 점이 다르다."

코드는 다음과 같이 표기한다.

```
pragma solidity ^0.4.21;
contract HelloWorld {
    string textToPrint = "hello world";
    function changeText(string _text) public {
        textToPrint = _text;
    }
    function printSomething() public view returns (string) {
        return textToPrint;
    }
}
```

커맨드라인 입력 및 출력은 다음과 같이 표기한다.

```
$ npm install -g remixd
```

새로운 용어와 **중요한 단어**는 다음과 같이 굵게 표시했다.

"Administration 패널에서 System info를 클릭한다."

 경고나 중요한 노트는 이와 같이 나타낸다.

 팁과 요령은 이와 같이 나타낸다.

독자 의견

이 책에 대한 독자의 의견은 언제나 환영한다.

일반적인 피드백: 이 책의 전반적인 사항에 대한 의견이 있으면, 제목에 책 제목을 적어서 questions@packtpub.com으로 메일 주기 바란다.

정오표: 내용을 정확하게 전달하기 위해 최선을 다하지만, 실수가 있을 수 있다. 이 책을 읽다가 발견한 본문 또는 예제 코드의 오탈자는 http://www.packtpub.com/submit-errata 페이지를 방문해 내용을 제출해주기 바란다. 한국어판의 정오표는 에이콘출판사의 도서정보 페이지 http://www.acornpub.co.kr/book/ethereum-cookbook에서 찾아 볼 수 있다.

저작권 침해: 인터넷에서 어떤 형태로든 팩트출판사 서적의 불법 복제물을 발견한다면, 적절한 조치를 취할 수 있도록 주소나 사이트명을 즉시 알려주길 바란다. 의심스러운 불법 복제물 링크를 발견하면 copyright@packtpub.com으로 보내주길 바란다.

질문

이 책과 관련해 궁금한 점이 있다면 questions@packtpub.com로 문의하길 바란다. 최선을 다해 질문에 답하겠다. 한국어판에 대한 질문은 에이콘출판사 편집 팀(editor@acornpub.co.kr)으로 문의해주길 바란다.

01

이더리움 시작하기

1장에서 다룰 주제는 다음과 같다.

- 이더리움 클라이언트 선택
- 노드 설정 및 네트워크 참여 방법
- 자바스크립트 콘솔 다루는 방법
- 인퓨라로 시간 및 비용 절약하기
- 사설 이더리움 네트워크 생성 방법
- 개발용 블록체인 네트워크 생성 방법
- 애저 이더리움 서비스 사용법
- 메타마스크를 비롯한 다양한 지갑 사용법
- 블록 탐색기 사용법

- 계정의 정의 및 활용
- 솔리디티 컴파일러 설치 방법

들어가며

이더리움 애플리케이션을 개발하려면 이더리움 프로토콜에 관련된 다양한 제품을 설정하고 다룰 줄 알아야 한다. 현재 이더리움 프로토콜을 구현한 제품은 다양하게 나와 있는데, 개발과 테스팅과 배치 단계에서 얼마든지 조합해서 쓸 수 있다. 갓 입문한 독자는 이더리움 용어부터 생소할 수 있다. 따라서 현재 이더리움 생태계에 제공된 도구와 서비스부터 확실히 이해할 필요가 있다.

이더리움Ethereum이란, 비트코인Bitcoin처럼 일종의 분산 원장distributed ledger이다. 비트코인이 P2Ppeer-to-peer 전자 화폐 시스템에 가깝다면, 이더리움은 애플리케이션 구현을 위한 탈중앙화 플랫폼decentralized platform이다. 이더리움은 솔리디티solidity라는 튜링 완전turing-complete 프로그래밍 언어를 기본으로 제공하며, 이 언어로 스마트 계약을 작성한다. 따라서 이더리움은 기존에 나온 다른 블록체인에 비해 활용 범위가 훨씬 넓다. 또한 이더리움은 이더Ether라는 암호화폐cryptocurrency를 제공하며, 이더리움 애플리케이션 및 서비스에 대한 트랜잭션 수수료transaction fee를 지불하거나 금액값. value을 주고받는 데 사용된다.

 현재 주로 사용하는 합의(컨센서스, consensus) 알고리즘으로 PoW(Proof of Work, 작업 증명), PoS(Proof of Stake, 지분 증명), IBFT(Istanbul Byznatine Fault Tolerance), 래프트(Raft) 등이 있다. 이러한 알고리즘은 분산 시스템에 퍼져 있는 데이터 값에 대한 합의를 도출하는 데 사용된다. 알고리즘마다 나름대로 장단점이 있으며, 블록체인 플랫폼의 요구 사항에 적합한 방식을 채용하고 있다.

스마트 계약smart contract은 일종의 컴퓨터 프로그램으로서 블록체인 애플리케이션 사이의 관계에 대한 규칙을 표현한다. 스마트 계약은 정확히 지정된 작업만 수행하며 나중에 변경할 수 없다. 다시 말해 한 번 배치된 스마트 계약을 수정할 수 없게 함으로써 신뢰와 투명성을 보장한다. 이더리움의 스마트 계약을 활용하면 거래에 사용할 수 있는 토큰을 직접 발행해서 스타트업 자금을 조달하거나, 탈중앙화 기관을 설립하거나, 재밌는 게임을 만들 수 있다.

1장에서는 이더리움을 설정하는 방법과 이더리움 관련 플랫폼 및 툴을 소개한다. 애플리케이션 개발에 들어가기 앞서, 이더리움 생태계에 대해 좀 더 깊이 이해하는 데 도움될 것이다.

 1장에서는 이더리움의 개요와 다양한 클라이언트를 다루는 방법을 소개하는데, 각자 필요에 따라 취사선택하기 바란다. 여기서 소개한 소프트웨어는 이제 막 주목을 받기 시작한 것으로 아직 개발 단계에 있어서, 자신이 소속된 기관의 정책이나 안티바이러스 소프트웨어로 인해 사용할 수 없을 수도 있다. 따라서 나중에 문제가 발생하지 않도록 미리 IT 보안 담당 부서와 상의한 후 사용하는 것이 좋다.

이더리움 클라이언트 고르기

이 절에서는 이더리움 프로토콜을 구현한 여러 가지 클라이언트를 설치하는 방법을 소개한다. 여기서 설명하는 내용은 각 클라이언트마다 제공하는 기능을 파악하고, 자신의 용도에 적합하고 효율적인 클라이언트를 선정하는 데 도움될 것이다.

준비

맥OS에 이더리움 클라이언트를 설치하려면 먼저 홈브루Homebrew부터 설치한다.

방법

이더리움 프로토콜을 구현한 클라이언트는 다양하게 나와 있는데, 그 중에서 게스^{Geth}와 패리티^{Parity}를 집중적으로 살펴본다. 다른 프로토콜에 대한 자세한 사항은 공식 이더리움 문서(http://www.ethdocs.org/)를 참조한다.

게스(Geth)

게스^{Geth}(이하 프로그램명인 geth로 표기함)는 고^{Go} 언어로 구현한 이더리움 공식 클라이언트다.

1. 맥OS^{macOS}에 geth를 설치하는 가장 쉬운 방법은 홈브루를 이용하는 것이다. 터미널을 열고 다음과 같이 커맨드를 실행해 geth를 다운로드해서 설치한다.

   ```
   brew tap ethereum/ethereum
   brew install ethereum
   ```

   그러면 geth의 최신 안정 버전이 설치된다. 개발 버전을 설치하려면, install 커맨드에 --devel 플래그를 추가한다.

   ```
   brew install ethereum --devel
   ```

2. 우분투^{Ubuntu}에 geth를 설치하려면, 다음과 같이 커맨드를 실행한다.

   ```
   sudo apt-get install software-properties-common
   sudo apt-get-repository -y ppa:ethereum/ethereum
   sudo apt-get update
   sudo apt-get install ethereum
   ```

3. 윈도우에 geth를 설치하려면 https://geth.ethereum.org/downloads/에서 바이너리 버전을 다운로드한 뒤, geth.exe를 더블 클릭해서 설치한다.

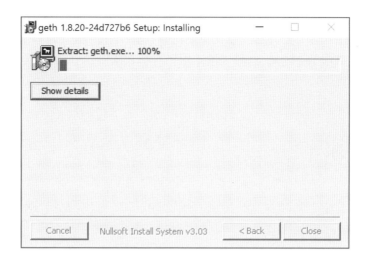

4. 다음과 같이 geth 커맨드를 실행해서 제대로 설치됐는지 확인한다.

```
geth version
```

그러면 다음과 같이 현재 설치된 클라이언트에 대한 상세 정보가 화면에 표시된다.

윈도우에 설치한 모습

> **TIP** geth는 이제 막 인기를 얻기 시작한 개발 버전이기 때문에, 일부 안티바이러스 소프트웨어에서 바이러스로 오해할 수 있다. 또한 이 소프트웨어를 사용하기 전에 현재 조직의 보안 정책에 위배되지 않는지 사전에 반드시 검토한다.

패리티(Parity)

패리티[Parity](이하 프로그램명인 parity로 표기함)는 패리티 테크놀로지[Parity Technologies]에서 개발한 이더리움 클라이언트다. 러스트[rust]로 구현했으며, 고[Go] 버전의 이더리움보다 몇 가지 기능을 더 제공한다.

1. 맥OS나 우분투에 parity를 설치하기 가장 쉬운 방법은 커맨드라인에서 한 줄짜리 바이너리 인스톨러[one-line binary installer]를 실행하는 것이다. 패키지 다운로드를 비롯한 설치에 필요한 번거로운 작업을 자동으로 처리한다.

   ```
   bash <(curl https://get.parity.io -kL)
   ```

2. 윈도우에 parity를 설치하려면, https://github.com/paritytech/parity/releases 에서 바이너리 버전을 다운로드해서 설치한다. 다른 OS에 대한 바이너리 버전도 제공한다.

```
D:\dev\ethereum\parity.exe                                                  —  □  ✕
2018-12-22 21:49:28  Starting Parity-Ethereum/v2.2.5-beta-7fbcdfeed-20181213/x86_64-windows-msvc/rustc1.31.0
2018-12-22 21:49:28  Keys path C:\Users\dreamjr\AppData\Roaming\Parity\Ethereum\keys\ethereum
2018-12-22 21:49:28  DB path C:\Users\dreamjr\AppData\Local\Parity\Ethereum\chains\ethereum\db\906a34e69aec8c0d
2018-12-22 21:49:28  State DB configuration: fast
2018-12-22 21:49:28  Operating mode: active
2018-12-22 21:49:29  Configured for Foundation using Ethash engine
2018-12-22 21:49:29  Multi-threaded server is not available on Windows. Falling back to single thread.
2018-12-22 21:49:31  Updated conversion rate to Ξ1 = US$111.82 (42585444 wei/gas)
2018-12-22 21:49:34  Public node URL: enode://90ffece32da5b681a4733141e851dde3422400770f32ec070fbc791df6ae2ceb198b99203c
14b72c894ce782fd5125bde3e10352393581b7815343e6208cd5448@127.0.0.1:30303
2018-12-22 21:49:34  Syncing snapshot 0/2523        #0    4/25 peers      8 KiB chain    3 MiB db  0 bytes queue   10 Ki
B sync  RPC:  0 conn,    0 req/s,    0 µs
2018-12-22 21:49:39  Syncing snapshot 0/2523        #0    4/25 peers      8 KiB chain    3 MiB db  0 bytes queue   10 Ki
B sync  RPC:  0 conn,    0 req/s,    0 µs
```

소스 코드를 직접 빌드해서 설치할 수도 있다. 우분투에서 geth 소스를 빌드하는 방법은 다음과 같다. 이때 Go와 C 컴파일러가 먼저 설치돼 있어야 한다.

```
git clone https://github.com/ethereum/go-ethereum
cd go-ethereum
make geth
```

노드 설정하고 네트워크에 참여하기

geth 커맨드라인 툴로 노드를 설정하는 방법에 대해 알아보자. 또한 퍼블릭public, 공용 네트워크에 연결해서 원장 동기화ledger synching 및 마이닝mining, 채굴과 같은 연산을 수행하는 방법도 소개한다.

준비

geth 커맨드라인 인터페이스가 정상 작동 상태에 있어야 한다. parity를 비롯한 다른 이더리움 프로토콜 구현으로 노드를 구동해도 된다. 단, 구체적인 실행 과정은 클라이언트마다 다를 수 있다.

$로 시작하는 커맨드는 명령 프롬프트(터미널)에서 실행한다. 또한 >로 시작하는 커맨드는 web3 자바스크립트 콘솔에서 실행한다.

방법

1. 다음과 같이 버전을 확인하는 커맨드를 실행해서 geth가 제대로 설치됐는지 확인한다.

   ```
   $ geth version
   ```

2. 다음과 같이 커맨드를 실행하여 노드를 구동한다.

```
$ geth
```

그러면 이더리움 노드가 구동되면서 메인main 네트워크에 연결된다. 주변에 다른 노드를 발견하는 즉시 블록을 다운로드한다.

노드를 구동할 때 매개변수를 지정할 수 있다. 다른 네트워크에 연결하거나, API 를 외부에 공개하는 등의 다양한 작업을 처리할 때 유용하다. 예를 들어 매개변 수를 지정해서 노드를 초기화하는 과정은 다음과 같다.

```
$ geth --networkid 3 --datadir "./ropsten-db" --keystore "./ropsten-keys"
--syncmode "fast" --rpc --rpcport "8546" --rpcapi "web3,eth,miner,admin"
--rpccorsdomain "*" --port 30301 console
```

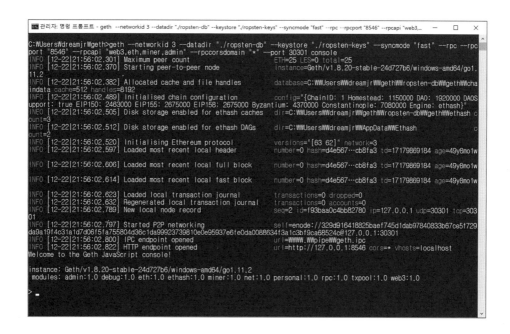

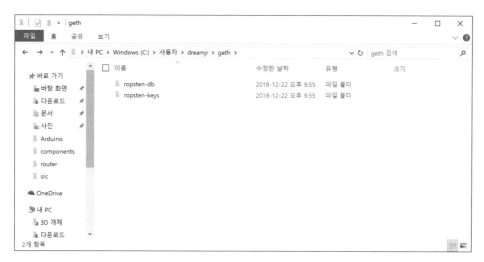

여기서 잠시 여러 가지 매개변수에 대해 살펴보자.

- --networkid <아이디>: 네트워크를 가리키는 ID를 지정한다. 메인이나 테스트 네트워크에 연결하거나(1=Frontier(디폴트), 2=Morden(폐기됨), 3=Ropsten(PoW), 4=Rinkeby(PoA)), 자신이 직접 구축한 프라이빗private(사설) 네트워크에 연결할 수 있다.
- --keystore: 키스토어가 있는 디렉터리
- --datadir <경로>: 블록체인 데이터베이스와 키스토어를 저장할 디렉터리 경로를 지정한다. --keystore 매개변수로 디폴트 키스토어 디렉터리를 변경할 수 있다.
- --syncmode <모드>: 동기화 방식을 지정하는 매개변수다. 요구 사항에 따라 fast나 full, light 중 하나로 설정할 수 있다.
- --rpc: HTTP 기반의 RPC 서버를 구동한다. --rpcaddr, --rpcport, --rpcapi와 같은 매개변수도 변경할 수 있다.
- --rpccorsdomain <리스트>: 크로스 도메인 요청을 받아들이는 도메인을 지정한다. '*'라고 적어서 와일드카드로 지정해도 되고, 원하는 도메인을 콤마로 구분해서 직접 나열해도 된다.
- --port <포트>: 네트워크 수신 포트의 기본값을 지정한 번호(30303)로 변경한다.
- console: web3 자바스크립트 콘솔을 구동한다.

 여기서 잘 모르는 부분이 있으면, geth에서 제공하는 도움말을 참고한다. geth help를 실행하면 geth에서 제공하는 전체 커맨드 목록과 각각에 대한 상세한 설명을 볼 수 있다.

3. 네트워크에서 주변에 있는 노드(피어peer)를 찾는 데 몇 분 정도 걸린다. 다음 커맨드를 실행하면 방금 구동한 노드에 현재 연결된 피어 목록을 볼 수 있다. 피어를 하나라도 발견하면 곧바로 동기화를 시작한다.

```
> admin.peers
```

4. 다음과 같이 커맨드를 실행해서 현재 동기화 상태를 확인한다. 동기화되지 않으면 false를 리턴한다.

```
> eth.syncing
```

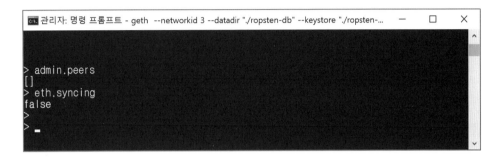

5. 다른 콘솔에서 geth attach 커맨드를 실행해서 방금 구동한 노드에 연결할 수 있다. 이때 호스트와 포트 번호도 직접 지정할 수 있다. 예제에서 구동한 노드의 두 값은 localhost와 8546번이다.

```
$ geth attach http://localhost:8546
```

방화벽 설정에 따라 방금 구동한 노드가 방화벽 외부의 피어와 통신하지 못할 수도 있다. 그러면 동기화 작업에 문제가 발생한다. 또한 노드가 공격받지 않도록, RPC API를 인터넷에 공개하지 않는다.

자바스크립트 콘솔에서 작업하기

geth 커맨드라인 유틸리티에는 **자바스크립트 콘솔**^{JSRE, JavaScript Runtime Environment}이 포함돼 있다. 이 콘솔에서 web3js 오브젝트와 메서드를 모두 볼 수 있으며, REPL^{Read, Execute, Print, Loop} 콘솔로 사용한다.

이 절에서는 JSRE를 콘솔 모드^{console/interactive mode}나 스크립트 모드^{script/non-interactive mode}로 연결해서 사용하는 방법을 소개한다.

준비

여기서 소개하는 내용을 실행하려면 현재 시스템에 geth 커맨드라인 툴이 설치돼 있어야한다. 콘솔에서 노드를 새로 구동하거나, 기존에 구동된 노드에 연결해도 된다.

방법

1. console 또는 attach 서브 커맨드를 실행하면 이더리움 콘솔을 구동할 수 있다. console 커맨드를 실행하면 geth 노드를 구동해서 자바스크립트 콘솔을 연다. 기존 노드에 연결하려면 attach 커맨드를 사용한다. 여기서는 앞에서 구동한 노드에 연결한다.

   ```
   $ geth attach http://localhost:8546
   ```

2. 노드를 새로 구동하는 과정의 로그 정보도 보고 싶다면, 다음과 같이 커맨드를 실행한다.

   ```
   $ geth --verbosity 5 console 2>> /tmp/eth-node.log
   ```

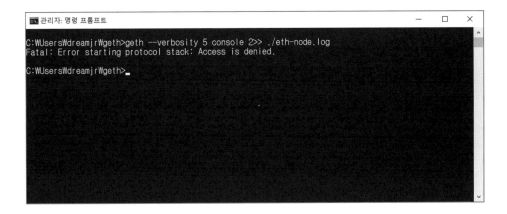

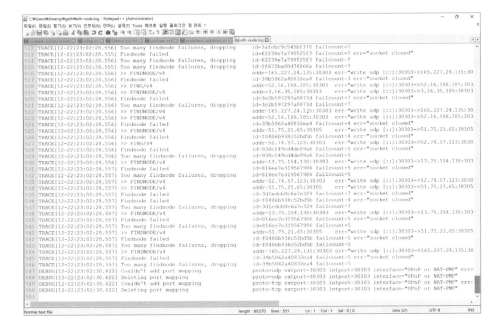

로그가 너무 많아서 콘솔을 뒤덮어버릴 수 있으므로, 노드를 구동할 때 로그 출력의 상세한 정도를 적절히 설정한다.

```
$ geth --verbosity 0 console
```

```
관리자: 명령 프롬프트                                                    —    □    ×
C:WUsersWdreamjrWgeth>geth --verbosity 0 console
Fatal: Error starting protocol stack: Access is denied.

C:WUsersWdreamjrWgeth>_
```

3. 이번에는 web3 오브젝트를 들여다보자. 이 오브젝트로 노드를 다룬다.

> `web3`

```
관리자: 명령 프롬프트 - geth attach http://localhost:8546                    —    □    ×
>
>
> web3
{
  admin: {
    datadir: "C:WWUsersWWdreamjrWWgethWWropsten-db",
    nodeInfo: {
      enode: "enode://329d916418825baef745d1dab97840833b67ce5f729da9a19f4c31a1d7d06f5fa755804d36c1da99923739810e0e95937e
6fe0da0088634f3a1c3bf9ca68524c@127.0.0.1:30301",
      enr: "0xf896b840851abfddd17c47f82c6e06568be88703529cc2395b2d2e0e092fa88df01566c00850645665448bbd9cfebf67e667a8a010
9020ddec7813c8ac9b0260ccd2ad7a0383636170c6c5836574683f826964827634826970847f00000189736563703235366b31a102329d916418825b
aef745d1dab97840833b67ce5f729da9a19f4c31a1d7d06f5f8374637082765d8375647082765d",
      id: "f93baa0c4bb8278062a0c7c5d633f9944fd6158125da4c1ff6ec65fc04ea02c6",
      ip: "127.0.0.1",
      listenAddr: "[::]:30301",
      name: "Geth/v1.8.20-stable-24d727b6/windows-amd64/go1.11.2",
      ports: {
        discovery: 30301,
        listener: 30301
      },
      protocols: {
        eth: {...}
      }
    },
    peers: [],
    addPeer: function(),
    addTrustedPeer: function(),
    clearHistory: function(),
    exportChain: function(),
    getDatadir: function(callback),
```

4. 노드는 admin API로 관리한다. 현재 지원되는 admin 연산을 모두 보려면 다음과
   같이 커맨드를 실행한다.

> `admin`

```
관리자: 명령 프롬프트 - geth  attach http://localhost:8546

>
>
> admin
{
  datadir: "C:\Users\dreamjr\.geth\ropsten-db",
  nodeInfo: {
    enode: "enode://329d916418825baef745d1dab97840833b67ce5f729da9a19f4c31a1d7d06f5fa755804d36c1da99923739810e0e95937e6f
e0da0088634f3a1c3bf9ca68524c@127.0.0.1:30301",
    enr: "0xf896b840851abfddd17c47f82c6e06568be88703529cc2395b2d2e0e092fa88df01566c00850645665448bbd9cfebf67e667a8a01090
20ddec7813c8ac9b0260ccd2ad7a0383636170c6c5836574683f826964827634826970847f0000018973656370323535366b31a102329d916418825bae
f745d1dab97840833b67ce5f729da9a19f4c31a1d7d06f5f8374637082765d8375647082765d",
    id: "f93baa0c4bb8278062a0c7c5d633f9944fd6158125da4c1ff6ec65fc04ea02c6",
    ip: "127.0.0.1",
    listenAddr: "[::]:30301",
    name: "Geth/v1.8.20-stable-24d727b6/windows-amd64/go1.11.2",
    ports: {
      discovery: 30301,
      listener: 30301
    },
    protocols: {
      eth: {
        config: {...},
        difficulty: 17179869184,
        genesis: "0xd4e56740f876aef8c010b86a40d5f56745a118d0906a34e69aec8c0db1cb8fa3",
        head: "0xd4e56740f876aef8c010b86a40d5f56745a118d0906a34e69aec8c0db1cb8fa3",
        network: 3
      }
    }
  },
  peers: [],
```

현재 노드 정보만 보고 싶다면 다음과 같이 실행한다.

```
> admin.nodeInfo
```

그러면 다음 화면과 같이 enode, protocols, ports, name을 비롯한 현재 노드에 대한 세부 속성을 담은 오브젝트를 리턴한다.

```
관리자: 명령 프롬프트 - geth  attach http://localhost:8546

>
> admin.nodeInfo
{
  enode: "enode://329d916418825baef745d1dab97840833b67ce5f729da9a19f4c31a1d7d06f5fa755804d36c1da99923739810e0e95937e6fe0
da0088634f3a1c3bf9ca68524c@127.0.0.1:30301",
  enr: "0xf896b840851abfddd17c47f82c6e06568be88703529cc2395b2d2e0e092fa88df01566c00850645665448bbd9cfebf67e667a8a0109020
ddec7813c8ac9b0260ccd2ad7a0383636170c6c5836574683f826964827634826970847f0000018973656370323535366b31a102329d916418825baef7
45d1dab97840833b67ce5f729da9a19f4c31a1d7d06f5f8374637082765d8375647082765d",
  id: "f93baa0c4bb8278062a0c7c5d633f9944fd6158125da4c1ff6ec65fc04ea02c6",
  ip: "127.0.0.1",
  listenAddr: "[::]:30301",
  name: "Geth/v1.8.20-stable-24d727b6/windows-amd64/go1.11.2",
  ports: {
    discovery: 30301,
    listener: 30301
  },
  protocols: {
    eth: {
      config: {
        byzantiumBlock: 4370000,
        chainId: 1,
        constantinopleBlock: 7080000,
        daoForkBlock: 1920000,
        daoForkSupport: true,
        eip150Block: 2463000,
        eip150Hash: "0x2086799aeebeae135c246c65021c82b4e15a2c451340993aacfd2751886514f0",
        eip155Block: 2675000,
        eip158Block: 2675000,
        ethash: {},
        homesteadBlock: 1150000
      },
      difficulty: 17179869184,
      genesis: "0xd4e56740f876aef8c010b86a40d5f56745a118d0906a34e69aec8c0db1cb8fa3",
      head: "0xd4e56740f876aef8c010b86a40d5f56745a118d0906a34e69aec8c0db1cb8fa3",
      network: 3
    }
  }
}
>
```

현재 노드에 연결된 피어 목록은 peers 오브젝트에서 볼 수 있다.

```
> admin.peers
```

RPC/WS를 활성화하거나 비활성화하는 데 관련된 메서드도 여기서 접근할 수 있다.

5. eth 오브젝트를 사용하면, 이더리움 블록체인에 관련된 작업을 처리할 수 있다. 여기서 제공하는 메서드를 보려면 다음과 같이 커맨드를 실행한다.

```
> eth
```

가장 최근에 추가된 블록 번호(블록 높이)를 보려면 다음과 같이 실행한다.

```
> eth.blockNumber
```

블록에 담긴 내용을 읽고 싶다면 다음과 같이 원하는 블록 번호를 매개변수로 넘겨준다.

```
> eth.getBlock(301)
```

그러면 다음 화면과 같이 블록 번호, 난이도difficulty, 가스gas 정보, 마이너miner, 채굴자, 해시, 트랜잭션 등과 같은 정보를 볼 수 있다.

```
> eth.blockNumber
0
> eth.getBlock(0)
{
  difficulty: 17179869184,
  extraData: "0x11bbe8db4e347b4e8c937c1c8370e4b5ed33adb3db69cbdb7a38e1e50b1b82fa",
  gasLimit: 5000,
  gasUsed: 0,
  hash: "0xd4e56740f876aef8c010b86a40d5f56745a118d0906a34e69aec8c0db1cb8fa3",
  logsBloom: "0x000000000000000000000000000000000000000000000000000000000000000
0000000000000000000000000000000000000000000000000000000000000000000000000000000
0000000000000000000000000000000000000000000000000000000000000000000000000000000
0000000000000000000000000000000000000000000000000000000000000000000000000000000",
  miner: "0x0000000000000000000000000000000000000000",
  mixHash: "0x0000000000000000000000000000000000000000000000000000000000000000",
  nonce: "0x0000000000000042",
  number: 0,
  parentHash: "0x0000000000000000000000000000000000000000000000000000000000000000",
  receiptsRoot: "0x56e81f171bcc55a6ff8345e692c0f86e5b48e01b996cadc001622fb5e363b421",
  sha3Uncles: "0x1dcc4de8dec75d7aab85b567b6ccd41ad312451b948a7413f0a142fd40d49347",
  size: 540,
  stateRoot: "0xd7f8974fb5ac78d9ac099b9ad5018bedc2ce0a72dad1827a1709da30580f0544",
  timestamp: 0,
  totalDifficulty: 17179869184,
  transactions: [],
  transactionsRoot: "0x56e81f171bcc55a6ff8345e692c0f86e5b48e01b996cadc001622fb5e363b421",
  uncles: []
}
>
```

eth는 계정, 트랜잭션, 계약에 관련된 메서드도 제공한다. 이에 대해서는 뒤에서 자세히 설명한다.

6. 이더리움 계정은 personal 메서드로 관리한다. 이 메서드는 계정 생성, 계정 언락unlock, 잠금 해제, 트랜잭션 전송/서명 등에 대한 옵션도 제공한다.

```
> personal
```

7. 마이닝 및 관련 메서드는 다음과 같이 콘솔에서 다룰 수 있다.

```
> miner
```

8. 이 콘솔은 트랜잭션 풀을 모니터링하도록 txpool 오브젝트도 제공한다.

```
> txpool
```

```
관리자: 명령 프롬프트 - geth --networkid 3 --datadir "./ropsten-db" --keystore "./ropsten-keys" --syncmode "fast" --rpc --rpcport "8546" --rpcapi "web3,e...   -   □   ×
> personal
{
  listAccounts: [],
  listWallets: [],
  deriveAccount: function(),
  ecRecover: function(),
  getListAccounts: function(callback),
  getListWallets: function(callback),
  importRawKey: function(),
  lockAccount: function(),
  newAccount: function github.com/ethereum/go-ethereum/console.(*bridge).NewAccount-fm(),
  openWallet: function github.com/ethereum/go-ethereum/console.(*bridge).OpenWallet-fm(),
  sendTransaction: function(),
  sign: function github.com/ethereum/go-ethereum/console.(*bridge).Sign-fm(),
  signTransaction: function(),
  unlockAccount: function github.com/ethereum/go-ethereum/console.(*bridge).UnlockAccount-fm()
}
> miner
{
  getHashrate: function(),
  setEtherbase: function(),
  setExtra: function(),
  setGasPrice: function(),
  setRecommitInterval: function(),
  start: function(),
  stop: function()
}
> txpool
{
  content: {
    pending: {},
    queued: {}
  },
  inspect: {
    pending: {},
    queued: {}
  },
  status: {
    pending: 0,
    queued: 0
  },
  getContent: function(callback),
  getInspect: function(callback),
  getStatus: function(callback)
}
>
```

9. web3는 작업에 필요한 몇 가지 범용 메서드도 제공한다. 예를 들면, 값을 변환하
   거나, 인코딩하거나, 해싱하는 기능 등이 있다. 가령 이더[Ether]를 웨이[Wei]로 변환
   하려면 다음과 같이 실행한다.

```
> web3.toWei(1, "ether")
```

 web3는 일종의 자바스크립트 콘솔이므로, ECMA5에 정의된 기능을 모두 제공한다. (Go 버
전의 이더리움에서는 Go로 구현한 JS 인터프리터인 Otto(오토) JS VM을 사용한다.) 변수
를 선언하고 제어 구문을 작성하고, 메서드를 새로 정의할 수 있을 뿐만 아니라, setInterval,
clearInterval, setTimeout, clearTimeout 등도 사용할 수 있다.

자바스크립트 커맨드를 스크립트로 실행해도 된다. 방법은 다음과 같이 두 가지가 있다.

1. 입력할 자바스크립트를 --exec 매개변수에 지정한다. console과 attach 커맨드 모두 이 옵션을 지원한다.

   ```
   $ geth --exec "eth.accounts" attach http://localhost:8546
   ```

   그러면 현재 노드에 저장된 계정이 모두 화면에 표시된다.

2. 좀 더 복잡한 스크립트를 실행하려면 loadScript 메서드를 사용한다. 스크립트 폴더에 대한 경로는 --jspath 옵션으로 지정한다.

   ```
   $ geth --jspath "/home" --exec 'loadScript("sendTransaction.js")' attach
   http://localhost:8546
   ```

인퓨라로 시간과 비용 절약하기

무료로 제공되는 이더리움용 인프라스트럭처인 인퓨라^{INFURA}를 활용하면, 풀 노드^{full node}로 설정하지 않고도 댑을 구동할 수 있다.

1. 인퓨라 가입 페이지(https://infura.io/register)로 가서 이름과 이메일 정보를 입력한다.

2. 가입 조건에 동의하고 **SIGN UP** 버튼을 클릭하면, 여러 네트워크 프로바이더에 대한 정보를 이메일로 받을 수 있다.

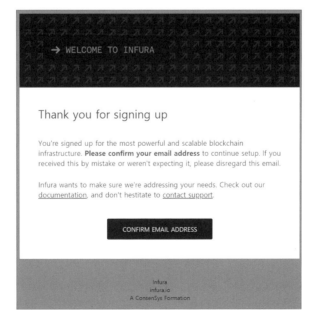

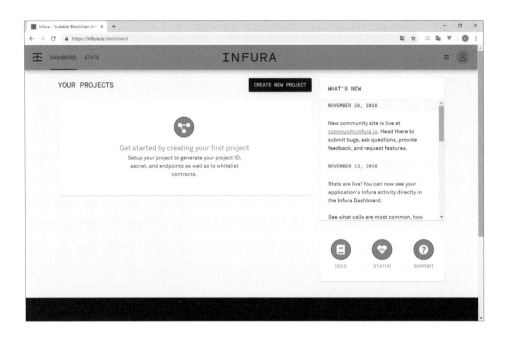

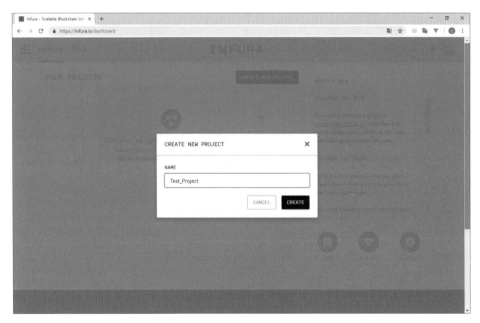

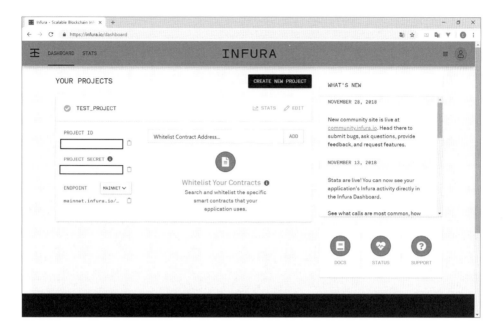

3. 네트워크마다 엔드포인트와 API 키에 대한 정보가 함께 제공된다.

- 메인^{Main} 이더리움 네트워크: https://mainnet.infura.io/⟨api-key⟩
- 테스트 이더리움 네트워크(Ropsten^{롭스텐}): https://ropsten.infura.io/⟨api-key⟩
- 테스트 이더리움 네트워크(Rinkeby^{링크비}): https://rinkeby.infura.io/⟨api-key⟩
- 테스트 이더리움 네트워크(INFURAnet^{인퓨라넷}): https://infuranet.infura.io/⟨api-key⟩

여기 나온 프로바이더를 로컬 노드처럼 다룰 수 있다. 이때 JSON RPC, Web3JS 뿐만 아니라, INFURA에서 제공하는 REST API를 활용할 수 있다.

4. 현재 블록 번호를 가져오도록 cURL로 JSON RPC를 호출한다.

```
curl -X POST -H "Content-Type: application/json" --data
'{"jsonrpc": "2.0", "id": 1, "method": "eth_blockNumber", "params":
[]}' "https://mainnet.infura.io/<your-api-key>"
```

그러면 다음과 같이 현재 블록 번호가 리턴된다.

```
{"jsonrpc":"2.0","id":1,"result":"0x512bab"}
```

5. 인퓨라는 JSON RPC 커맨드를 쉽게 사용하도록 REST API도 제공한다. 경로에 JSON RPC 메서드를 지정하면 원하는 결과를 얻을 수 있다.

```
https://api.infura.io/v1/jsonrpc/mainnet/eth_blockNumber?token=<할당받은_
API키>
```

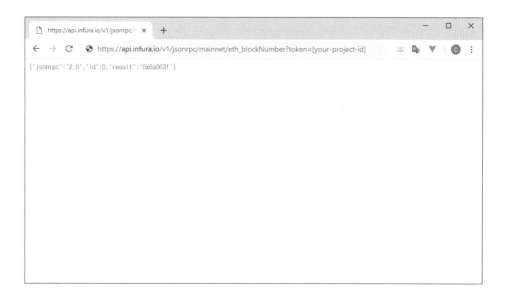

6. web3js 애플리케이션에서 인퓨라를 사용하려면, 엔드포인트를 HTTP 프로바이더로 지정한다.

```
web3 = new Web3(new Web3.providers.HttpProvider
("https://mainnet.infura.io/<your_api_key>"));
```

인퓨라는 IPFS도 지원하며, 이 서버를 게이트웨이로 지정할 수 있다.

- IPFS 게이트웨이: https://ipfs.infura.io
- IPFS RPC: https://ipfs.infura.io:5001

사설 이더리움 네트워크 직접 만들기

이 절에서는 POW 기반 이더리움 블록체인을 직접 만드는 방법을 소개한다. 여기서는 이더리움 메인 네트워크와는 상호작용하지 않는, 완전히 새로운 블록체인을 만든다. 그러면 mining이나 peer와 같은 매개변수를 원하는 대로 지정할 수 있다. 이렇게 만든 사설 네트워크는 직접 컨소시엄consortium을 구성하거나 테스트할 때 유용하다.

준비

이 절에서 소개하는 방법을 따라하려면, geth 커맨드라인 인터페이스가 정상 작동 상태에 있어야 한다. 그 외에 다른 준비 사항은 없다.

방법

1. 블록체인 데이터를 저장할 디렉터리를 생성한다.

   ```
   $ mkdir datadir
   ```

2. 계정을 만들어서 앞서 만든 디렉터리에 저장한다.

   ```
   $ geth account new --datadir datadir
   ```

   그러면 계정에 대한 패스워드를 입력하라는 메시지가 나온다. 계정이 생성되면 주소가 화면에 표시된다. 이 계정에 대한 키 파일은 /datadir/keystore/에 저장된다.

geth account new —datadir datadir 실행 후 datadir/keystore/에 저장된 키 파일 확인

3. genesis.json 파일을 생성하고 다음과 같은 내용을 적는다.

```
{
    "config": {
        "chainId": 1100,
        "homesteadBlock": 0,
        "eip155Block": 0,
        "eip158Block": 0,
        "byzantiumBlock": 0
```

```
    },
    "difficulty": "400",
    "gasLimit": "2000000",
    "alloc": {
        "5f43e88784c0066f9e3ce901372a7f82d470ac14": {
            "balance": "1000000000000000000000000"
        }
    }
}
```

genesis.js 파일에 나온 매개변수를 하나씩 살펴보자. 구체적인 값은 요구 사항에 따라 적절히 변경한다.

- config: config 오브젝트는 여기서 생성하는 커스텀 블록체인에 대한 설정을 정의한다. 네트워크는 chainId로 지정한다. 생성한 사설 네트워크를 가리키는 고유 값을 여기에 지정한다. 그 밖에 포크와 버전 관리에 관련된 매개변수도 있는데 여기선 네트워크를 새로 생성하므로 무시한다.
- difficulty: 블록체인의 블록 생성 시간을 조절하는 난이도다. 이 값이 클수록 블록을 마이닝하는 시간이 길어진다. 테스트 네트워크에서는 이 값을 작게 설정해야 대기 시간이 짧다.
- gasLimit: 블록마다 사용할 수 있는 총 가스양을 나타낸다. 테스트하는 동안 병목 현상이 발생하지 않도록 충분히 값을 지정한다.
- alloc: 계정에 이더를 미리 채운다. 이 값을 지정한다고 해서 실제로 계정이 생성되지 않는다. 2단계에서 이미 계정을 만들었기 때문에, 여기서는 그 계정에 값을 웨이^{wei} 단위로 할당한다. 참고로 1 이더는 10^{18} 웨이다.

4. 다음과 같이 커맨드를 실행해서 제네시스 파일(genesis.js)을 초기화한다.

```
$ geth --datadir ./datadir init ./genesis.json
```

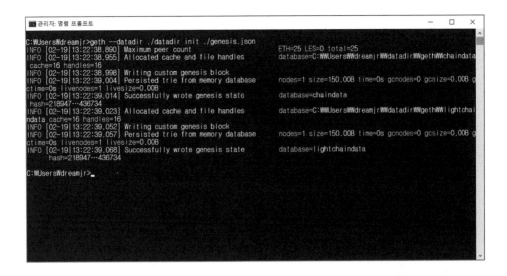

5. 네트워크를 구동한다.

```
$ geth --datadir ./datadir --networkid 1100 console 2>> network.log
```

이 커맨드를 실행하면 현재 터미널/명령 프롬프트에 다음과 같이 콘솔이 나타
난다.

이 콘솔에서 생성한 사설 블록체인에 접근한다. 예를 들어 계정 목록을 보려면 다음과 같이 커맨드를 실행한다.

```
> eth.accounts
```

6. 네트워크에 피어를 추가하려면, 터미널(명령 프롬프트)을 하나 더 띄우고, 이전과 다른 데이터 디렉터리와 포트를 지정해서 두 번째 피어를 생성한다.

```
$ geth --datadir ./datadir2 init ./genesis.json
```

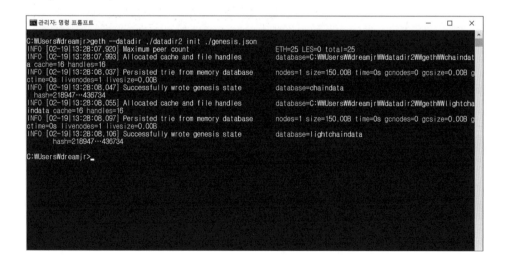

```
$ geth --datadir ./datadir2 --networkid 1100 --port 30302 --ipcdisable
console
```

--ipcdisable 옵션을 지정하지 않으면 Access denied 에러가 발생할 수 있음
(참고:https://github.com/ethereum/go-ethereum/issues/14438)

7. 첫 번째 노드의 자바스크립트 콘솔에서 현재 노드의 enode 주소를 조회한다.

```
> admin.nodeInfo.enode
```

그러면 다음과 같이 현재 노드에 대한 enode 주소가 리턴된다.

```
enode://315d8f023dfa1ae1b59dc11462f3e13697fc8fe4886034e01530ebe36b2
f8cc154a8dd9c21f5b42564668f22ae7173943b9dd9a0fbfc1430cca8c471968729
14@[::]:30303
```

8. 두 번째 노드의 자바스크립트 콘솔에서 첫 번째 노드에 연결한다.

```
> admin.addPeer(
"enode://315d8f023dfa1ae1b59dc11462f3e13697fc8fe4886034e01530ebe36b
2f8cc154a8dd9c21f5b42564668f22ae7173943b9dd9a0fbfc1430cca8c47196872
914@127.0.0.1:30303")
```

enode 주소의 [::] 자리에 첫 번째 노드의 IP 주소와 포트 번호를 입력했다.

9. 양쪽 노드에서 피어 목록을 조회해서 서로 잘 연결됐는지 확인한다.

```
> admin.peers
```

첫 번째 창

두번째 창: admin.peers 명령어를 통해 출력된 enode 값을 보면 서로 연결된 것을 확인할 수 있음

원리

1단계부터 5단계까지는 사설 이더리움 네트워크를 생성한다. 단일 노드로 구성된 네트워크를 구동하려면 이 정도로 충분하다. 개발 및 테스트 용도로 적합하도록 난이도difficulty를 최소로, 가스gas는 최대로 설정했다. 이제 여러분이 작성한 애플리케이션에서 이더리움 포트 번호의 기본값default인 8545번을 통해 이 네트워크에 연결할 수 있다.

6단계부터 9단계까지는 피어를 하나 더 만들어서 첫 번째 노드에 연결했다. 그러면 여러 노드로 구성된멀티 노드, multi-node 이더리움 네트워크를 구성할 수 있다. 두 노드에 있는 블록은 모두 동기화되므로, 어느 노드에서나 똑같이 접근할 수 있다. 앞에 나온 단계를 반복해서 원하는 수만큼 노드를 생성해서 연결할 수 있다. 이때 노드끼리 제대로 통신할 수 있도록 방화벽 규칙을 적절히 설정한다.

보충

geth와 함께 puppeth라는 커맨드라인 툴도 제공된다. 이를 사용하면 이더리움 네트워크뿐만 아니라, 제네시스 블록, 부트노드bootnode, 마이너miner, ethstats 서버 등도 쉽게 생성할 수 있다. puppeth를 구동하려면 다음과 같이 커맨드를 실행한다.

```
$ puppeth
```

그러면 네트워크 이름을 입력하라는 메시지가 뜬다. 새로운 이름으로 입력하거나, 기존에 생성된 네트워크 이름을 입력한다. 그러면 puppeth로 할 수 있는 작업의 목록이 나타난다.

puppeth로 제네시스 파일을 새로 만들고, 합의 알고리즘consensus algorithm을 PoAProof of Authority (clique)(권한 증명)로 지정한다. 이렇게 생성된 제네시스 파일로 사설 네트워크를 생성해본다.

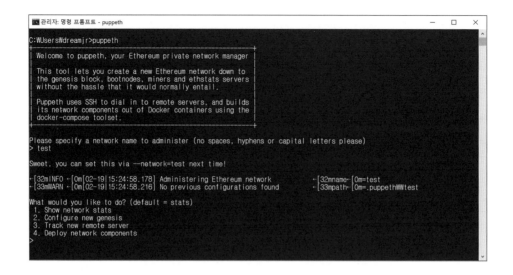

이 절에서는 geth로 사설 네트워크를 생성하는 방법을 살펴봤다. 개발 또는 프로덕션 등과 같이 용도에 따라 다양한 옵션을 제공한다. 자세한 내용은 다음 절을 참고한다.

- 개발용 블록체인 네트워크 생성하기
- 애저 이더리움 서비스 사용하기

개발용 블록체인 네트워크 생성하기

개발용 노드를 생성할 때는 기능이 완벽하지 않아도 된다. 이더리움 네트워크를 흉내내는 개발용 네트워크를 사용하면 된다. 이 절에서는 이더리움 개발 툴인 트러플 스위트Truffle suite에서 제공하는 가나슈Ganache(기존 명칭은 TestRPC, 이하 실행 파일명인 ganache-cli로 표기함)에 대해 살펴본다. ganache-cli는 이더리움 개발 용도의 개인용 블록체인 네트워크를 생성하는 데 사용하는 커맨드라인 도구다.

ganache-cli는 자바스크립트로 작성된 도구이며, npm으로 배포한다. 따라서 이 절의 예제를 실행하려면 (v6.11.5 이상의) Node.js(노드 제이에스)가 설치돼 있어야 한다.

ganache-cli를 설치한 뒤, 테스트용 이더리움 네트워크를 생성하는 과정은 다음과 같다.

1. npm으로 ganache-cli를 설치한다.

   ```
   npm install -g ganache-cli
   ```

2. 다음과 같이 간단히 커맨드만 실행하면 기본 블록체인 네트워크가 구동된다.

   ```
   ganache-cli
   ```

   그러면 다음과 같은 결과가 나타나면서 블록체인을 사용할 수 있는 상태가 된다.

가나슈는 가상 이더리움 블록체인을 생성하고, 개발 과정에서 사용할 예제 계정을 몇 개 생성한다. 각 계정마다 100 이더가 들어 있어서 곧바로 개발에 활용할 수 있다. 이 네트워크는 `http://localhost:8545`로 접근한다.

3. 매개변수를 지정해서 블록체인을 커스터마이즈할 수 있다. 예를 들면 다음과 같다.

```
ganache-cli -a 5 -e 2000 -p 8080 -l 999999
```

- -a: 네트워크를 구동하는 동안 생성할 계정의 개수. 기본값은 10이다.
- -e: 각 계정마다 할당할 이더의 양으로서, 기본값은 100 이더다.
- -p: RPC 요청을 수신할 포트 번호로, 기본값은 8545다.
- -l: 각 블록 당 최대 가스양으로, 기본값은 90,000이다.

매개변수를 포함한 ganache-cli 실행 화면

다른 매개변수에 대한 정보는 다음 페이지를 참조한다.

https://github.com/trufflesuite/ganache-cli

 기본 설정에 따르면, 계정이 잠겨 있지 않고 패스워드가 없어도 트랜잭션을 처리할 수 있다.
물론 ─secure나 -n 플래그로 설정을 바꿀 수 있다. 그러면 기본적으로 모든 계정이 잠겨
서 트랜잭션을 보낼 때마다 매번 잠금을 해제(언락)해야 한다.

보충

가나슈 GUI를 이용하면 이더리움 네트워크를 좀 더 쉽게 생성할 수 있다. 블록과 트랜잭
션을 직관적으로 볼 수 있는 UI도 제공한다.

가나슈 GUI는 http://truffleframework.com/ganache/에서 다운로드할 수 있다.

애저 이더리움 서비스 사용하기

애저 이더리움Azure Ethereum은 애저 포털Azure Portal을 통해 단 한 번의 클릭으로 이더리움 컨
소시엄을 설정하고 배치할 수 있는 클라우드 솔루션을 제공한다. 이 절에서는 로드 밸런
스를 지원하는 트랜잭션 노드로 구성된 이더리움 네트워크를 배치하는 방법을 소개한다.
이 서비스를 활용하면 트랜잭션을 제출하거나, 트랜잭션을 기록할 마이닝 노드 집합을 설
정할 수 있다.

준비

이더리움 컨소시엄을 생성하려면 애저 구독 계정(서브스크립션subscription)이 필요하다. 그 외
에 필요한 것들은 프로바이더에서 직접 설정할 수 있다.

애저에서 이더리움 PoW 블록체인을 생성하는 방법은 다음과 같다.

1. 애저 포털에 로그인한 뒤, 왼쪽 네비게이션 바에 있는 **리소스 생성하기**Create a resource 를 클릭한다.

2. **블록체인**Blockchain 아래에 있는 **PoW 컨소시엄 생성하기**Create Ethereum Proof-of-Work Consortium 를 선택한다.

   이 메뉴를 클릭하면 다섯 단계로 구성된 마법사가 뜨며, 전반적인 설정 작업 은 여기서 처리한다. 첫 번째 단계로 사용자명username, 패스워드password, 구독 subscription, 위치location 등을 물어본다. 적절한 값을 입력한 뒤 OK를 클릭한다.

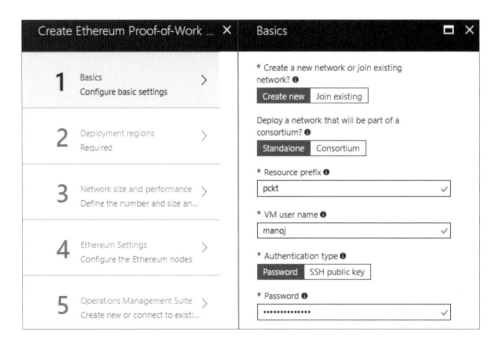

3. 2단계에서는 노드를 배치할 리전region을 설정한다. 간단한 네트워크를 만들려면 한 리전만 선택해도 충분하다.

4. 3단계에서는 마이닝과 트랜잭션에 투입할 노드 수를 설정한다. 마이닝 노드는 블록 생성에 관련된 힘든 작업을 수행하고, 트랜잭션 노드는 애플리케이션에서 발생하는 트랜잭션을 브로드캐스팅하는 작업을 담당한다. 각 항목별로 노드 수를 지정하고 요구 사항에 맞게 세부 속성을 설정한다.

5. 4단계에서는 생성할 블록체인에 대한 매개변수를 지정한다. 나중에 사설 네트워크를 설정할 때 생성할 제네시스 파일과 비교할 수 있다.

6. 이더리움 설정 탭에서 작업이 다 끝나면, 애저 리소스에 대한 Operations Management Suite를 선택할 수 있다. 애저를 처음 사용한다면 새로 하나 생성한다.

7. 지금까지 아무런 문제가 없다면, Summary 탭에서 검증 절차를 통과했다는 결과를 볼 수 있다. 그런 뒤에 이 서비스에 대한 구매Purchase 단계로 넘어간다.

8. 약관Terms and Conditions을 검토한 뒤 Create를 클릭한다. 그러면 리소스를 배치하기 시작하는데, 다 끝날 때까지 몇 분 정도 소요된다.

9. 배치가 끝나면 앞서 생성하거나 선택한 리소스가 리소스 그룹Resource groups에 나타난다. 왼쪽 네비게이션 바의 Resource groups 탭에서 해당 리소스 그룹을 선택한 뒤 Deployments를 선택한다.

10. 그러면 이더리움 컨소시엄 배치와 관련해 생성된 배치 목록이 나타난다. microsoft-azure-blockchain-ethereum으로 시작하는 배치 이름을 선택한다.

DEPLOYMENT NAME	STATUS	LAST MODIFIED	DURATION	
microsoft-azure-blockchain.azure-blockchain-ethe...	Succeeded	3/28/2018, 11:38:49 PM	34 minutes 55 seconds	Related events
connections-deploy	Succeeded	3/28/2018, 11:38:40 PM	35 seconds	Related events
vnet-gateway-deploy	Succeeded	3/28/2018, 11:37:53 PM	32 minutes 52 seconds	Related events
vmss-dep-reg2	Succeeded	3/28/2018, 11:24:23 PM	6 minutes 35 seconds	Related events
vmss-dep-reg1	Succeeded	3/28/2018, 11:17:38 PM	11 minutes 15 seconds	Related events
omsDeploy	Succeeded	3/28/2018, 11:05:58 PM	1 minute 56 seconds	Related events
network-resources-deploy	Succeeded	3/28/2018, 11:04:46 PM	43 seconds	Related events
pid	Succeeded	3/28/2018, 11:04:08 PM	6 seconds	Related events

11. output을 선택하면, 방금 생성한 리소스에 접근하는 인증 정보^{credential}가 나타 난다.

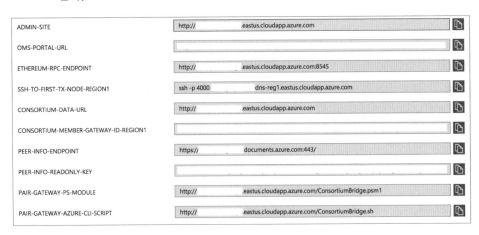

애저 블록체인 서비스에서는 다음과 같은 인증 정보를 제공한다.

- **ADMIN-SITE**: 현재 노드 상태를 조회하고 새로 생성된 계정에 이더를 보내는 데 사용할 관리자 포털
- **OMS-PORTAL-URL**: 자기 리소스에 대한 애저 운영 관리 포털^{Azure Operations Management Portal}
- **ETHEREUM-RPC-ENDPOINT**: 생성한 블록체인을 다루는 데 사용할 이더리움 RPC 포트
- **SSH-TO-FIRST-TX-NODE-REGION1**: 첫 번째 리전에 있는 트랜잭션 노드에 연결 하는 데 필요한 인증 정보

원리

1단계부터 9단계는 애저에서 제공하는 서비스를 이용하여 사설 이더리움 컨소시엄을 생 성한다. 이 단계를 거치면 다양한 리전에 걸쳐 여러 개의 피어를 생성해서 배치할 수 있는 데, 모두 로드 밸런서의 지원을 받을 수 있다. 10단계부터 12단계는 이러한 서비스를 사용

하는 과정을 보여주고 있다. 이를 통해 다양한 서비스를 어디서 사용할 수 있고, 무슨 일을 할 수 있는지 파악할 수 있다.

메타마스크를 비롯한 다양한 지갑 사용하기

이더리움에서 사용하는 암호화폐를 주고받으려면 지갑^{wallet}이 있어야 한다. 이 절에서는 메타마스크^{MetaMask}를 비롯한 다양한 지갑을 설치해서 사용하는 방법을 소개한다. 지갑은 계정과 트랜잭션을 관리하는 데 사용된다.

준비

메타마스크는 브라우저 기반 지갑으로, 현재 크롬과 파이어폭스에서 사용할 수 있다. 다른 지갑도 브라우저 기반이거나, 추가로 다운로드해야 한다.

방법

이더리움 생태계에서 많이 사용하는 지갑으로 메타마스크^{MetaMask}, 미스트^{Mist}, 마이크립토^{MyCrypto} 정도가 있다. 그럼 하나씩 살펴보자.

메타마스크

1. 크롬 또는 파이어폭스 앱스토어에서 메타마스크를 받아서 설치한다.

2. 확장 기능^{extension} 탭에서 메타마스크를 선택하고, **보안**^{Privacy} 및 **약관**^{Terms and Conditions}을 잘 읽어본 후 동의한다(Accept 클릭). 그러면 지갑 스토리지를 암호화하는 데 사용할 패스워드를 생성하는 화면이 나온다.

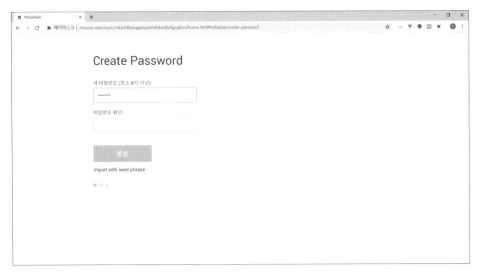

패스워드 생성 화면

3. 메타마스크는 열두 단어로 된 니모닉^{mnemonic, 연상 단어}을 임의로 생성하는데, 나중에 계정을 복구할 때 사용할 수 있다. 생성된 니모닉을 안전한 장소에 저장하고 유출되지 않도록 잘 보관한다. 자신의 계정에 접근하는 유일한 수단이기 때문이다.

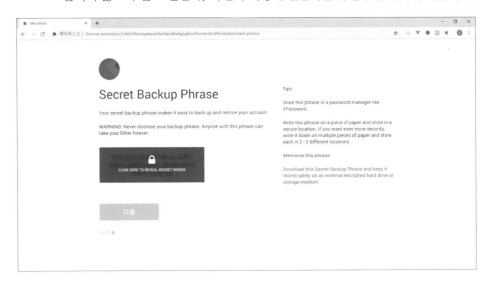

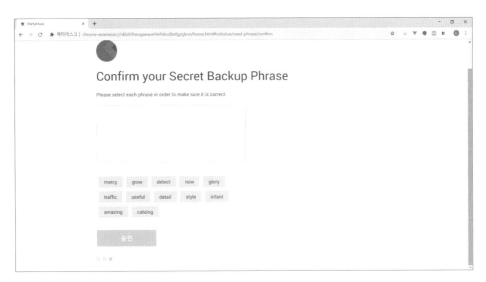

백업 phrase 생성 및 확인 화면

4. 그러면 계정이 생성된다. 이제 메타마스크를 지원하는 웹사이트에서 트랜잭션 서명에 사용할 수 있다.

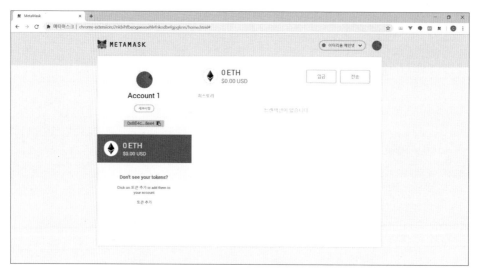

계정 생성 이후 화면

5. 메타마스크를 통해 메인 넷^{main-net}, 테스트 넷^{test net}을 비롯한 접근 권한이 있는 RPC 포트를 통해 다양한 이더리움 네트워크에 연결할 수 있다. 여기에 대한 설정 사항은 좌측 상단 모서리에 있는 네트워크 메뉴를 통해 변경할 수 있다.

6. 계정을 추가하거나 현재 계정의 비밀 키^{private key}를 내보낼^{export} 수도 있다. 이 옵션을 통해 요구 사항에 맞게 메타마스크를 설정할 수 있다.

마이크립토

1. **마이크립토**^{MyCrypto}는 https://mycrypto.com/에 접속하면 곧바로 사용할 수 있다. 이더리움을 굉장히 직관적으로 다룰 수 있는 UI를 제공한다.

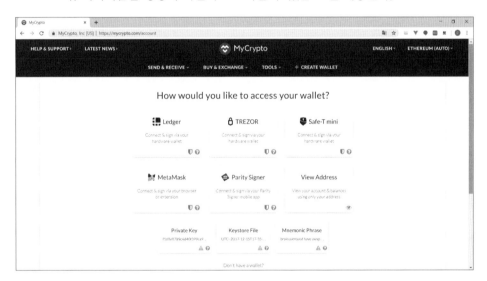

2. 기존 지갑을 사용하거나 새로 지갑을 생성한다. 마이크립토의 웹 인터페이스는 비밀 키^{PrivateKey}, 니모닉^{Mnemonic}, 키파일^{KeyFile} 등으로 지갑을 생성하거나 사용하는 데 일정한 제한을 두고 있다. 그래서 지갑을 생성할 때 암호를 복잡하게 지정해야 한다. 일단 지갑을 생성한 후에는 자신이 가지고 있던 비밀 키와 키파일을 내보낼 수 있다. 생성한 지갑을 안전한 장소에 보관하고 잃어버리지 않도록 주의한다. 잃어버리면 다시 복구할 수 없다.

3. 마이크립토를 사용하려면 2단계에서 생성한 비밀 키/키파일을 불러오거나^{import}, 메타마스크/미스트/하드웨어와 같은 외부 지갑을 사용한다.

4. 마이크립토는 계약을 배치하거나 다루고, 이더리움 네임 서비스를 사용하는 옵션도 제공하고, 심지어 자신이 보유한 이더를 다른 암호화폐로 바꾸는 기능도 제공한다.

미스트-이더리움 지갑

1. 미스트^{Mist} 또는 이더리움 지갑^{Ethereum wallet}은 https://github.com/ethereum/mist/releases에서 다운로드해서 설치한다. 미스트는 웹기반 댑^{DApp, Decentralized Application, 탈중앙화 애플리케이션}을 위한 브라우저다. 이더리움 지갑은 하나의 댑만 접근할 수 있도록 구현된 미스트, 즉 지갑 댑이다.

2. 미스트의 **Develop** 메뉴 아래의 **Network**에서 네트워크를 선택한다. 메인 네트워크, 테스트 네트워크, 또는 자신이 정의한 사설 네트워크 중에서 선택할 수 있다.

미스트의 개발 – 네트워크 화면에서 선택할 수 있는 네트워크 정보 표시 화면

이더리움 지갑 댑을 사용하면 트랜잭션을 주고받고, 스마트 계약을 다루거나 배치할 수 있다.

사용자 계정에 대한 인증 정보를 절대로 다른 사람에게 보내거나 모르는 웹사이트에서 사용하면 안 된다. 암호화폐를 사용하는 동안 항상 신뢰할 수 있는 지갑을 사용해야 한다. 주소를 잘못 입력하면 가진 돈을 잃을 수 있다. 트랜잭션을 수행하기 전에 반드시 주소를 다시 한 번 확인한다.

블록 탐색기 사용하기

이더리움에서 트랜잭션이나 블록으로부터 데이터를 읽는 방법은 여러 가지가 있다. 그 중 하나로, 이더스캔Etherscan이란, 이더리움용 블록 탐색기 및 분석 플랫폼이 있다. 이 절에서는 이더스캔을 이용하는 방법에 대해 소개한다.

방법

1. https://etherscan.io/로 가서 블록 탐색기를 연다. 그러면 다음과 같이 네트워크 상태를 보여주는 대시보드가 나타난다.

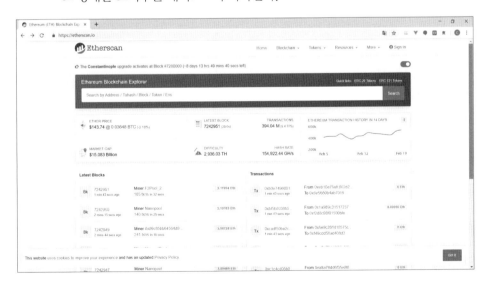

2. 왼쪽 상단을 보면 현재 이더리움 시장 점유율market share과 환율exchange rate을 보여주는 카드가 하나 있다. 또한 지난 14일 간의 트랜잭션 히스토리를 보여주는 차트도 볼 수 있다.

3. 블록 번호를 검색하거나 최근 블록 리스트에서 원하는 번호를 선택해서 그 내용을 살펴본다. 그러면 시간, 마이너, 해시, 트랜잭션, 크기, 가스 등과 같은 세부 정보를 볼 수 있다.

블록 세부 정보 화면

4. 트랜잭션을 검색하면, 송신자 주소from, 수신자 주소to, 송금 액수value transferred, 가스 등과 같은 트랜잭션에 대한 세부 사항을 볼 수 있다.

5. 이더스캔은 EOAExternally Owned Addresses, 외부 소유 주소와 계약 주소에 대한 상세 정보 페이지도 제공한다. 이 페이지를 보면 현재 잔고balance, 트랜잭션 리스트, 해당 주소에서 보유하고 있는 토큰token 등과 같은 정보를 볼 수 있다.

6. 계약 페이지contract page는 잔고, 트랜잭션, 그리고 검증된 계약이라면 계약 코드도 보여준다. 이더스캔으로 검증된 계약을 다루는 작업은 이 페이지에서 한다.

7. 이더스캔은 분석용 차트도 제공한다. 이러한 차트를 통해 환율, 네트워크, 마이닝, 블록, 트랜잭션을 비롯한 다양한 정보를 전반적으로 파악할 수 있다.

8. MISC 탭을 클릭하면 마이닝 계산기$^{mining\ calculator}$, 바이트코드 변환기^{bytecode} ^{converter}, 트랜잭션 브로드캐스터$^{transaction\ broadcaster}$ 등과 같은 도구를 사용할 수 있다.

9. 이더스캔은 또한 이더리움에서 데이터를 읽기 위한 API도 무료로 제공한다. 이 API를 사용하려면 이더스캔에 가입해서 무료 API 키를 생성 받는다. 단, 초당 요청 수는 5개를 넘을 수 없다. 초과하면 차단된다.

10. 이더스캔에 가입하면 특정한 주소를 모니터링하면서 이메일로 알림 메시지를 보내게 할 수 있다. 각 트랜잭션마다 사설 노트를 추가할 수도 있다.

보충

이더리움 네트워크 상태를 추적하기 위한 시각적인 인터페이스인 Eth-netstats라는 도구도 있다. https://ethstats.net으로 접속하면 공용 상태 페이지$^{public\ status\ page}$를 볼 수 있다. 이 포털은 이더리움 메인 넷의 전체 상태가 아닌, 각자 포털에 추가한 목록만 보여주기 때문이다.

자신이 만든 사설 이더리움 네트워크를 eth-netstats로 시각적으로 보는 방법은 다음과 같다.

1. 리포지터리에서 소스 코드를 다운로드한다. 이때 라이센스도 반드시 검토한다.

```
git clone https://github.com/cubedro/eth-netstats
```

2. 의존 패키지를 설치한다.

```
sudo npm install -g grunt-cli
cd eth-netstats
npm install
```

3. grunt로 프로젝트를 빌드한 뒤, npm으로 구동한다.

```
grunt
npm start
```

설치 이후 localhost:3000으로 접속한 화면

계정에 대해 완벽히 이해하기

이더리움 계정은 20바이트 주소로 구성되며, 상태 전이$^{state\ transition}$를 통해 두 계정 사이에서 데이터와 금액(값^{value})을 주고받는다. 일반적으로 이더리움에는 두 가지 타입의 계정이 있다. 하나는 EOA고 다른 하나는 계약 계정이다. 계정마다 잔고, 계약 코드, 저장 공간(스토리지^{storage}), 논스^{nonce}에 대한 네 개의 필드를 갖고 있다.

EOA는 비밀 키로 제어하며, 계약 계정은 계약 코드로 제어한다. 일반 사용자는 메타마스크나 마이크립토와 같은 지갑으로 EOA를 생성할 수 있다. 개발자는 계정에 대한 정보를 좀 더 자세히 알아야하며, 다른 방법으로도 생성할 수 있다. 이 절에서는 이더리움에서 EOA를 생성하고 관리하는 방법을 소개한다.

시스템에 geth가 정상 작동하고 web3 커맨드를 실행할 수 있어야 한다. 다른 준비 사항은
각 단계에서 자세히 소개한다.

1. geth 커맨드라인 도구에서 account 커맨드로 계정을 생성한다. 그러면 이더리움
   계정이 생성되면서 EOA 주소가 리턴된다.

   ```
   $ geth account new
   ```

   자바스크립트 콘솔 또는 Web3JS를 사용하고 있다면, 다음 커맨드로 계정을 생
   성한다.

   ```
   > web3.personal.newAccount("<password>")
   ```

2. 이 계정에서 트랜잭션을 수행하기 전에, 먼저 패스워드로 잠금을 해제한다. 세 번
   째 매개변수로 잠금 해제 기간을 지정할 수 있다. 트랜잭션을 수행한 후에 다시
   계정을 잠그려면 lockAccount 함수를 사용한다.

   ```
   > personal.unlockAccount("<address>", "<password>")
   > personal.lockAccount("<your_address>")
   ```

3. 이 방법으로 계정을 생성하면 암호화된 키파일도 함께 생성된다. 이 파일은 키 스
   토어에 UTC--{year}--{month}--{account} 포맷으로 저장돼 있다. 이 파일에는
   비밀 키를 암호화한 값도 담고 있다.[1]

   ```
   {
     "address":"4f9e3e25a8e6ddaf976dcbf0b92285b1bb139ce2",
     "crypto":{
   ```

---

[1] geth —networkid 3 —datadir "./ropsten-db" —keystore "./ropsten-keys" —syncmode "fast" —rpc —rpcport "8546"
—rpcapi "web3,eth,miner,admin" —rpccorsdomain "*" —port 30301 console
위 명령을 실행한 후 ./ropsten-keys 폴더 밑에 생성된 키스토어 파일에서 확인하자.

```
            "cipher":"aes-128-ctr",
      "ciphertext":"0b0ae5548acc4d08134f4fe...53cb8c08eb9563a76aeb082c",
            "cipherparams":{
                "iv":"6079a38e159b95f88e0f03fbdae0f526"
            },
            "kdf":"scrypt",
            "kdfparams {
                "dklen":32,
                "n":262144,
                "p":1,
                "r":8,
                "salt":"7ed09d37d80048c21490fc9...dc10b3cef10e544017"
            },
        "mac":"0d8ac3314c4e9c9aaac515995c...43bf46f17d2d78bb84a6"
    },
    "id":"7b6630ea-8fc8-4c35-a54f-272283c8f579",
    "version":3
}
```

4. 비밀 키를 외부에서 생성해서 다른 지갑으로 불러올(임포트import) 수 있다. 이 더리움은 비밀 키에 대해 타원 곡선 암호화elliptical curve cryptography를 적용한다. OpenSSL로 생성해도 되고, 마이크립토와 같은 지갑으로 생성할 수도 있다. 비밀 키를 생성했다면, 다음 커맨드로 불러올 수 있다. 이때 반드시 강력한 패스워드로 암호화한다.

```
$ geth account import <비밀 키 파일에 대한 경로>
```

자바스크립트 콘솔에서도 비밀 키를 불러올 수 있다.

```
> web3.personal.importRawKey("<private key>", "<password>")
```

 어떠한 웹사이트나 거래처, 개인과도 비밀 키를 공유해선 안 된다. 계정을 관리하는 메타마스크나 다른 지갑에 비밀 키를 제공해야 할 수도 있다. 이때도 신뢰할 수 있는지 반드시 확인한 뒤 사용한다.

5. 비밀 키로 주소를 검색하려면 여러 단계를 거쳐야 한다. 비밀 키를 64바이트 길이의 공개 키로 변환한 다음, 여기에 Keccak-256 해시를 적용한 뒤, 마지막 20바이트를 비밀 키에 대한 이더리움 주소로 사용한다.

6. 니모닉 구문으로 계정을 안전하게 생성할 수 있다. 니모닉은 열두 단어로 된 구문으로 EOA를 생성하는 시드[seed]로 사용된다. 이렇게 하면 쉽게 저장할 수 있으며, 메타마스크와 같은 지갑도 이 패턴을 사용한다.

보충

비밀 키나 계정을 안전하게 저장하려면, 하드웨어 지갑을 사용하는 것이 좋다. 이를 통해 계정을 사용하려면, 반드시 지갑과 물리적으로 상호작용해야 한다. 누군가 시스템에 악의적으로 침투해도 보안 피해를 좀 더 줄일 수 있다.

솔리디티 컴파일러 설치하기

솔리디티로 작성한 스마트 계약을 컴파일할 때 여러 가지 옵션을 지정할 수 있다. 이 절에서는 솔리디티 컴파일러를 설치해서 직접 작성한 스마트 계약을 컴파일하는 방법을 소개한다.

준비

맥OS를 사용한다면 먼저 홈브루를 설치해서 컴파일러를 바이너리 버전으로 설치한다. npm이나 docker와 같은 다른 방법도 있는데, 이를 사용하려면 각각 Node.js나 도커[Docker]를 먼저 설치해야 한다.

1. 우분투에서 설치하려면 다음과 같이 커맨드를 실행해서 ppa로 컴파일러를 설치한다.

```
sudo add-get-repository ppa:ethereum/ethereum
sudo apt-get update
sudo apt-get install solc
```

2. 맥OS를 사용한다면 홈브루(brew)로 설치한다.

```
brew update
brew tap ethereum/ethereum
brew install solidity
```

3. 제대로 설치됐는지 확인하도록 다음과 같이 커맨드를 실행한다.

```
solc --version
```

4. 다음과 같이 커맨드를 실행하면 계약을 컴파일해서 바이너리가 출력된다.

```
solc --bin SampleContract.sol
```

5. solc에서 고급 정보를 출력하려면 다음과 같이 실행한다.

```
solc -o outDirectory --bin --ast --asm --abi --opcodes SampleContract.
sol
```

여기에 나온 플래그의 의미는 각각 다음과 같다.

- --ast: 소스 파일에 대한 추상 구문 트리abstract syntax tree
- --asm: 계약에 대한 EVM 어셈블리
- --abi: 계약에 대한 ABI 규격
- --opcodes: 계약에 대한 옵코드opcode

solc 컴파일러에서 지원하는 연산을 모두 보고 싶다면 solc --help 커맨드를 실행한다.

SolcJS(solc-js)라는 자바스크립트 기반의 솔리디티 컴파일러도 있다. 이 컴파일러는 npm 으로 설치한다. solc-js 프로젝트는 C++ 버전의 solc 프로젝트에서 가지 친 것으로, 자 바스크립트 프로젝트에서 곧바로 사용할 수 있다.

```
npm install -g solc
```

여기서 제공되는 모든 기능을 보고 싶다면 다음과 같이 커맨드를 실행한다.

```
solcjs --help
```

02

스마트 계약 작성법

2장에서 다룰 주제는 다음과 같다.

- IDE 잘 고르는 방법
- 스마트 계약 작성 방법
- 리믹스로 계약 테스트하기
- 솔리디티의 정적 및 동적 타입
- 생성자와 폴백 함수
- 구조체와 열거형 사용법
- 솔리디티에서 제공하는 제어 구문
- 솔리디티에서 함수 작성하는 방법
- 배열과 매핑 중 선택하는 방법

- 함수 제한자 사용법
- 가시성 관련 제한자 효율적으로 사용하는 방법
- 핵심 이벤트: EVM 로거
- 메모리 및 스토리지의 효율적인 사용법
- solc 컴파일러로 계약 컴파일하는 방법
- geth로 계약 배치하는 방법

들어가며

스마트 계약은 주어진 문제를 푸는 데 신뢰도를 최대한 높여 준다. 스마트 계약의 목적은 모호함과 편향성을 줄여서 예측 가능하고 신뢰할 수 있는 결과를 도출하는 데 있다. 또한 이더리움은 스마트 계약을 작성할 수 있도록 튜링 완전 프로그래밍 언어인 솔리디티^{Solidity}를 기본으로 제공한다. 이 언어로 소유권, 트랜잭션 포맷, 상태 전이 함수 등에 대한 규칙을 마음껏 정의할 수 있다. 솔리디티로 작성한 이더리움 스마트 계약은 이더리움 가상 머신^{EVM, Ethereum Virtual Machine}에서 실행된다. 스마트 계약 코드를 실행하려면, 누군가 트랜잭션 수수료에 해당하는 이더를 지불해야 한다. 트랜잭션 수수료^{transaction fee}는 계산에 필요한 컴퓨팅 리소스에 따라 결정된다. 이렇게 보낸 이더는 트랜잭션 처리에 참여해서 컴퓨팅 파워를 제공하는 마이너^{miner, 채굴자} 노드에게 지불된다.

2장에서는 스마트 계약을 처음부터 새로 작성하고 컴파일해서 이더리움 네트워크에 배치하는 과정을 전반적으로 살펴본다. 또한 효율적인 스마트 계약 작성을 위한 다양한 설계 기법도 소개한다.

2장에 나온 스마트 계약 코드는 이 책을 집필할 당시 최신 버전인 솔리디티 컴파일러^{solc} 0.4.23[1]으로 컴파일했다. 버전 주기가 상당히 짧기 때문에 이더리움 솔리디티 깃허브[2]의

---

1 2019년 3월 중순 기준으로 0.5.6까지 나왔으며, 이 책의 예외 중에서 0.4.17, 0.4.24 등을 사용한 사례도 많다. 버전 주기가 짧은 편이어서 이 책을 읽는 시점에 따라 컴파일러 버전에 따른 변경 사항에 적절히 대응하기 바란다. – 옮긴이

2 https://github.com/ethereum/solidity – 옮긴이

변경 로그changelog를 직접 확인하기 바란다. 이 책에 나온 스마트 계약 예제는 오로지 데모 용도로 작성한 것이다. 또한 작성한 계약을 메인 네트워크에 배치하기 전에 반드시 테스트와 검증을 거치기 바란다.

IDE 잘 고르는 방법

분산 애플리케이션을 개발하려면 다양한 도구와 언어를 다뤄야 할 때가 많다. IDEIntegrated Development Environment(통합 개발 환경)를 활용하면 애플리케이션 개발에 필요한 작업을 편하게 처리할 수 있다. IDE는 코드 에디터(편집기), 컴파일러, 디버거를 비롯한 여러 가지 개발 도구를 통합된 환경에 엮어서 제공한다. 물론 간단한 텍스트 에디터와 커맨드라인 도구만으로도 얼마든지 개발할 수 있다.

이 절에서는 이더리움 개발을 지원하는 도구를 몇 가지 소개한다.

방법

가장 유명하고 널리 사용되는 솔리디티용 IDE는 리믹스Remix다. 그럼 지금부터 리믹스를 사용하는 방법을 살펴보자.

1. 리믹스는 웹 기반 IDE라서 https://remix.ethereum.org에 접속하면 곧바로 사용할 수 있다. 여기서 스마트 계약을 작성하고, 테스트하고, 디버깅하고, 배치할 수 있다.
2. 왼쪽 패널에 있는 파일 뷰에서 파일을 생성하거나 삭제할 수 있다. 오른쪽 패널에는 개발에 필요한 도구가 있다. 코드 작성은 에디터 창에서 하고, 실행 결과는 콘솔 창에서 확인할 수 있다. 콘솔 창에서 web3 커맨드를 실시간으로 실행할 수 있다.

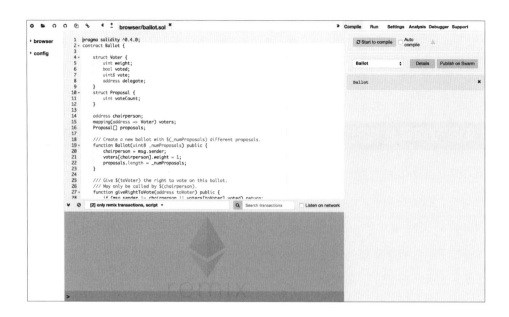

3. 리믹스는 자바스크립트로 만든 솔리디티 컴파일러로서, 백그라운드에서 실행된다. 그래서 에러를 비롯한 다양한 정보를 실시간으로 볼 수 있다.

4. 파일은 왼쪽 패널에서 나온다. 기존 프로젝트에서 파일을 불러오는(임포트import하는) 옵션도 있다.

5. IDE에서 발생한 이벤트 로그는 콘솔 창에서 볼 수 있다. 또한 Web3JS 커맨드를 REPL Read-Evaluate-Print-Loop 모드(표현식을 하나씩 받아서 평가하고 그 결과를 리턴하는 모드)로 실행할 수도 있다.

6. 계약을 컴파일하는 데 관련된 기능은 오른쪽 패널에 있는 Compile 탭에 있다. 컴파일이 끝나면 에러나 결과를 볼 수 있다.

7. 작성한 스마트 계약을 배치하고 테스트하는 작업은 Run 탭에서 수행한다. Environment 옵션에 원하는 네트워크를 지정하고, Create 버튼을 클릭해서 계약을 배치한다. At Address 옵션을 이용하면 계약을 배치할 위치를 직접 지정할 수 있다. 이 옵션은 기존에 작성된 계약을 테스트하고 디버깅할 때 유용하다.

8. 테마나 컴파일러를 변경하는 등의 IDE 설정 변경 작업은 Setting 탭에서 처리한다.

9. Analysis 탭에서 제공하는 기능을 이용하면 코드에서 버그가 발생할 가능성이 있는 부분이나 모범 작성법에 어긋난 부분을 분석할 수 있다.

10. 마지막으로 Debugger 탭은 디버깅에 필요한 기능을 제공한다. 디버깅 프로세스에 대해서는 11장, '스마트 계약 작성 관련 기법'에서 자세히 소개한다.

리믹스를 로컬에 직접 설치하려면, npm install remix-ide -g 커맨드로 npm 버전을 설치한다. 또한 리믹스를 직접 수정하고 싶다면 소스 코드를 다운로드해서 빌드한다(https://github.com/ethereum/remix).

보충

솔리디티 전용 IDE보다 다양한 개발 환경에 적용할 수 있는 범용 도구를 원한다면, 비주얼 스튜디오 코드Visual Studio Code를 추천한다. 비주얼 스튜디오 코드는 스마트 계약 작성에 유용한 플러그인을 다양하게 제공한다. 계약을 컴파일하고 배치하는 작업은 이더리움 커맨드 도구로 처리한다.

스마트 계약 직접 작성해보기

솔리디티Solidity는 이더리움에서 스마트 계약을 작성하기 위한 대표적인 언어다. 솔리디티로 작성된 스마트 계약은 코드(함수function)와 데이터(상태state)로 구성되며, 이더리움 블록체인의 특정 주소에 배치된다.

솔리디티는 정적 타입statically typed 방식의 하이 레벨 언어로서, 자바스크립트, 파이썬, C++의 영향을 많이 받았다. 솔리디티는 상속과 사용자 정의 타입, 라이브러리를 지원하고 EVM에서 실행한다.

솔리디티로 스마트 계약을 작성하기 위한 도구로 리믹스(https://remix.ethereum.org)를 추천한다. 리믹스는 브라우저 기반 IDE로서 솔리디티로 스마트 계약을 작성하고, 컴파일하고, 테스트하고, 배치할 수 있다. 모든 기능을 쉽게 사용하도록 인터페이스가 구성됐을 뿐만 아니라, 별도의 설치 과정 없이 브라우저에서 곧바로 사용할 수 있다.

물론 텍스트 에디터와 다양한 이더리움 커맨드라인 도구를 조합하는 방식으로도 얼마든지 개발할 수 있다.

방법

"hello world"를 출력하는 계약(HelloWorld)을 작성해 보자. 방법은 다음과 같다.

1. 버전 프래그마^{version pragma}로 타겟 컴파일러의 버전을 지정한다. 항상 계약 코드를 작성할 때마다 이렇게 타겟 컴파일러 버전을 지정하는 것이 좋다. 그래야 호환되지 않는 낮은 버전 또는 높은 버전의 컴파일러로 계약이 컴파일되지 않게 막을 수 있다.

   ```
   pragma solidity ^0.4.21;
   ```

   이렇게 적으면 0.4.21보다 낮거나 0.5.0보다 높은 버전의 컴파일러로 컴파일할 수 없다.

2. contract 키워드 뒤에 계약 이름을 적는다.

   ```
   contract HelloWorld {
       // 스마트 계약 코드를 적는다.
   }
   ```

3. "hello world"를 화면에 출력하는 메서드를 작성한다. 메서드 선언은 function 키워드로 시작한다.

```
function printSomething( ) {
    // 실행할 동작을 적는다.
}
```

4. return 키워드로 메서드 안에 "hello world"를 리턴하는 문장을 적는다.

```
return "hello world";
```

5. 메서드 선언문에 returns 키워드로 리턴 타입을 지정한다.

```
function printSomething( ) returns (string) { }
```

6. 완성된 계약 코드는 다음과 같다.

```
pragma solidity ^0.4.21;

contract HelloWorld {
    function printSomething( ) returns (string) {
        return "hello world";
    }
}
```

리믹스는 계약 코드를 작성하는 동안 실시간으로 에러나 경고 메시지를 출력하는 옵션을 제공한다. 이 옵션을 적용하려면 Compile 탭에 있는 Auto compile 체크박스를 선택한다. 이렇게 자동으로 컴파일하기 싫다면, Start to compile 버튼을 직접 클릭해서 컴파일해도 된다.

7. 이번에는 사용자가 입력한 값을 화면에 표시하는 메서드를 추가해보자. 사용자가 입력한 스트링 값을 저장할 string 타입의 상태 변수부터 추가한다.

```
string textToPrint = "hello world";
```

8. 그리고 사용자 입력을 받아서 화면에 출력할 텍스트를 지정하는 메서드를 다음과 같이 작성한다.

```
function changeText(string _text) {
    textToPrint = _text;
}
```

9. 마지막으로 printSomething 메서드에서 앞서 적었던 텍스트 대신, 7단계에서 정의한 스트링 타입의 상태 변수를 리턴하도록 수정한다.

```
function printSomething( ) returns (string) {
    return textToPrint;
}
```

10. 이 메서드의 선언문에 view 키워드를 붙여서 읽기 전용으로 지정한다. 그러면 계약 상태를 변경할 수 없어서 가스를 소비할 걱정 없이 마음껏 사용할 수 있다.

```
function printSomething( ) view returns (string) { }
```

11. 메서드의 접근 범위^{visibility}를 default부터 public에 이르기까지 다양하게 지정할 수 있다. 이렇게 접근 범위를 명확히 지정하는 것이 바람직하다. 여러 가지 키워드에 대해서는 2장의 뒤에서 소개한다.

12. 완성된 코드는 다음과 같다.

```
pragma solidity ^0.4.21;

contract HelloWorld {

    string textToPrint = "hello world";

    function changeText(string _text) public {
        textToPrint = _text;
    }

    function printSomething() public view returns (string) {
        return textToPrint;
    }
}
```

원리

EVM은 이더리움 스마트 계약을 실행하는 런타임 환경이다. EVM에서 실행되는 계약은 네트워크, 파일시스템, 그리고 다른 프로세스에 접근할 수 없다. EVM은 외부와 격리된 샌드박스로 설계됐기 때문이다.

앞에서 작성한 스마트 계약의 첫 줄은 0.4.21 버전의 컴파일러나 그 컴파일러와 호환되는 상위 버전(예, 0.5.0 이하)에서만 컴파일되도록 작성한다는 뜻이다. 여기 나온 `pragma`(프래그마) 키워드는 컴파일러에게 소스 코드를 다루는 방식을 알려주는 명령이다.

`string textToPrint = "hello world";`란 문장은 textToPrint라는 상태 변수를 선언하고 값을 할당한다. 이 변수를 다루는 방법은 데이터베이스와 비슷하다. 데이터베이스에 접근할 때 별도로 정의된 함수로 데이터를 조회하고 값을 변경하듯이, 상태 변수도 별도의 메서드를 호출하는 방식으로 접근한다. 단, 계약 코드 안에서는 직접 접근해도 된다.

여기서 소개한 계약 코드는 굉장히 단순하다. 누구나 스트링 값을 변경하거나 조회하거나 공개publish할 수 있다. 그런데 기존 값을 얼마든지 바꿀 수는 있지만 예전에 저장했던 값은 블록 체인 히스토리에 그대로 남는다. 계약에 대한 쓰기 권한을 제한하는 방법에 대해서는 이후 등장하는 절에서 소개한다.

보충

블록체인의 내용을 변경하려면, 트랜잭션transaction을 만들어야 한다. 그리고 모든 참여자(마이너)가 이 트랜잭션을 승인해야 한다. 예를 들어 은행 데이터베이스에서 모든 계좌의 잔고를 저장한 테이블을 생각해보자. 데이터베이스의 트랜잭션을 통해 한 계좌에서 출금한 액수는 반드시 다른 계좌에 입금된다고 보장할 수 있다. 또한 그 계좌에 대한 키를 가진 사람만 출금하거나 송금할 수 있게 할 수도 있다. 계좌 소유자가 가진 암호로 트랜잭션을 서명하기 때문이다.

트랜잭션은 바이너리 데이터와 이더로 구성된다. 타겟 계정에 코드가 있다면, 그 코드를 실행하고 트랜잭션으로 전달한 페이로드[payload](바이너리 데이터)를 입력 데이터로 사용한다. 타겟 계정이 존재하지 않으면, 트랜잭션으로부터 계약이 새로 생성되고 이 트랜잭션의 페이로드를 실행한다. 이렇게 실행한 결과는 계약 코드 형태로 영구적으로 저장된다.

트랜잭션을 수행할 때마다 일정한 양의 가스[gas]를 내야 한다. 이 값에 따라 실행할 수 있는 코드의 양과 이를 실행하는 마이너에게 지불할 보상금(수수료)이 결정된다. 가스 가격[gas price]은 트랜잭션을 보내는 송신자[sender]가 정한다. 이때 송신자는 가스 가격 * 가스양에 해당하는 초기 가격을 지불해야 한다. 지불한 가스가 트랜잭션 실행에 충분하지 않으면, 예외를 발생시키고 그 동안 변경된 상태를 되돌린다. 또한 실행 후 남은 가스는 송신자 계정으로 돌려준다. 금액[value]은 항상 이더의 가장 작은 단위인 웨이[wei]로 표현한다(1 이더 = 1018 웨이).

리믹스로 계약 테스트하기

이 절에서는 여러분이 작성한 스마트 계약을 리믹스 IDE로 테스트하는 방법을 소개한다. 리믹스는 브라우저 기반 IDE로서 솔리디티로 이더리움 계약을 작성하고, 트랜잭션을 디버깅하는 기능을 제공한다. 리믹스는 자바스크립트로 구현한 솔리디티 컴파일러와, 컴파일한 스마트 계약을 구동하는 EVM을 기본으로 제공한다.

방법

1. 브라우저로 리믹스에 접속한다(https://remix.ethereum.org).
2. 작성한 스마트 계약을 리믹스로 복사한다. 그러면 자동으로 컴파일된다. 이때 발생한 경고나 에러 메시지는 오른쪽 패널에 표시된다 .

3. 리믹스는 스마트 계약을 테스트하기 위한 자바스크립트 VM이 내장돼 있다. Run 아래에서 디폴트 환경으로 자바스크립트 VM을 선택한다.

4. 배치할 계약이 속한 계정을 선택한다. 리믹스에서 제공하는 디폴트 계정 목록에서 하나를 선택하면 된다. 여기 나온 계정마다 테스트하는 데 충분한 양의 이더가 들어 있다.

5. 가스^{gas}는 실행 비용을 계산하는 단위이고, 가스 한도$^{gas\ limit}$는 계약을 배치하는 데 사용할 수 있는 최대 가스양이다. 앞에서 작성한 HelloWorld 계약은 디폴트 가스 한도로 충분히 배치할 수 있다.

6. 계약을 배치하는 동안 이더를 보내려면 원하는 액수를 Value 필드에 지정한다.

7. deploy(구 create) 버튼을 클릭해서 계약을 배치한다. 이때 deploy 버튼 위에 있는 드롭다운 메뉴에 배치할 계약이 선택된 상태여야 한다.

8. 계약이 제대로 배치됐다면, 콘솔 창에서 트랜잭션과 로그 정보가 나타난다. Debug 버튼 오른쪽의 화살표를 클릭하면 자세한 내용을 볼 수 있다.

[vm] from:0xca3...a733c to:HelloWorld.(constructor) value:0 wei data:0x608...c0029 logs:0 hash:0xad7...6822c		Debug ^
status	0x1 Transaction mined and execution succeed	
transaction hash	0xad7860f683125a6a7736901b25c6fc83afb9fe489f6eac0f618c4d7773e6822c	
contract address	0x692a70d2e424a56d2c6c27aa97d1a86395877b3a	
from	0xca35b7d915458ef540ade6068dfe2f44e8fa733c	
to	HelloWorld.(constructor) (Contract Creation - Step 0)	
gas	3000000 gas	
transaction cost	281075 gas	
execution cost	166199 gas	
hash	0xad7860f683125a6a7736901b25c6fc83afb9fe489f6eac0f618c4d7773e6822c	
input	0x608...c0029	

9. 계약이 배치된 후에는 리믹스에 계약 인스턴스 UI가 생성된다. 이 인터페이스로 배치된 계약을 조작할 수 있다.

Deployed Contracts

HelloWorld at 0x692...77b3a (memory)

changeText   string _text

printSomething

0: string: hello world

10. 리믹스에서 생성한 계약 인스턴스 UI를 보면 계약 주소와 함께 모든 공용 및 외부 메서드에 대해 컨트롤이 표시돼 있다. 파란 컨트롤은 읽기 전용 메서드로서 사용하는 데 비용이 발생하지 않고, 빨간 컨트롤은 계약의 상태를 수정할 때 사용한다.

11. `printSomething` 메서드에 대한 버튼을 클릭해서 테스트를 수행한다. 그러면 "hello world"란 디폴트 값이 화면에 표시된다.

12. `changeText` 메서드로 디폴트 값을 변경한다. 버튼 옆에 있는 입력 필드에 원하는 값을 적는다. 스트링 값을 입력할 때는 항상 큰 따옴표로 묶는다(예, "새 텍스트").

13. 계약을 조작하는 동안 상단에 있는 Account, Gas Limit, Value 필드도 적용된다.

리믹스는 HTTP와 HTTPS 프로토콜을 모두 지원한다. 그래서 HTTPS를 지원하지 않은 로컬 노드도 연결할 수 있다.

보충

리믹스는 계약 파일 생성뿐만 아니라, 로컬 스토리지에 있는 기존에 생성된 계약 파일을 여는 기능도 제공한다. 또한 적절한 읽기/쓰기 권한이 있다면 현재 머신의 파일시스템에 직접 접근할 수 있다. 그래서 파일을 리믹스에 복사할 필요 없이 곧바로 사용할 수 있다.

remixd라는 npm 모듈을 사용하면 리믹스 IDE에서 로컬 컴퓨터의 폴더에 접근할 수 있다. 다음과 같이 커맨드를 실행하면 시스템의 모든 사용자가 remixd를 사용하도록 설치할 수 있다. 맥이나 유닉스 사용자는 현재 설정된 접근 권한에 따라 커맨드 앞에 sudo를 붙인다.

```
npm install -g remixd
```

로컬 파일 시스템을 리믹스와 공유해서 계약 파일을 불러오려면 다음과 같이 커맨드를 실행한다. 그러면 지정한 경로의 파일을 웹소켓WebSocket으로 연결한다.

```
remixd -s <폴더 경로>
```

파일 공유 기능이 구동됐다면, 왼쪽 패널 아래에 있는 connect to localhost 버튼을 클릭해서 공유한 파일시스템에 연결할 수 있다.

솔리디티의 정적 및 동적 타입

정적 타입statically typed 프로그래밍 언어는 컴파일할 때 타입을 검사한다. 솔리디티도 정적 타입 언어라서, 변수의 타입이 컴파일 시간에 결정된다. 또한 솔리디티는 사용자가 복합 타입complex type을 정의하는 기능과 타입 변환도 지원한다.

이 절에서는 솔리디티에서 제공하는 int, bool, array, byte, address를 비롯한 기본 타입에 대해 살펴본다.

준비

테스트용 스마트 계약을 작성하기 위한 가장 간편한 방법은 리믹스를 이용하는 것이다. 리믹스는 브라우저 기반 IDE로서 솔리디티로 스마트 계약을 작성하고, 컴파일하고, 테스트하고, 배치하는 기능을 제공한다. 또한 이 모든 기능을 사용하기 쉬운 인터페이스를 통해 제공하고, 별도의 설치 과정 없이 곧바로 사용할 수 있다.

물론 IDE를 사용하지 않고, 텍스트 에디터와 다양한 이더리움 커맨드라인 도구를 조합해서 계약을 작성하고 배치해도 된다.

방법

1. 계약 코드에 불리언 값을 저장할 상태 변수를 생성한다. 이 변수를 bool 키워드로 선언하고 true나 false 값으로 초기화한다. 불리언 타입은 !, &&, !!, ==, != 등과 같은 기본 연산자를 지원한다.

   bool isAvailable = false;

2. 정수 타입 값을 저장할 변수는 int나 uint 키워드로 생성한다. 부호 없는 정수를 저장하고 싶다면 uint로, 부호가 있는 정수를 저장하고 싶다면 int로 선언한다. uint와 int는 기본적으로 uint256/int256를 의미하고, 정수 값을 저장할 공간의

크기마다 uint8/int8부터 uint256/int256까지 키워드를 따로 제공한다. 각 키워드의 숫자는 8씩 증가한다.

```
// uint/int는 uint256/int256에 대한 별칭(alias)이다.
uint256 a = 9607111;
int32 b = 102;
```

비교 및 산술 연산을 위해 다음과 같은 연산자를 제공한다.

- **비교 연산**: <=, <, ==, !=, >=, >
- **비트 연산**: &, |, ^(비트 단위 XOR), ~(비트 단위 부정negation)
- **산술 연산**: +, -, *, /, %(나머지), **(지수), <<(왼쪽 시프트), >>(오른쪽 시프트)

솔리디티에서 제공하는 정수 타입은 오버플로우나 언더플로우가 발생하기 쉽다. 따라서 계약을 작성할 때 오버플로우나 언더플로우가 발생하지 않도록 조건을 반드시 지정한다. 참고로 오픈제플린OpenZepplin의 SafeMath(https://github.com/OpenZeppelin/zeppelin-solidity) 라이브러리를 이용하면 산술 연산의 안전성을 테스트할 수 있다.

3. 고정 소수점fixed-point 타입의 변수를 만들고 싶다면 fixed/ufixed 키워드로 선언한다. 아직 솔리디티에서 이 기능을 완벽히 지원하지 않기 때문에, 선언은 할 수 있지만 실제 값을 대입하거나 읽을 수는 없다.

4. 주소 변수는 address 키워드로 생성한다. 주소 타입은 솔리디티에서만 제공하는 타입으로, 20바이트로 된 이더리움 주소를 표현한다. 또한 <=, <, ==, !=, >=, > 연산자도 지원한다.

```
address owner = 0x05ee546c1a62f90d7acbffd6d846c9c54c7cf94c;
```

주소마다 다음과 같은 멤버를 가지고 있다.

- <address>.balance: 이 주소의 잔고를 조회할 때 사용한다. 리턴 값의 단위는 웨이wei다.
- <address>.transfer(<amount>): (웨이 단위로 표현한) 이더를 특정 주소로 보낸다. 실행에 문제가 있으면 예외를 발생시키고 계약이 멈춘다.

```
owner.transfer(1 ether); // 실패하면 예외가 발생한다.
```

- <address>.send(<amount>): transfer와 비슷하지만, 실행에 실패하면 false를 리턴하고, 실행을 멈추지 않는다.

```
owner.send(1 ether); // true나 false를 리턴한다.
```

- <address>.call(): 로우 레벨 콜을 호출한다. 주로 ABI를 지정하지 않은 계약 코드를 다룰 때 사용된다. 이때 호출할 대상에 전달할 인수argument의 개수나 타입에 제한이 없으며, 실행에 실패하면 false를 리턴한다.

```
address productStore = 0x4db26171199535b2e4bae6615c9b8ffe33c41d74;
productStore.call("getProduct", "product_id_001");
```

call()에 지정한 가스와 금액value을 변경할 수도 있다.

```
productStore.call.gas(2000000).value(1 ether).("buyProduct",
"product_id_001");
```

ABIApplication Binary Interface란, 기계어 코드와 주고 받는 데이터를 인코딩 및 디코딩하는 표준이다. 이더리움에서 데이터는 지정된 타입에 맞게 인코딩 되는데, 이때 타입 정보는 담기지 않는다. 따라서 데이터를 디코딩할 때는 타입에 맞는 스키마를 ABI에서 불러와야 한다.

- <address>.delegatecall(): 타겟 주소의 코드를 사용한다. 스토리지, 잔고를 비롯한 나머지 속성은 호출하는 측에 있는 값을 적용한다. delegatecall의 목적은 다른 계약에 저장된 라이브러리 코드를 호출하는 데 있다. delegatecall을 사용하기 전에 양쪽 계약에서 사용하는 스토리지 레이아웃이 이렇게 호출하는 데 문제는 없는지 확인한다. 호출에 지정한 가스와 금액도 적절히 조정한다.

```
contract A {
    uint value;
    address public sender;
    // 계약 B의 주소
    address a  = 0xef55bfac4228981e850936aaf042951f7b146e41;
```

```
    function makeDelegateCall(uint _value) public {
        // A의 value를 수정한다.
        a.delegatecall(bytes4(keccak256("setValue(uint)")), _
value);
    }
}

contract B {
    uint value;
    address public sender;

    function setValue(uint _value) public {
        value = _value;
        // msg.sender는 delegatecall에서만 사용할 수 있다.
        //  callcode( )에서는 사용할 수 없다.
        sender = msg.sender;
    }
}
```

msg.sender는 솔리디티에 정의된 전역 변수global variable로서, 메시지/트랜
잭션 송신자sender의 주소를 갖고 있다. 또한 msg.value, msg.data, msg.
gas, msg.sig와 같은 변수도 있다.

- <address>.callcode( ): Homestead 하드포크 이전에 사용하던 버전으
  로 delegatecall()보다 기능이 부족하다. callcode()는 원본 msg.sender
  와 msg.value 값에 접근할 수 없다. 따라서 callcode는 사용하지 않는 것
  이 좋다.

5. 정적 또는 동적 길이를 갖는 배열을 생성한다. 솔리디티는 2차원 배열도 지원하
   는데, 표기 방식이 다른 프로그래밍 언어와 반대다. 예를 들어, 정수 타입 동적 배
   열(int[]) 세 개를 원소로 갖는 배열을 선언하려면 int[][3]와 같이 표현한다. 반
   면 이 배열의 원소에 접근할 때는 다른 프로그래밍 언어처럼 표기한다. 가령 a[1]
   [2]는 두 번째 동적 배열에서 세 번째 int 값을 가리킨다.

```
uint[] dynamicSizeArray;
uint[7] fixedSizeArray;
```

배열에 public 키워드를 붙여서 공용으로 선언하면 그 배열에 대한 게터^{getter} 메서드를 자동으로 만들어준다. 이 메서드는 입력 매개변수로 배열의 인덱스를 받아서 원소를 하나씩 리턴한다. 배열을 통째로 리턴하고 싶다면, 게터를 직접 정의한다.

6. 솔리디티에서 고정 크기 바이트 배열을 생성하려면 bytes 키워드를 사용한다. 이 키워드는 bytes1부터 bytes32까지 제공되며 숫자는 1씩 증가한다. 이 배열은 비교 연산(<=, <, ==, !=, >=, >)과 비트 연산(&, |, ^(비트 단위 XOR), ~(비트 단위 부정), << (왼쪽 시프트), >>(오른쪽 시프트))에 적용할 수 있다.

7. bytes를 이용해 임의의 길이를 가진 로^{raw} 바이트 데이터 타입을 생성할 수 있다. 또한 임의의 길이를 가진 UTF-8 데이터를 생성할 때는 string을 사용하며, 솔리디티에서 동적 바이트 배열로 사용된다. 스트링 리터럴^{string literal}은 작은 따옴표나 큰 따옴표로 묶어서 표현한다. 크기가 맞다면, 자동으로 bytes 타입으로 변환된다.

8. 변수에 따로 저장하지 않고 표현식 안에서만 사용하는 배열 리터럴은 고정 크기 memory 타입으로 지정된다. 예를 들어, [2, 4, 8, 5]라고 적은 배열 리터럴의 타입은 uint8[4] memory다.

보충

솔리디티는 기본 타입끼리 변환^{conversion}하는 기능도 제공한다. 솔리디티에서 제공하는 데이터 타입은 수동(명시적) 변환^{explicit conversion}과 자동(암묵적) 변환^{implicit conversion}을 모두 지원한다.

대입 연산이나 산술 연산에서 타입이 다른 값이 섞여 있다면, 컴파일러에 의해 한 타입의 값을 다른 타입의 값으로 자동 변환한다. 이때 의미상 두 값이 일치하고 변환 과정에서 정보 손실이 발생하지 않을 때만 자동 변환된다. 예를 들어, uint128는 uint256으로, int16는 int32로 변환된다. 하지만 int를 uint로 변환할 수 없다. uint는 -1과 같은 음수를 저장할 수 없기 때문이다. 또한 부호가 없는 정수는 모두 **bytes**로 변환될 수 있지만, 그 반대는 불가능하다.

```
int8 a = 1;
uint b = a + 1200;
```

또한 지원되는 변수에 대해 수동 변환할 수 있다. 단, 꼭 필요할 때만 테스트를 충분히 거쳐 확실히 검증한 뒤에 사용한다.

```
int u = -1;
uint v = uint(v);
```

생성자와 폴백 함수

이 절에서는 계약에서 중요한 역할을 담당하는 메서드인 생성자constructor와 폴백fallback 함수에 대해 소개한다.

방법

생성자와 폴백 함수를 선언하고 사용하는 방법은 다른 객체 지향 언어와 비슷하다. 그럼 하나씩 살펴보자.

생성자

생성자constructor란, 계약이 생성되는 과정에 실행되는 함수다. 생성자를 직접 호출할 수 없으며, 단 한 번만 호출된다. 계약마다 생성자는 한 개뿐이다. 생성자를 직접 정의하지 않으면 디폴트 생성자가 호출된다.

1. constructor 키워드로 생성자를 선언한다.

```
contract A {
    constructor() {
```

```
        // 생성자
    }
}
```

2. 선언한 생성자 안에 계약 생성 과정에 수행할 코드를 작성한다.

```
contract A {
    address owner;

    constructor() {
        owner = msg.sender;
    }
}
```

3. public이나 internal 키워드로 생성자를 공용 또는 내부용으로 설정한다. 생성자를 내부용으로 설정한 계약은 추상abstract 계약이 된다.[3]

```
contract C {
    uint n;

    constructor(uint _n) internal {
        n = _n;
    }
}
```

4. 생성자를 따로 작성하지 않으면, 디폴트 생성자가 실행된다.

```
contract X {
    // 디폴트 생성자
    constructor() public { }
}
```

5. 상속한 부모 계약(베이스 계약base contract)의 생성자 매개변수도 지정할 수 있다. 방법은 두 가지인데, 상속 과정에서 지정해도 되고, constructor 함수에서 지정해도 된다.

---

3 OOP의 추상 클래스와 개념이 유사하다. – 옮긴이

```
contract A {
    uint someValue;
    constructor(uint _value) public {
        someValue = _value;
    }
}

contract B is A(10) {
    // 상속 과정에 전달할 베이스 계약 인수
}

contract C is A {
    constructor(uint _anotherValue) A(_anotherValue) public {
        // 베이스 계약에 대한 인수를 생성자에서 지정한다.
    }
}
```

생성자 이름을 계약과 똑같이 선언하던 방식은 폐기deprecated됐다. 솔리디티 0.4.22 버전부터 constructor 키워드로 생성자를 정의한다.

폴백 함수

모든 계약마다 이름이 없는 폴백fallback 함수를 하나씩 가질 수 있다. 폴백 함수는 계약 코드에 시그니처signature가 일치하지 않는 함수가 호출되거나, 이더를 계약에 보낼 때 실행된다.

1. 폴백 함수를 선언할 때는 다음과 같이 함수를 생략한다.

```
function() {
    // 폴백 함수
}
```

2. 폴백 함수가 이더를 받으려면 payable로 선언한다. payable로 선언된 함수가 없는 계약에 송금하면 예외가 발생한다.

```
function() payable {
    // 이더를 받을 수 있는 폴백 함수
}
```

payable로 지정한 폴백 함수가 없는 계약도 self-destruct나 마이닝해서 이더를 받을 수는 있다. 이렇게 전송되는 이더는 계약에서 거부할 수 없기 때문에, 실행의 요구 사항으로 계약의 잔고를 사용하지 않는 것이 좋다.

3. 폴백 함수를 실행하는 데 쓸 수 있는 디폴트 가스양은 2300이다. 이 정도로는 간단한 이벤트 로그 기록 정도의 일만 할 수 있다. 이렇게 가스양을 제한해두면 악의적인 공격을 막는 데 도움된다. 계약 코드에 발생할 수 있는 여러 가지 취약점에 대해서는 8장, '스마트 계약 보안'에서 자세히 설명한다.

```
function() payable {
    // 2300 가스만 쓸 수 있다.
    emit EtherReceived(msg.sender);
}
```

4. 폴백 함수에서 가스를 소비하는 작업(예, 다른 계약 생성, 스토리지 기록 등)을 수행하려면, 반드시 트랜잭션에 전달된 가스가 충분한지 확인한다.

```
contract Receiver {
    uint count;
    event EtherReceived(address indexed from);

    function() payable {
        count++;
        emit EtherReceived(msg.sender);
    }
}
```

폴백 메서드는 인수를 받거나 결과를 리턴할 수 없다. 단 msg.data를 이용해 트랜잭션을 호출할 때 매개변수로 전달된 값을 페이로드에서 가져올 수는 있다. 또는 이벤트 로그를 통해 우회적으로 함수에서 값을 리턴할 수도 있다.

구조체와 열거형 사용법

솔리디티는 여러 가지 기본 타입을 다양하게 조합해서 사용자 정의 타입을 만드는 기능도 제공한다. 이 절에서는 사용자 정의 타입을 정의하도록 솔리디티에서 제공하는 구조체 struct와 열거형enum에 대해 알아보자.

방법

struct와 enum으로 사용자 정의 타입을 정의해서 사용하는 방법을 살펴보자.

구조체

struct(구조체)를 사용하면 솔리디티에서 새로운 타입을 정의할 수 있다.

1. struct 키워드로 솔리디티에 생성할 사용자 정의 타입을 선언한다.

```
struct Person { }
```

2. 이 구조체 안에 원하는 속성을 정의한다.

```
struct Person {
    uint16 id;
    bytes32 fName;
    bytes32 lName;
}
```

3. 구조체 안에 배열과 매핑뿐만 아니라 다른 사용자 정의 타입도 넣을 수 있다.

```
struct Person {
    uint16 id;
    bytes32 fName;
    bytes32 lName;
    Contact phone;
}

struct Contact {
```

```
    uint countryCode;
    uint number;
}
```

4. 구조체의 멤버를 현재 구조체 타입으로 지정할 수 없다. 그래서 구조체가 재귀적
   으로 무한히 늘어나지 않고 항상 길이가 유한하게 제한할 수 있다.

5. 앞에서 정의한 struct 타입^{Person}으로 다음과 같이 변수를 생성한다.

```
Person owner;
Person[] contributors;
```

6. 다음과 같이 struct의 값에 직접 접근할 수 있다.

```
contributors[2].fName = "John";
contributors[2].lName = "Doe";
```

7. struct 타입의 로컬 변수를 생성하고, 그 변수에 담긴 데이터의 위치를 다루도록
   storage로 선언한다. 이렇게 하면 struct를 복사하지 않고, 레퍼런스^{reference}(참조
   값)를 저장한다. 그래서 storage로 선언한 구조체의 멤버에 값을 대입하면 구조
   체의 상태에 직접 반영된다.

```
Person storage contributor = contributors[2];
contributor.fName = "John";
contributor.lName = "Doe";
```

8. 구조체 타입 변수를 초기화하는 방법은 다음과 같다.

```
Contact memory myContact = Contact(91, 23232323);
// 또는
Contact memory myContact = Contact({
    countryCode: 91,
    number: 23232323
});
```

9. 다음에 나온 계약 코드를 보면 struct에 대한 다양한 사용법을 볼 수 있다.

```
pragma solidity ^0.4.21;

// 이 계약은 예제로만 사용한다.
contract CrowdFunding {
```

```solidity
// 세 개 의 필드로 구성된 타입을 새로 정의한다.
struct Funder {
    address addr;
    uint amount;
    bool isApproved;
}

// 사용자 정의 타입 배열
Funder[] contributors;

function contribute() public payable {
    // 임시로 사용할 메모리 구조체를 새로 하나 만들고,
    // 전달된 값으로 초기화한다.
    // Funder(msg.sender, msg.value)로 작성해도 된다.
    Funder memory contributor = Funder({
        addr: msg.sender,
        amount: msg.value,
        isApproved: false
    });

    contributors.push(contributor);
}

// 구조체 멤버의 값을 변경하는 함수
function approve(uint id) public {
    Funder storage contributor = contributors[id];
    contributor.isApproved = true;
}

// 구조체의 값을 리턴하는 함수
function getContributor(uint id) public view
    returns (address, uint, bool) {
    Funder memory contributor = contributors[id];
    return (contributor.addr,
        contributor.amount,
        contributor.isApproved);
}
}
```

빈 공간이 생기지 않도록 스토리지 변수와 구조체 멤버를 잘 정렬하면 가스 사용을 최소화할 수 있다. 예를 들어, uint128, uint256, uint128의 순서로 선언된 storage 변수를, uint128, uint128, uint256의 순서로 변경하면, 세 칸을 차지하던 것을 두 칸만 차지하게 할 수 있다.

열거형

열거형^{enumeration}(키워드는 enum)을 이용하면 제한된 값만으로 사용자 정의 타입을 정의할 수 있다.

1. 솔리디티에서 열거형은 enum 키워드로 정의한다.

```
enum Direction {
    // 옵션을 나열한다.
}
```

2. 열거형의 멤버는 한 개 이상 있어야 한다.

```
enum Direction {
    North,
    East,
    South,
    West
}
```

3. 열거형 변수는 다음과 같이 직접 초기화할 수 있다.

```
Direction path = Direction.North;
```

4. 모든 종류의 정수 타입과 열거형은 상호 변환할 수 있다.

```
function getCurrentChoice() view public
    returns (uint) {
    return uint(path);
}
```

5. 지금까지 설명한 내용을 모두 합치면 다음과 같다.[4]

```solidity
pragma solidity ^0.4.23;

contract Navigation {

    // enum 선언
    enum Direction {
        North,
        East,
        South,
        West
    }

    // 디폴트 방향
    Direction path = Direction.North;

    // enum을 입력 받는 함수
    function changeDirection(Direction dir) public {
        path = dir;
    }

    // enum을 리턴하는 함수. enum은 ABI에서 지원하지 않기 때문에,
    // 리턴 타입이 uint로 변경된다.
    function getCurrentDirection() view public
        returns (Direction) {
        return path;
    }
}
```

솔리디티에서 제공하는 제어 구문

솔리디티는 프로그래밍 언어에서 흔히 제공하는 제어 구문control structure을 대부분 지원한다. 이 절에서는 솔리디티에서 제공하는 제어 구문에 대해 예제와 함께 살펴본다. 구문의 의미는 C나 자바스크립트와 상당히 비슷하다.

---

4 한글 주석으로 컴파일 에러가 발생한다면 적절히 삭제한다. – 옮긴이

1. if—else 조건문은 주어진 조건에 따라 수행할 동작을 결정한다. isValid 함수에서 입력값이 10보다 크면 true를 리턴하고, 그렇지 않으면 false를 리턴하려면 다음과 같이 작성한다.

```
pragma solidity ^0.4.23;

contract test {
    function isValid(uint input) public pure
        returns (bool) {
        if (input > 10) {
            return true;
        } else {
            return false;
        }
    }
}
```

솔리디티는 자바스크립트를 비롯한 기존 언어와 달리, 불리언 타입을 불리언이 아닌 타입으로 변환하는 기능이 없다. 따라서 if(1) {}과 같은 식으로 조건문을 작성할 수 없다.

2. while 루프문은 불리언 값을 내는 조건식의 결과에 따라 코드를 반복한다. 예를 들어 현재 배열에 담긴 모든 주소로 이더를 보내는 동작을 while 루프로 작성하면 다음과 같다.

```
pragma solidity ^0.4.23;

contract test {
    function refund(address[] users) public {
        uint i = 0;
        while (i < users.length) {
            users[i].transfer(1 ether);
            i++;
        }
```

```
        }
    }
```

3. 루프문을 구현할 때 흔히 for문을 사용한다. 앞에서 while문으로 작성한 코드를 for문으로 고치면 다음과 같다.

```
pragma solidity ^0.4.23;

contract test {
    function refund(address[] users) public {
        for(uint i = 0; i < users.length; i++) {
            users[i].transfer(1 ether);
        }
    }
}
```

uint8은 크기가 너무 작아서 오버플로우나 언더플로우가 쉽게 발생하기 때문에 for 루프에서 사용하지 않는 것이 좋다. 또한 루프를 실행하는 도중에 갑자기 계약이 멈추지 않도록 가스 사용량을 항상 검사하는 것이 좋다.

4. do while문은 자바스크립트나 C와 같다. 먼저 코드 블록을 한 번 실행한 뒤에, 조건으로 명시한 표현식을 평가해서 반복 여부를 판단한다. 이더를 보내는 코드를 do while문으로 작성하면 다음과 같다.

```
pragma solidity ^0.4.22;

contract test {
    function refund(address[] users) public {
        uint input = 0;
        do {
            users[input].transfer(1 ether);
            input++;
        } while (input < 10);
    }
}
```

5. continue와 break문은 다음과 같이 사용한다.

```solidity
pragma solidity ^0.4.22;

contract test {
    function refund(address[] users) public {
        for(uint i = 0; i < 20; i++) {
            if (i % 2 == 0)
                continue;
            users[i].transfer(1 ether);
        }
    }
}
```

6. 조건 연산자(? :)를 사용하는 방법은 다음과 같다. 이 연산자는 세 개의 인수를 받는다. 첫 번째 인수는 비교할 값이고, 두 번째 인수는 비교 결과가 참일 때 사용할 값이고, 세 번째 인수는 비교 결과가 거짓일 때 사용할 값이다.

```solidity
pragma solidity ^0.4.22;

contract test {
    function isValid(uint value) public pure
        returns (bool) {
        bool result = (value > 10) ? true : false;
        return result;
    }
}
```

솔리디티는 자바스크립트의 제어 구문 중에서 switch와 goto를 제외한 나머지를 모두 지원한다. 현재 switch와 goto 구문에 대한 지원도 고려하고 있어서, 향후 버전에 추가될 가능성도 있다.

솔리디티에서 함수 작성하는 방법

함수function란, 전체 계약 코드에서 수행할 특정한 작업을 표현하는 코드 작성 단위다. 이 절에서는 솔리디티로 함수를 작성하고 호출하는 방법을 소개한다.

1. 솔리디티에서 특정한 작업을 수행하는 함수를 작성하려면 function 키워드를 사용한다.

```
contract Test {
    function functionName() {
        // 작업을 수행한다.
    }
}
```

2. 함수에서 받을 입력 매개변수는 다음과 같이 작성한다. 이때 매개변수를 선언하는 방법은 일반 변수 변수와 같다. 다음 예는 uint 타입의 매개변수를 두 개 받는 함수를 보여주고 있다.

```
contract Test {
    function add(uint _a, uint _b) public {
        // 작업을 수행한다.
    }
}
```

3. 출력 매개변수를 지정하는 형식도 비슷하다. returns 키워드 뒤에 리턴할 값을 적는다. 다음 코드는 uint 타입의 변수를 리턴하는 예다.

```
contract Test {
    function add(uint _a, uint _b) public pure
        returns (uint sum)
    {
        sum = _a + _b;
    }
}
```

4. 함수 선언문에 리턴 값에 대한 변수의 이름을 지정하지 않으면, return문에 지정한 변수 이름을 사용한다.

```
contract Test {
    function add(uint _a, uint _b) public pure
        returns (uint)
```

```
    {
        uint sum = _a + _b;
        return sum;
    }
}
```

5. 출력 매개변수를 여러 개 지정할 수도 있다. 다음 코드는 두 개의 uint 값을 리턴하는 예다.

```
contract Test {
    function add(uint _a, uint _b) public pure
        returns (uint, uint)
    {
        return(_a + _b, _a - _b);
    }
}
```

6. 같은 계약 코드 안에서 함수를 호출할 때는 함수 이름만 적어도 된다. 다음 코드에서 addTwo란 함수는 addOne이란 다른 함수를 호출하는데, 이 함수는 같은 계약 코드에 선언된 것이다.

```
contract Test {
    function addOne(uint _a) public pure
        returns (uint)
    {
        return _a + 1;
    }

    function addTwo(uint _b) public pure
        returns (uint)
    {
        return addOne(_b) + 1;
    }
}
```

7. 다른 계약에 선언된 외부 함수를 호출할 때는 <계약_인터페이스>.f( ) 형식으로 표기한다. 다음 코드를 보면 addOne과 addTwo가 속한 계약이 다르지만, 계약 인스턴스를 지정해서 다른 계약에 선언된 함수를 호출할 수 있다.

```
contract Basic {
    function addOne(uint _a) public pure
        returns (uint)
    {
        return _a + 1;
    }
}

contract Advanced {
    Basic basic;
    function addTwo(uint _b) public view
        returns (uint)
    {
        return basic.addOne(_b) + 1;
    }
}
```

외부 계약을 호출하다 보면 예상치 못한 보안 문제가 발생할 수 있다. 신뢰할 수 없는 계약을 호출하면 그 계약에 직접 담겨 있거나 그 계약에서 인용한 다른 계약의 악의적인 코드가 실행될 수도 있다. 따라서 함수를 호출하기 전에 항상 엄격히 검사한다.

8. 이더를 받는 함수는 payable로 지정한다. payable로 지정하지 않은 함수에 이더를 보내면 예외가 발생한다.

```
contract test {
    mapping(address => uint) donors;
    function donate() public payable {
        donors[msg.sender] = msg.value;
    }
}
```

9. 함수를 호출할 때 매개변수[5] 이름을 지정할 수 있다. 그래서 함수 호출문에서 인수를 지정할 때 함수 선언문에 나온 매개변수의 순서와 다르게 지정할 수 있다.

---

5 참고로 매개변수(parameter)란, 함수 등의 선언문에서 전달받는 값을 담을 변수를 말하고, 인수(argument)는 매개변수를 통해 전달된 실제 값을 말한다. — 옮긴이

```
contract test {
    function add(uint _a, uint _b) public {
        // 작업을 수행한다.
    }

    function calc() public {
        add({_b: 5, _a:10});
    }
}
```

10. 필요 없는 매개변수는 이름을 생략해도 된다.

```
contract test {
    function calc(uint _a, uint) public returns (uint) {
        // 작업을 수행한다.
    }
}
```

11. 상태를 변경하지 않는 함수는 view로 선언할 수 있다. (view는 현재 폐기^{deprecated}된 constant에 대한 앨리어스^{alias}(별칭)다.) 여기서 상태를 변경한다는 말은 상태 변수에 값을 쓰거나, 이벤트를 발생시키거나, 이더를 보내는 작업을 말한다.

```
contract test {
    uint multiplier = 10;
    function fun(uint _a, uint _b) public view
        returns (uint) {
        return (_a + _b) * multiplier;
    }
}
```

12. 상태를 읽지도 않고 수정하지 않는 함수는 pure로 선언한다. 다음 코드는 계약 상태를 읽거나 쓰지 않는다.

```
contract test {
    function fun(uint _a, uint _b) public pure
        returns (uint) {
        return _a + _b;
    }
}
```

솔리디티는 함수 오버로딩^{function overloading}을 지원한다. 다시 말해 이름은 같지만 매개변수는 다른 함수를 정의할 수 있다. 예를 들어 fun이란 함수를 오버로딩하려면 다음과 같이 작성한다.

```
contract test {
    function fun(uint _a) public {
        // 작업을 수행한다.
    }

    function fun(uint _b, uint _c) public {
        // 작업을 수행한다.
    }
}
```

배열과 매핑

솔리디티의 배열과 매핑은 복합 데이터를 저장하는 용도로 가장 흔히 사용하는 데이터 타입이다. 각각 나름의 장점이 있고, 한쪽의 단점을 다른 쪽이 보완하는 점도 있다. 이 절에서는 배열과 매핑의 기본 사용법을 소개한다.

방법

배열과 매핑은 크기와 타입이 같은 오브젝트를 하나로 묶는다. 배열^{array}은 데이터를 순차적으로 저장하며, 각각에 대해 인덱스가 오름차순으로 붙는다. 이와 달리 매핑^{mapping}은 데이터를 키-값 쌍^{key-value pair}으로 저장한다(일종의 해시 테이블이다).

배열

솔리디티로 배열을 만들어서 읽기나 쓰기 연산을 수행하는 방법은 다음과 같다.

1. 배열은 크기가 고정되게 만들 수도 있고, 동적으로 변하게 만들 수도 있다. 또한 배열의 원소를 사용자 정의 타입으로 지정할 수도 있다.

   ```
   uint[10] numbers;

   struct Person {
       uint id;
       string name;
   }
   Person[] candidates;
   ```

2. 솔리디티는 다차원 배열을 지원한다.

   ```
   // bool 타입의 동적 배열이 세 개로 구성된 다차원 배열
   bool[][3] table;
   ```

   여기서 다차원 배열을 선언할 때는 인덱스를 지정하는 순서가 다른 언어와 반대라는 점에 주의한다. 원소에 접근할 때는 기존 언어와 같다 . 예를 들어 a[2][0]는 세 번째 배열의 첫 번째 원소를 가리킨다.

3. 배열에는 원소의 개수를 저장하는 length란 멤버 변수가 있다. 동적 배열의 length 값을 변경하면 배열의 크기를 변경할 수 있다.

   ```
   contract test {
       address[] contributors;

       function donate() public payable {
           contributors.push(msg.sender);
       }
       function getContributorsCount() view public
           returns (uint) {
           return contributors.length;
       }
   }
   ```

동적 배열은 push란 멤버를 갖고 있는데, 배열에 원소를 추가할 때 사용한다. push를 호출하면 배열의 길이가 변한다.

4. 배열의 진가는 반복문에서 드러난다. 배열로 반복문을 수행할 때는 out-of-gas 예외가 발생하지 않도록 주의한다. 또한 배열을 꽉 채우는 방식으로 서비스 거부 공격denial-of-service attack을 시도하기도 한다.

블록마다 사용할 수 있는 가스양이 제한돼 있다. 트랜잭션을 수행하는 동안 이 값을 초과 하면 out-of-gas 예외가 발생한다. 그러면 트랜잭션을 수행하기 전의 상태로 되돌려서 받은 금액을 다시 송신자의 주소로 돌려줘야 한다.

매핑

솔리디티에서 매핑mapping을 사용하는 방법은 다음과 같다.

1. 매핑은 키-값 쌍으로 생성된다. 해시 테이블 또는 사전이라고 볼 수 있다. 다음 코드는 주소와 사용자 정의 타입에 대한 매핑과, 주소와 부호 없는 정수에 대한 매핑을 만드는 예를 보여주고 있다. 둘 다 사원 데이터를 저장하는 목적으로 사 용한다.

```
contract test {

    struct Person {
        uint id;
        string name;
    }
    mapping(address => Person) employees;
    mapping(address => uint) balances;
    function insert(address _employee, uint _id,
        string _name, uint _balance) public {
        employees[_employee] = Person({
            id: _id,
            name: _name
        });
        balances[_employee] = _balance;
```

        }
    }

2. 매핑을 중첩해서 좀 더 복잡한 데이터 구조를 만들 수 있다.

```
contract test {
    mapping(address => mapping(uint => bytes32)) dataStore;
    function insert(uint _id, bytes32 _value) public {
        dataStore[msg.sender][_id] = _value;
    }
}
```

3. 매핑에서 키의 타입을 매핑, 동적 크기 배열, 계약, 열거형, 구조체로 지정할 수 없다. 값에 대한 타입에는 이런 제한이 없다.

4. 키로 지정한 값은 매핑에 직접 저장되지 않는다. 값을 검색할 때 키에 대한 keccak256 해시값만 사용하기 때문이다. 그래서 매핑에는 배열과 달리 length 란 멤버가 없다.

5. 매핑은 반복문을 직접 지원하지 않는다(iterable하지 않다). 하지만 반복문에 사용할 수 있게 데이터 구조를 설계할 수는 있다.

배열이나 매핑에 public 키워드를 붙여서 공용 변수로 선언하면 자동으로 게터getter 메서드가 생성된다. 매핑에 대한 게터는 키를 매개변수로 받아서, 그 키에 매핑된 값을 리턴한다. 배열에 대한 게터는 인덱스를 매개변수로 받는다.

함수 제한자 사용법

함수 제한자function modifier란, 계약의 동작을 변경하는 간략한 코드다. 이 절에서는 솔리디티로 함수 제한자를 작성하는 방법을 소개한다.

1. 제한자는 다음과 같이 modifier 키워드로 선언한다.

```
modifier modifierName {
    // 제한자 정의
}
```

2. 제한자의 정의에서 _ 기호가 나온 자리에 제한자를 적용할 함수의 본문이 들어간다.

```
modifier onlyOwner {
    requires(msg.sender == owner);
    _;
}
```

3. 제한자는 함수처럼 매개변수를 가질 수 있다. 다음 코드는 호출한 측의 주소를 검증하는 범용 제한자를 작성하는 예를 보여주고 있다.

```
contract Test {
    address owner;
    constructor() public {
        owner = msg.sender;
    }
    modifier onlyBy(address user) {
        require(msg.sender == user);
        _;
    }
    function donate() onlyBy(owner) public {
        // 작업을 수행한다.
    }
}
```

4. 한 함수에 제한자를 여러 개 지정할 수 있으며, 함수 선언문에 나열된 순서대로 적용된다.

```
contract modifierContract {
    address owner;
```

```
        constructor() {
            owner == msg.sender;
        }

        modifier onlyOwner {
            require(msg.sender == owner);
            _;
        }

        modifier valueGreaterThan(uint value) {
            require(msg.value > value);
            _;
        }

        function sendEther() onlyOwner valueGreaterThan(1 ether) public
        {
            // 함수 본문
        }
    }
```

5. 다른 계약에 있는 제한자를 상속하거나 오버라이딩할 수 있다.

```
contract Ownership {

    address owner;
    function Ownership() public {
        owner = msg.sender;
    }

    modifier onlyOwner {
        require(msg.sender == owner);
        _;
    }
}

contract Donate is Ownership {

    bool locked;
    modifier noReentrancy() {
```

```
            require(!locked);
            locked = true;
            _;
            locked = false;
        }

        function claim() onlyOwner public {
            require(msg.sender.call());
        }

        function donate(address _user) noReentrancy public {
            require(_user.call());
        }
    }
```

제한자는 주로 함수의 실행 과정을 검증하는 용도로 활용한다. 이렇게 하면 수행할 작업을 명확히 드러내서 코드의 가독성이 높아지기 때문이다.

접근 제한자를 효율적으로 활용하는 방법

함수와 상태 변수에 접근 제한자visibility modifier를 지정해서 접근 범위를 제한할 수 있다. 솔리디티에서 제공하는 접근 제한자는 크게 네 가지(public, private, internal, external)가 있다. 함수를 선언할 때는 그 중에서 하나만 지정한다. 상태 변수도 접근 제한자를 지정할 수 있지만 external로 지정할 수는 없다. 이 절에서는 접근 제한자를 사용하는 방법에 대해 소개한다.

방법

1. 함수를 계약의 내부와 외부에서 접근하게 만들려면, public으로 지정한다. 상태 변수를 public으로 지정하면 게터 함수가 자동으로 생성된다.

```
pragma solidity ^0.4.21;
contract Visibility {
```

```solidity
        // 상태 변수를 public으로 지정하면 게터가 자동으로 생성된다.
        uint public limit = 110021;

        // 외부와 내부에서 접근할 수 있다.
        function changeLimit(uint _newLimit) public {
            limit = _newLimit;
        }
    }
```

이 계약에 대한 ABI 출력 결과를 보면 게터 함수가 생성된 것을 확인할 수 있다.

```json
[{
    "constant":false,
    "inputs":[{
        "name":"_newLimit",
        "type":"uint256"
    }],
    "name":"changeLimit", // public 함수
    "outputs":[],
    "payable":false,
    "stateMutability":"nonpayable",
    "type":"function"
},{
    "constant":true,
    "inputs":[],
    "name":"limit", // public 상태 변수
    "outputs":[{
        "name":"",
        "type":"uint256"
    }],
    "payable":false,
    "stateMutability":"view",
    "type":"function"
}]
```

2. 작성한 함수를 다른 계약이나 트랜잭션만 접근하게 만들고 싶다면, external로 지정한다. external 제한자는 함수에만 붙일 수 있다.

```solidity
pragma solidity ^0.4.21;
contract Visibility {
    // 외부 함수
    function f() external {
        // 작업을 수행한다.
    }
}
```

이렇게 하면 외부 함수 f()를 내부에서 함수 이름만으로 호출할 수 없다. 같은 계약 안에서 호출하려면 this.f()와 같이 표기해야 한다. 주어진 입력값이 클 때 외부 함수를 활용하면 가스를 절약할 수 있다. 따라서 가능하면 external 함수를 활용하는 것이 좋다.

3. 함수를 internal로 선언하면, 같은 계약 또는 그 계약을 상속한 계약만 접근할 수 있다. 상태 변수는 기본적으로 internal로 선언된다.

```solidity
pragma solidity ^0.4.21;

contract Base {
    // internal로 선언한 상태 변수
    uint internal limit = 110021;
    function update(uint _newLimit) internal {
        limit = _newLimit;
    }
}

contract Visibility is Base {
    function increment() public {
        uint newLimit = limit + 1;
        update(newLimit);
    }
}
```

4. 함수나 상태 변수를 외부나 상속한 계약이 아닌, 현재 속한 계약에서만 사용하려 면 private으로 선언한다.

```
pragma solidity ^0.4.21;

contract Visibility {
    // private 상태 변수
    uint private limit = 110021;
    function update(uint _newLimit) public {
        limit = _newLimit;
    }
}
```

상태 변수를 private으로 선언하면 다른 곳에서 수정하는 작업만 막는다. private으로 선언한 변수에 저장된 데이터를 읽는 것은 현재 네트워크에 속한 모든 이들이 할 수 있다. 이러한 점을 간과해서 계약에 보안 허점을 노출시키는 경우가 많다. 보안에 대한 자세한 사항은 8장, '스마트 계약 보안'에서 설명한다.

핵심 이벤트 – EVM 로거

EVM은 이벤트에 대한 로그를 기록하는 기능을 제공한다. 발생한 이벤트는 인수와 함께 전달돼서 트랜잭션 로그에 기록된다. 이벤트 로그 기능을 이용하면 트랜잭션에서 발생하는 이벤트에 따라 특정한 동작을 수행하게 만들 수 있다. 기록된 로그를 통해 관련 계약의 주소도 알 수 있다. 하지만 트랜잭션에 저장된 로그 정보를 계약 코드에서 직접 접근할 수는 없다.

이 절에서는 로그와 이벤트의 개념을 소개하고, 자바스크립트 콘솔인 geth에서 이러한 이벤트를 수신하는 방법에 대해 살펴보자.

이 절에서 소개하는 이벤트 리스너 스크립트를 실행하려면 geth가 설치돼 있어야 한다. 여기서 >로 시작하는 커맨드는 geth 자바스크립트 콘솔에서 실행한 것이다.

계약에서 이벤트를 정의하고 발생시키는 방법은 다음과 같다.

1. 이벤트는 event 키워드로 선언한다. 다음 코드는 세 개의 매개변수를 가진 이벤트를 생성하는 예를 보여주고 있다.

    ```
    event Transfer(
        address _from,
        address _to,
        uint _value
    );
    ```

2. 이벤트를 발생시켜 로그를 기록하는 코드는 emit 키워드로 작성한다.

    ```
    function transfer(address _to, uint _value) public {
        // 함수 본문
        emit Transfer(msg.sender, _to, _value);
    }
    ```

3. 하나의 이벤트에 대해 최대 세 개의 매개변수까지 인덱스가 지정된다. 이렇게 인덱스가 매겨진 매개변수로 원하는 이벤트를 걸러낼 수 있다. 인덱스가 지정된 인수의 타입이 배열이나 스트링, 바이트면, Keccak-256 해시가 토픽으로 저장된다.

    ```
    event Transfer(
        address indexed _from,
        address indexed _to,
        uint _value
    );
    ```

4. 기본 설정에 따르면 이벤트마다 함수 시그니처로 된 토픽을 하나씩 가진다. 토픽 없이 이벤트를 로그에 남기려면 anonymous로 지정한다. 이렇게 anonymous로 지정한 이벤트도 ABI에 포함된다.

```
event Deposit(
    address _from;
    uint _value;
) anonymous;
```

5. geth 자바스크립트 콘솔(또는 다른 RPC 도구)을 사용해 이벤트를 수신할 수 있다. 예를 들어 다음 계약 코드를 살펴보자.

```
pragma solidity ^0.4.21;

contract Token {
    address owner;

     event Transfer(address indexed _from, address indexed _to, uint _value);
    modifier onlyOwner {
        require(msg.sender == owner);
        _;
    }
    function Token() public {
        owner = msg.sender;
    }
    mapping(address => uint) public balances;
    function mint(address _to, uint _value) public onlyOwner {
        balances[_to] += _value;
        emit Transfer(address(0), _to, _value);
    }
    function transfer(address _to, uint _value) public {
        require(balances[msg.sender] >= _value);
        balances[msg.sender] -= _value;
        balances[_to] += _value;
        emit Transfer(msg.sender, _to, _value);
    }
}
```

6. ABI와 계약이 배치된 주소로 이 계약에 대한 인스턴스를 생성한다.

```
> var tokenContract = web3.eth.contract(<ABI>);
> var tokenInstance = tokenContract.at(<Address>);
```

7. 이벤트의 인스턴스를 생성한다.

```
> var transferEvent = tokenInstance.Transfer({}, {
    fromBlock: 0,
    toBlock: 'latest'
  });
```

인덱스가 매겨진 매개변수에 대한 필터를 이벤트 리스너에 추가할 수 있다. 예를 들어, 특정한 주소에서 발생하는 이벤트만 수신하려면 다음과 같이 작성한다.

```
> var transferEvent = tokenInstance.Transfer({
    _from: web3.eth.accounts[0]
  }, {
    fromBlock: 0,
    toBlock: 'latest'
  });
```

8. 이벤트 감시를 시작한다. 이때 이벤트가 발생해서 로그에 기록된 후에 실행할 콜백 함수를 지정한다.

```
> transferEvent.watch(function(error, result) {
    console.log(result);
  });
```

9. 이벤트 리스너가 작동하는 것을 보기 위해 상태 변경 메서드를 호출한다.

```
> tokenInstance.mint(web3.eth.accounts[1], 100, {
    from: web3.eth.accounts[0]
  });
```

10. 그러면 다음과 같은 포맷으로 이벤트 로그가 기록된다.

```
{
  "address":"0x94b993cb18bd880e3ea4a278d50b4fb0cb4cb143",
  "args":{
    "_from":"0x0000000000000000000000000000000000000000",
```

```
        "_to":"0x87db8fceb028cd4ded9d03f49b89124a1589cab0",
        "_value":"100"
    },
    "blockHash":"0x817ab7205fe54c78b1d3e45358a350669714188bab4af78aaecd
f200fa334f67",
    "blockNumber":1605,
    "event":"Transfer",
    "logIndex":0,
    "removed":false,
    "transactionHash":"0x5b487f78045ef2e96d460b65a5d0c1a28a4ed12a3d38f0
e16ccd529bff1fb42d",
    "transactionIndex":0
}
```

11. 이전에 기록된 이벤트 로그를 모두 보려면 다음과 같이 실행한다.

```
> var transferLogs = transferEvent.get(function(error, logs){
    console.log(logs);
  });
```

12. 이벤트 감시 를 중단하려면 다음과 같이 실행한다.

```
> transferEvent.stopWatching();
```

이벤트는 주로 댑에서 스마트 계약과 각각의 유저 인터페이스끼리 통신하는 용도로 많이 활용된다. 스마트 계약에서 발생한 이벤트는 프론트엔드에서 리턴 값을 읽거나 비동기 연산을 구동할 때 처리된다.

스토리지와 메모리의 효율적인 사용법

계약에서 사용하는 메모리는 스토리지와 메모리라는 두 가지 타입이 있다. 스토리지storage 는 값을 저장하는 곳으로, 계약에 있는 상태 변수가 모두 여기에 저장되며 트랜잭션을 통해서만 변경할 수 있다. 메모리memory는 임시 저장소로서 메시지가 호출될 때마다 초기화된다. 이 절에서는 주어진 요구 사항에 따라 두 가지 타입의 메모리를 효율적으로 사용하는 방법을 소개한다.

1. 상태 변수는 항상 스토리지에 저장되고, 함수의 인수는 항상 메모리에 저장된다.

2. storage나 memory 키워드로 변수에 대한 메모리 타입을 명시적으로 지정할 수 있다.

```
uint storage sum;
```

```
uint memory calc;
```

3. 구조체, 배열, 매핑 타입으로 생성한 로컬 변수는 기본적으로 스토리지를 레퍼런스로 접근한다. 그래서 로컬 변수를 수정하면 스토리지에 담긴 데이터가 곧바로 변경된다.

```
pragma solidity ^0.4.22;

contract Storage {
    struct Name {
        string fName;
        string lName;
    }

    mapping(address => Name) public names;

    function setName(string _fName,string _lName) public {
        // 스토리지 포인터로 선언한다.
        Name n = names[msg.sender];
        // 상태 변수를 수정한다.
        n.fName = _fName;
        n.lName = _lName;
    }
}
```

4. 변수를 메모리 타입 선언하려면 memory 키워드를 지정한다. 메모리는 계약 코드 전체가 아닌, 메서드 안에서만 사용할 수 있다.

```solidity
pragma solidity ^0.4.22;

contract Memory {
    struct Name {
        string fName;
        string lName;
    }

    mapping(address => Name) public names;

    function setName(string _fName,string _lName) public {
        Name memory n = Name({
            fName: _fName,
            lName: _lName
        });
        names[msg.sender] = n;
    }
}
```

보충

EVM은 일종의 스택 머신으로서, 연산을 스택 메모리로 처리한다. 스택 데이터 스토어는 1024개까지만 저장할 수 있고, 스택의 원소를 메모리나 스토리지로 옮길 수 있다. 스택의 원소를 임의로 접근할 수 없고, 항상 스택의 탑(최상단 원소)만 가져오는 방식으로 접근한다.

solc 컴파일러로 계약 컴파일하기

솔리디티는 하이레벨 언어로서 이더리움에 배치하려면 반드시 컴파일해야 한다. 이 절에서는 solc 커맨드라인 컴파일러를 이용해 작성한 계약을 바이너리와 ABI로 컴파일하는 방법을 살펴보자.

이 절에서 소개하는 코드를 실행하려면 solc 컴파일러가 정상 작동 상태로 설치돼 있어야 한다. 또는 solcjs라는 자바스크립트 기반 컴파일러로 컴파일해도 된다. 이 절에 나온 커맨드는 solc에 대한 것이므로, solcjs의 구체적인 사용법은 관련 문서를 참조하기 바란다.

방법

1. 예를 들어 다음과 같이 작성된 HelloWorld.sol 스마트 계약 코드를 살펴보자.

```
pragma solidity ^0.4.22;

contract HelloWorld {
    string public greeting = "Hello World";
    event greetingChanged(address by, string greeting);
    function changeGreeting(string _newGreeting) public {
        greeting = _newGreeting;
        emit greetingChanged(msg.sender, _newGreeting);
    }
}
```

2. 다음과 같이 커맨드를 실행하여 solc가 제대로 설치됐는지 확인한다. 정상적이라면 solc에서 지원하는 매개변수 목록이 화면에 표시된다.

```
$ solc --help
```

3. 스마트 계약을 배치하고 실행하도록, 바이너리와 ABI를 만든다. solc 컴파일러에서 --abi와 --bin 플래그를 지정해서 실행한다.

```
$ solc --bin --abi HelloWorld.sol
```

4. 계약이 컴파일되면서 화면에 다음과 같이 결과가 출력된다.

```
MANOJs-MacBook-Pro:Desktop manoj$ solc --bin --abi HelloWorld.sol

====== HelloWorld.sol:HelloWorld ======
Binary:
606060405260408051908101604052806000b81526020017f48656c6c6f20576f726c640000000000000000000000000000000000000081525060009805
1906020019061004f929190610060565b50341561005b57600080fd5b610105565b82805460018160011615610100020319090316900460002090
601f016020900481019282601f106100a15780516100ff1916838001178555601c0cf565b828001600101855582156100cf579182015b82811156100ce5782518
2559160200191906001019600b3565b5b5090506100dc919061090100565b5090565b61010291905b808211156100fe576000816000905550600100160100e656
5b5090565b90565b6103958061011460003690003060060640526004361061004c576000357c0100000000000000000000000000000000000000000000000
0000000000900463ffffffff168063d28c25d41461005157806306ef690cc014614ae575b600080fd5b341561006b5700080fd5b610a6004808035906020001
908201803590602001908008601f0160208091040260200160405190810160405280939291908181526020018383808284378201915050505050509190506
1013c565b005b34156100b957600080fd5b6100c10162026565b604051808060200182810383528181518152602001915080519060200190808383690005b83
81101561010157808201518184015260201019050610e6565b5050505090509080109061f16801561012c5780820380516001836020036101000a03191
1526020019150b5095250505060405180910390f35b80600009805190602001906020019061015292919061021cc4565b507f41c0cfa20c248f7be0b5ec30c2399200f17c1
ea8520d5d36e50bb61015dac9e14338260405180837ffffffffffffffffffffffffffffffffffffffffffffffff1673fffffffffffffffffffffffffffffffff
f16815260200180602001828103825283818151815260200191508051906020019080838360005b838110156101e857808201518184015260200101905061015
cd565b5050505090509080109061f16801561020155780820380516001836020036101000a0319168152602001915b5095350505060405180910390a1505
65b6000805460018160011615610100020319090316900460000480601f0160200809104026020160405190810160405280929191818152602001828054600181600116
15610100020316600290048015610215102bc5780601f106102915761010080835404028352916200019161b102bc565b82019190600052602060002090005b81548152
9600101906020018083116102975782900360101f168201915b5050505050505081565b82805460018160011615610100020319090316900460009800000209060
1f016020900481019282601f106103055780516001617f19168380011785561610333565b82800160001018555852156103335791820151b2811115610332578261825
5916020019190600010190610317565b5090509061034565b5090506565b5b103866917906b80821116561036362576000816001600009055506010610343565b
5090565b90565600a165627a7a7230582021eee6c2cb728aa0025e2915e130f21c528955a9b65bb274cd948c3e5e6322c00029
Contract JSON ABI
[{"constant":false,"inputs":[{"name":"_newGreeting","type":"string"}],"name":"changeGreeting","outputs":[],"payable":false,"sta
teMutability":"nonpayable","type":"function"},{"constant":true,"inputs":[],"name":"greeting","outputs":[{"name":"","type":"stri
ng"}],"payable":false,"stateMutability":"view","type":"function"},{"anonymous":false,"inputs":[{"indexed":false,"name":"by","ty
pe":"address"},{"indexed":false,"name":"greeting","type":"string"}],"name":"greetingChanged","type":"event"}]
```

5. ABI^Application Binary Interface는 call 함수가 호출되는 방식을 정의한다. 한 컴포넌트에서 다른 컴포넌트로 매개변수를 전달하려면 반드시 이 포맷을 따라야 한다. 컴파일한 결과로 바이너리 또는 바이트코드^bytecode가 생성되는데, 이 파일을 이더리움에 배치한다.

6. 결과를 다른 파일에 저장하려면 -o 플래그에 원하는 경로를 지정한다.

```
$ solc -o <출력_디렉터리에_대한_경로> --bin --abi HelloWorld.sol
```

7. 컴파일러는 계약에서 불러온(임포트^import한) 파일을 자동으로 읽는다. 또한 '접두어=경로' 커맨드를 이용해 리디렉션할 경로를 따로 지정할 수 있다.

```
$ solc github.com/OpenZeppelin/zeppelinsolidity=/usr/local/zeppelin =/
usr/local/others contract.sol
```

이렇게 하면 코드에서 github.com/OpenZeppelin/zeppelinsolidity라는 접두사가 붙은 임포트문을 발견하면, 해당 파일을 /usr/local/zeppelin에서 찾는다. 여기에 파일이 없으면, /usr/local/others을 검색한다. 지정되지 않은 접두사는 =/를 remapping으로 지정해야만 적용된다.

8. 계약에서 사용한 라이브러리는 바이트코드에 __LibraryName____과 같은 형태의 서브스트링으로 기록된다.

9. solc는 --link 플래그도 지원한다. 이 플래그를 지정하면 __LibraryName____ 포맷에 있는 모든 입력 파일을 링크되지 않은 바이너리로 해석해서 적절히 링크한다. (stdin으로부터 입력 받았다면, stdout에 쓴다.) 이때 --libraries를 제외한 모든 옵션을 무시한다.

10. 배치할 바이너리를 컴파일할 때는 --optimize를 지정한다.

    ```
    $ solc --optimize --bin HelloWorld.sol
    ```

11. solc는 다음과 같은 고급 출력 옵션도 제공한다.

--ast	모든 소스 파일에 대한 AST
--asm	계약 코드에 대한 EVM 어셈블리
--opcodes	계약 코드에 대한 옵코드opcode
--hashes	계약 코드에 대한 함수 시그니처 해시
--userdoc	모든 계약에 대한 Natspec 사용자 문서
--formal	정형 분석에 적합하도록 변환된 소스

보충

솔리디티로 작성한 스마트 계약을 리믹스나 트러플로 컴파일해도 된다. 둘 다 solcjs를 사용한다. 출력 결과는 solc와 비슷하다. 리믹스의 출력 결과를 보려면 Compile 탭 아래의 Details 버튼을 클릭한다.

geth로 계약 배치하기

스마트 계약 코드를 다 작성했다면, 이더리움에 배치한다. 이 절에서는 여러분이 작성한 스마트 계약 코드를 배치하고, 원하는 대로 작동하는지 테스트하는 방법을 소개한다.

이 절에서 소개하는 계약 코드를 컴파일해서 geth로 배치하려면 solc가 정상 작동 상태로 설치돼 있어야 한다. 배치된 코드와 트랜잭션 스크립트는 geth 자바스크립트 콘솔로 실행한다.

방법

1. 간단히 다음과 같이 작성된 스마트 계약 코드를 살펴보자.

```
pragma solidity ^0.4.21;

contract HelloWorld {
    string public greeting = "Hello World";
    function changeGreeting(string _newGreeting) public {
        greeting = _newGreeting;
    }
}
```

2. solc 또는 다른 컴파일러로 앞에 나온 계약 코드를 ABI와 바이트코드로 컴파일한다.

$ solc --optimize --bin --abi HelloWorld.sol

3. web3 콘솔로 geth 노드를 구동한다.

$ geth console 2>> ./geth.log

4. 현재 이더가 배치 작업에 충분한지 확인한다. 사설 네트워크를 사용할 때는 트랜잭션을 수행하기 전에 반드시 마이닝부터 시작한다.

5. 배치할 계약을 가져올 계정에 대한 잠금을 해제한다.

```
> web3.personal.unlockAccount(web3.eth.accounts[0], "<password>");
```

6. ABI로 계약 오브젝트를 생성한다.

```
> var helloWorldContract = web3.eth.contract(<ABI>);
```

7. 잠금 해제된 계정에서 가져온 계약 바이트코드를 배치한다.

```
> var helloworld = helloworldContract.new({
    from: web3.eth.accounts[0],
    data: <Bytecode>,
    gas: '4700000'
  }, function (e, contract){
    if (typeof contract.address !== 'undefined') {
      console.log('Address: ' + contract.address);
    }
  });
```

8. 생성자에서 인수를 받도록 작성했다면, 배치할 때 인수를 적절히 지정한다.

```
> var helloworld = helloworldContract.new("<paramerer1>",
  "<parameter2>", {
    from: web3.eth.accounts[0],
    data: <Bytecode>,
    gas: '4700000'
  }, function (e, contract){
    if (typeof contract.address !== 'undefined') {
      console.log('Address: ' + contract.address);
    }
  });
```

정확한 가스양은 트랜잭션을 처리하는 동안 수행하는 계약 코드에 따라 결정된다. web3.eth.estimateGas( )로 필요한 가스양을 추정할 수 있다.

9. 계약이 마이닝됐다면, 그 주소를 콘솔에서 볼 수 있다. 계약 인스턴스를 새로 만들 때 이 주소를 지정한다.

```
> var greet = web3.eth.contract(<ABI>).at(<Address>);
```

10. 계약에서 데이터를 읽으려면 다음과 같이 실행한다.

```
> greet.greeting();
// Hello World
```

11. 계약에 나온 상태 변경 메서드를 호출하려면 다음과 같이 실행한다.

```
> greet.changeGreeting("Meow!", {
    from: web3.eth.accounts[0],
  });
```

보충

리믹스로 web3 배치 스크립트를 생성할 수 있다. 리믹스에서 계약을 컴파일한 뒤에, Compile 탭 아래에 있는 Details 버튼을 클릭한다. 아래로 스크롤해서 web3deploy 섹션으로 가보면 여러분이 작성한 계약을 배치하는 스크립트가 나와 있다.

리믹스나 트러플과 같은 프레임워크에서 스마트 계약을 곧바로 배치할 수도 있다. 여기에 대한 자세한 내용은 다른 절에서 설명한다.

03

계약 다루기

3장에서 다루는 주제는 다음과 같다.

- web3.js 설치 및 설정 방법
- 메타마스크를 인젝티드 프로바이더로 사용법
- 계정을 관리하고 트랜잭션을 보내는 방법
- 작성한 스마트 계약을 컴파일하고 배치하는 방법
- 스마트 계약에서 데이터를 읽는 방법
- 스마트 계약으로 데이터를 쓰는 방법
- 작성한 댑에서 발생하는 이벤트 감시하는 방법
- 로 트랜잭션을 보내는 방법
- web3.js으로 배치 요청 작성 방법

- JSON-RPC로 이더리움 다루는 방법
- 작성한 계약을 다루는 다양한 방법

들어가며

최종 사용자(엔드 유저end user)가 geth 콘솔로 스마트 계약이나 여러 가지 이더리움 속성을 조작할 일은 별로 없다. 대부분 유저 인터페이스로 처리한다. 따라서 애플리케이션에서 이더리움 블록체인을 다루는 수단이 필요하다. 이를 위해 이더리움은 애플리케이션이나 사용자가 블록체인이라는 분산 원장을 다룰 수 있도록 RPC와 IPC로 연결하는 기능을 제공한다.

3장에서는 직접 작성해서 이더리움 메인 네트워크에 배치한 스마트 계약을 다루는 방법을 소개한다. 이 과정에서 댑 구현에 도움되는 web3.js와 같은 라이브러리도 소개한다.

web3.js 설치하고 설정하기

web3.js는 이더리움의 JSON-RPC 규격을 구현한 자바스크립트 라이브러리다. 이 라이브러리는 HTTP나 IPC로 로컬 및 리모트(원격) 이더리움 노드에 연결해서 상호작용하는 기능을 제공한다. 이 절에서는 web3.js를 설치하고 설정하는 방법과 댑(탈중앙화 애플리케이션, DApp)Decentralized Application에서 이를 활용하는 예제를 소개한다.

준비

web3.js는 자바스크립트로 구현한 라이브러리로서 npm으로 배포된다. 따라서 web3.js를 사용하려면 Node.js가 설치돼 있어야 한다. 바우어Bower나 메테오Meteor로도 다운로드할 수 있으며, 당연히 관련 툴도 설치된 상태여야 한다.

web3.js는 두 가지 버전이 있다. 현재 안정 버전은 0.2x.x이고, 현재 베타 버전은 1.x.x 인데 조만간 공식 버전으로 출시될 것이다. 여기서는 두 버전에 대한 설치 및 설정 방법을 모두 소개한다.

web3.js를 설치하고 설정하는 과정은 다음과 같다.

1. npm install 커맨드로 web3를 설치한다.

   npm install web3

   그러면 npm 디렉터리에 있는 최신 패키지가 다운로드된다. 설치하고 싶은 버전이 따로 있다면 앞에 나온 커맨드에 그 버전을 지정한다. 예를 들어 0.20.6 버전을 설치하려면 다음과 같이 실행한다.

   npm install web3@0.20.6

   패키지 목록을 조회한 뒤에 원하는 버전을 선택하고 싶다면 다음과 같이 실행한다.

   npm show web3 versions

2. 이 라이브러리를 브라우저에서 사용하고 싶다면 web3.js 리포지터리(github. com/ethereum/web3.js)에서 자바스크립트 버전을 다운로드한다. web3.js는 dist 폴더 아래에 있다. 다운로드가 끝나면 HTML에서 이를 불러오도록 다음과 같이 script 태그를 작성한다.

   ```
   <script src="./dist/web3.min.js"></script>
   ```

3. 자신이 작성한 애플리케이션에서 web3를 불러오려면 require 함수를 호출한다. 브라우저에서 사용할 때는 전역global 오브젝트로 제공된다.

   ```
   var Web3 = require("web3");
   ```

4. 1.x.x 버전의 web3.js를 사용할 때는, web3 아래에 있는 패키지를 하나씩 추가한다. 예를 들어, web3.eth를 직접 불러오려면 web3-eth를 추가하는 문장을 작성한다.

```
var Eth = require("web3-eth");
var Bzz = require("web3-bzz");
var Shh = require("web3-shh");
```

5. web3 인스턴스 프로바이더를 지정하면 이더리움 노드에 접근할 수 있다.

```
// v0.2x.x용 코드
var web3 = new Web3(
    new Web3.providers.HttpProvider("http://localhost:8545")
);

// v1.x.x용 코드
var web3 = new Web3("ws://localhost:8546");
```

6. 1.x.x 버전에서 web3에 대한 프로바이더를 설정하면, 하위 모듈에 대한 프로바이더(예, web3.eth, web3.shh)도 함께 설정된다. 단 web3.bzz는 별도로 지정해야 한다.

```
var eth = new Eth("ws://localhost:8546");
var bzz = new Bzz("http://localhost:8500");
var shh = new Shh("ws://localhost:8546");
```

7. 이렇게 프로바이더를 설정하면 이더리움 네트워크에서 web3 오브젝트를 사용할 수 있다.

8. 방금 설정한 web3 오브젝트가 제대로 작동하는지 확인하기 위해 몇 가지 데이터를 읽어보자.

```
// v0.2x.x용 코드
console.log(web3.eth.coinbase);
console.log(web3.eth.getBalance("<address>"));

// v1.x.x용 코드
web3.eth.getCoinbase().then(console.log);
web3.eth.getBalance("<address>").then(console.log);
```

메타마스크를 인젝티드 프로바이더로 사용하기

web3 오브젝트에 대한 프로바이더로 메타마스크^{MetaMask}나 미스트^{Mist} 브라우저를 사용할 수 있다. 여기서 제공하는 web3 외부 API를 이용하면, 자신이 작성한 애플리케이션에서 이더리움 노드에 접근할 수 있다. 이 절에서는 미스트 및 메타마스크를 인젝티드 프로바이더^{injected provider}로 설치해서 사용하는 방법과 이 과정에서 지정할 수 있는 다양한 옵션을 소개한다.

준비

이 절에 나온 내용을 따라하려면 브라우저에 메타마스크 확장 기능^{extension}이 설치돼 있어야 한다. 메타마스크는 크롬^{Chrome}, 파이어폭스^{Firefox}, 오페라^{Opera}, 브레이브^{Brave} 브라우저를 지원한다. 또한 원하는 네트워크에 연결됐는지도 확인한다.

방법

메타마스크를 인젝티드 프로바이더로 사용하는 과정은 다음과 같다.

1. 브라우저에 추가된 프로바이더 오브젝트로 web3를 초기화한다.

```
// v0.2x.x용 코드
var w

// v1.x.x용 코드
var web3 = new Web3(Web3.givenProvider);
```

2. 기존에 설치된 미스트나 메타마스크 프로바이더를 덮어쓰지 않도록 검사한다.

```
// v0.2x.x용 코드
if (typeof web3 !== 'undefined') {
  web3 = new Web3(web3.currentProvider);
} else {
  web3 = new Web3(
```

```
      new Web3.providers.HttpProvider("http://localhost:8545")
  );
}

// v1.x.x용 코드
var web3 = new Web3(Web3.givenProvider || "ws://localhost:8546");
```

 브라우저의 보안 정책으로 인해, 'file://' URI로 파일시스템에서 직접 구동한 애플리케이션과
통신할 수 없다. 개발 단계에서 이러한 제약을 피하려면 로컬 서버를 구동한다.

3. 이더리움에서 프로바이더를 통해 데이터를 읽을 때는 비동기 콜백을 사용한다.
   블록체인 전체가 로컬 브라우저에 있지 않으므로 리모트 서버에서 데이터를 가
   져와야 하기 때문이다.

```
// v0.2x.x용 코드
web3.eth.getBalance(<address>, function (error, result) {
    if (!error) {
        console.log(result);
    }
});

// v1.x.x용 코드
web3.eth.getBalance("<address>").then(console.log);
```

 메타마스크의 커맨드 중 다음 메서드는 동기식으로 값을 리턴한다.
web3.eth.accounts, web3.eth.coinbase, web3.eth.uninstallFilter,
web3.eth.reset, web3.version.network.

4. 메타마스크는 사용자 계정과 비밀 키^private key를 다루는 기능도 제공한다. (이더를
   전송하거나 계약을 호출하는) 트랜잭션을 실행할 때마다, 메타마스크는 자동으로 사
   용자에게 권한을 물어본다. 사용자가 입력한 값에 따라 이더리움 노드로 호출을
   전달할 지 여부를 결정한다. 그래서 애플리케이션에서 직접 트랜잭션을 서명해
   서 전달할 필요가 없다.

메타마스크 확장 기능이나 미스트 브라우저는 방문하는 모든 웹 페이지의 DOM^{Document} ^{Object Model}에 web3 API가 외부로 공개되도록 <script> 태그를 추가한다. 그러면 여러분이 작성한 댑에서 이더리움에 데이터를 쓰거나 이더리움에서 데이터를 읽을 수 있다.

메타마스크는 이더리움 노드에 접속하는 용도로 널리 사용되는 툴이다. 메인-넷, 테스트-넷뿐만 아니라 자신이 직접 구축한 노드에 프로바이더를 제공하기 때문에 작업을 굉장히 쉽게 처리할 수 있다. 또한 메타마스크를 지갑^{wallet}이나 트랜잭션 서명자^{transaction signer}로도 사용할 수 있다.

계정을 관리하고 트랜잭션을 보내는 방법

web3js는 이더리움에서 계정을 생성하고 다루는 데 필요한 기능을 다양한 API로 제공한다. 이 절에서는 web3 오브젝트로 이더리움 계정을 다루는 방법에 대해 소개한다.

준비

여기서 소개하는 스크립트를 실행하려면 애플리케이션에 web3.js를 추가해야 한다. 이 라이브러리가 제대로 작동하도록 프로바이더를 적절히 설정한다. 자세한 방법은 3장의 첫 번째와 두 번째 절을 참고한다.

이 절에서 소개하는 코드는 personal API를 사용한다. 이 API는 rpc로 외부에 제공돼야 한다. 설정 방법은 두 가지다. 하나는 노드를 구동할 때 --rpcapi 플래그를 지정하는 것이다.

```
$ geth --rpc --rpcapi="db,eth,net,web3,personal"
```

또 다른 방법은 geth 자바스크립트 콘솔에서 web3.admin으로 API를 구동하는 것이다.

```
> admin.startRPC("<ip_address>", <rpc_port>, "*", "db,eth,net,web3,personal")
```

 personal API를 인터넷에 공개하면 누구나 계정을 읽거나 생성할 수 있을 뿐만 아니라, 무차별 공격으로 패스워드를 알아내서 여러분이 보유한 이더를 훔쳐갈 수도 있다. 따라서 이 API에 대한 보안 사항을 충분히 검토한 뒤에 내부 네트워크에 공개하거나, IPC로 요청을 보내는 것이 좋다. 더 나은 방법은 메타마스크나 미스트 같은 지갑으로 사용자가 직접 계정을 관리하는 것이다.

방법

이제 계정을 관리하고 트랜잭션을 보내는 방법을 살펴보자.

1. 현재 연결된 노드에 있는 계정 목록을 보려면 다음과 같이 커맨드를 실행한다.

```
// v0.2x.x용 코드
web3.eth.accounts;
```

```
// v1.x.x용 코드
web3.eth.getAccounts().then(console.log);
```

2. web3 오브젝트로 계정을 생성하려면 다음과 같이 커맨드를 실행한다. 1.x.x 버전부터 web3.js에 계정 관리 기능이 추가됐다.

```
// v1.x.x용 코드
web3.eth.accounts.create();
web3.eth.accounts.create("<random entropy>");
```

create 함수의 인수를 통해 엔트로피entropy를 입력 받아서 무작위성을 지정할 수 있다. 명시적으로 지정하지 않으면, web3.utils.randomHex(32)를 이용해 32바이트로 된 16진수 값을 무작위로 생성된 엔트로피가 적용된다. 이 메서드는 다음과 같이 새로운 주소와 사설 키, 그리고 이에 대한 메서드를 리턴한다.

142

```
{
    address: '0x824e470cCac64CC5fa4Abe953e64FA360EA11366',
    privateKey: '0x782174a3e404424af...499baffd30e6105f',
    signTransaction: [Function: signTransaction],
    sign: [Function: sign],
    encrypt: [Function: encrypt]
}
```

3. 비밀 키가 있다면 다음과 같이 privateKeyToAccount 함수로 불러온다.

```
// v1.x.x용 코드
web3.eth.accounts.privateKeyToAccount("<privateKey>");
```

4. 트랜잭션을 보내기 전에 패스워드(<password>)를 입력해서 계정에 대한 잠금을
   해제한다. 로raw 트랜잭션에 대한 인증 방식은 좀 다른데, 이 장의 뒤에 나오는
   로 트랜잭션 보내기 절에서 자세히 설명한다. 계정의 잠금을 해제하는 스크립트
   는 다음과 같다.

```
// v0.2x.x용 코드
web3.personal.unlockAccount("<address>", "<password>", <duration>);
```

```
// v1.x.x용 코드
web3.eth.personal.unlockAccount("<address>", "<password>",
<duration>)
    .then(console.log);
```

 잠금 해제에 걸리는 시간을 최소화하거나 트랜잭션 직후 lockAccount로 즉시 계정을 잠그
는 것이 좋다. 개발하는 동안 계정을 잠궜다 여는 작업을 생략하고 싶다면, 잠금에 걸리는 시
간(〈duration〉)을 0으로 지정한다. 그러면 일정한 시간 동안 기다렸다가 자동으로 잠그는 기
능을 끌 수 있다.

5. 트랜잭션을 보낼 때는 sendTransaction 메서드에 매개변수를 적절히 지정해서
   호출한다.

```
web3.eth.sendTransaction(transaction_object [, callback])
```

트랜잭션 오브젝트를 생성할 때 지정할 수 있는 매개변수는 다음과 같다.

- from: 보내는 계정의 주소. 디폴트 값은 web3.eth.defaultAccount
- to(옵션): 받을 계정의 주소. 계약을 생성할 때는 빈 칸으로 남겨둔다.
- value(옵션): 트랜잭션으로 전송된 값(단위는 웨이)
- gas(옵션): 이 트랜잭션에서 사용할 최대 가스양
- gasPrice(옵션): 이 트랜잭션에 대한 가스 가격(단위는 웨이). 디폴트 값은 web3.eth.gasPrice
- data(옵션): 함수 호출에 대한 데이터 또는 계약 초기화 코드
- nonce(옵션): 이 트랜잭션에 대한 논스 값. 기존 트랜잭션과 동일한 논스 값을 지정하면 트랜잭션을 덮어쓸 수 있다.

앞에 나온 매개변수를 사용하는 예는 다음과 같다.

```
web3.eth.sendTransaction({
    from: "0xce5C2D181f6DD99091351f6E6056c333A969AEC9",
    to: "",
    gas:21000,
    gasPrice: 20000000000, // 200억 웨이
    value: 200000
}, function(error, transactionHash) {
    if(!error)
        console.log(transactionHash);
})
```

6. web3.js 1.0.0 버전부터 sendTransaction 메서드는 이벤트 발생기(이미터emitter)와 결합된 프라미스promise를 리턴한다. 그래서 트랜잭션의 단계별로 다양한 작업을 수행할 수 있다. 예를 들면 다음과 같다.

```
web3.eth.sendTransaction({
    from: "0xce5C2D181f6DD99091351f6E6056c333A969AEC9",
    to: 0x71495cd51c5356B1f0769dB5027DC0588010dC14,
    value: '10000000000000000'
})
.on('transactionHash', function(hash){
    console.log(hash);
```

```
})
.on('receipt', function(receipt){
    console.log(receipt);
})
.on('confirmation', function(confirmationNumber, receipt){
    console.log(confirmationNumber);
})
.on('error', console.error);
```

여기서 지정한 이벤트를 하나씩 살펴보면 다음과 같다.

- transactionHash: 트랜잭션 해시를 사용할 수 있는 상태가 되는 즉시 발생한다.
- receipt: 트랜잭션 영수증이 생성되는 즉시 발생한다.
- confirmation: 0번째부터 12번째까지 모두 확정되면(확약confirmation을 받으면) 발생한다.
- error: 트랜잭션을 수행하는 동안 에러가 나올 때 발생한다. 가스 고갈out of gas 에러가 발생할 때는 두 번째 매개변수가 트랜잭션 영수증이다.

작성한 스마트 계약을 컴파일해서 배치하기

솔리디티로 작성한 스마트 계약을 solc로 컴파일해서 배치하는 작업은 geth 자바스크립트 콘솔에서 처리할 수 있다. 이 절에서는 댑에 나온 계약을 solc.js와 web3.js로 컴파일해서 배치하는 방법을 중심으로 소개한다.

준비

여기 나온 스크립트를 실행하려면 애플리케이션에서 web3.js를 사용할 수 있어야 한다. 또한 계약을 컴파일하려면 solc.js도 설치해야 한다. solc.js는 다음과 같이 npm으로 설치한다.

```
npm install solc --save
```

트랜잭션의 실행 결과를 보려면 항상 마이닝이 끝나야 한다. 이더리움 메인 및 테스트 네트워크에서는 이 작업을 처리해주는 마이너가 따로 있다. 사설 네트워크에서는 web3 자바스크립트 콘솔에서 다음과 같이 마이닝을 시작하거나 멈추는 커맨드로 직접 마이닝 작업을 처리해야 한다.

```
miner.start( ) // 마이닝 구동
miner.stop( ) // 마이닝 중지
```

방법

스마트 계약을 컴파일해서 배치하는 과정은 다음과 같다.

1. 예를 들어 다음 계약 코드를 살펴보자.

```solidity
pragma solidity ^0.4.21;

contract HelloWorld {

    string textToPrint = "hello world";

    function changeText(string _text) public {
        textToPrint = _text;
    }

    function printSomething() public view returns (string) {
        return textToPrint;
    }
}
```

2. 계약 파일을 불러온다(임포트한다). 불러올 계약을 파일에서 읽어도 되고, 다음과 같이 계약 코드 자체를 스트링 변수에 지정해도 된다.

```
var contract = "pragma solidity ^0.4.21; contract HelloWorld {
string textToPrint = "hello world"; function changeText(string
_text) public { textToPrint = _text; } function printSomething()
public view returns (string) { return textToPrint; } }";
```

3. solc.compile( )로 불러온 계약을 컴파일한다. 두 번째 매개변수를 1로 지정하면 컴파일할 때 최적화 작업을 한다.

```
var solc = require("solc");
var output = solc.compile(contract, 1);
```

4. 여러 파일에 대한 자동 임포트 결정 기능automatic import resolution도 지원한다.

```
var solc = require("solc");

var contracts = {
  "library.sol": "library Lib { function f() pure returns (uint) {
return 1; } }",
  "contract.sol': "import 'library.sol'; contract Test { function
g() pure { Lib.f(); } }"
};

var output = solc.compile({ sources: contracts }, 1);
```

5. compile 메서드는 키와 값의 쌍으로 리턴하는데, 키는 계약 이름이고 값은 컴파일된 결과다. 이러한 리턴 값에 대해 루프를 돌면서 세부 결과를 출력한다.

```
for (var contractName in output.contracts) {
    console.log(contractName);
    // 바이트코드
    console.log(output.contracts[contractName].bytecode);
    // ABI
    console.log(output.contracts[contractName].interface);
}
```

6. 계약 코드에 아무런 에러 없이 정상적으로 컴파일되면 표준 컴파일러 출력 형태로 나온다. 그 중 바이트코드로 생성된 계약을 배치한다.

7. 이더리움 네트워크에 계약을 배치하려면, 주소(to)를 지정하지 않고 data 필드에 컴파일된 계약 코드를 지정해서 트랜잭션을 보낸다.

```
var bytecode = output.contracts["HelloWorld"].bytecode;

web3.eth.sendTransaction({
    from: "0xce5C2D181f6DD99091351f6E6056c333A969AEC9",
    data: bytecode,
    gas: "4700000"
}, function(err, transactionHash) {
    if (!err)
        console.log(transactionHash);
});
```

8. 트랜잭션에 대한 마이닝이 끝나면 배치된 계약의 주소를 영수증에서 읽는다. v1.x.x를 사용한다면, 이벤트 발생기로 계약 주소를 가져올 수 있다.

```
var bytecode = output.contracts["HelloWorld"].bytecode;

web3.eth.sendTransaction({
    from: "0xce5C2D181f6DD99091351f6E6056c333A969AEC9",
    data: bytecode,
    gas: "4700000"
})
.on('receipt', function(receipt){
    console.log(receipt);
});
```

9. 이제 앞에서 알아낸 주소와 ABI로 배치된 계약에서 값을 읽거나 쓴다.

보충

계약 인스턴스로 계약을 배치할 수도 있다. 다음 코드는 이 방식으로 v0.2.x와 v1.x.x에서 계약을 배치하는 예를 보여주고 있다.

```
var bytecode = output.contracts["HelloWorld"].bytecode;
var abi = output.contracts["HelloWorld"].interface;

// v0.2x.x용 코드
var helloworldContract = web3.eth.contract(abi);
var helloworld = helloworldContract.new({
    from: "0xce5C2D181f6DD99091351f6E6056c333A969AEC9",
    data: byteCode,
    gas: 4700000
}, function (e, contract){
    if (typeof contract.address !== "undefined") {
        console.log("address: " + contract.address);
    }
});

// v1.x.x용 코드
var helloWorld = new web3.eth.Contract(abi);
helloWorld.deploy({
    data: byteCode,
    arguments: [] // Constructor arguments
})
.send({
    from: "0x1234567890123456789012345678901234567891",
    gas: 4700000
})
.on("error", function(error){
    console.error(error);
})
.on("receipt", function(receipt) {
    console.log(receipt.contractAddress);
});
```

계약 코드가 길면, 가스 사용량을 높여야 한다. 이 값은 다음과 같이 계약 인스턴스로 추정할 수 있다.

```
// v0.2x.x용 코드
var gas = web3.eth.estimateGas({
    data: byteCode
```

```
});
console.log(gas);

// v1.x.x용 코드
helloWorld.deploy({
    data: byteCode,
    arguments: []
})
.estimateGas(function(err, gas){
    console.log(gas);
});
```

스마트 계약에서 데이터 읽기

애플리케이션에서 계약을 다루는 기능을 구현하려면 web3.js를 이용하는 것이 가장 좋다. 이 라이브러리는 댑 구현에 필요한 기능을 풍부하게 제공한다. 이 절에서는 이미 배치된 스마트 계약에 있는 데이터를 읽는 방법을 소개한다.

준비

여기서 소개하는 기법을 실습하려면 애플리케이션에 web3.js가 설치돼 있어야 한다. 이더리움 노드도 구동 중인지 확인한다. 노드가 없다면 가나슈^{Ganache}로 개발용 노드를 생성한다.

방법

스마트 계약의 데이터를 읽는 과정은 다음과 같다.

1. ABI와 계약이 배치된 주소로 계약 인스턴스를 생성한다. web3.js v0.2x.x를 사용한다면, 다음과 같이 작성한다.

```
// 계약 오브젝트를 생성한다.
var MyContract = web3.eth.contract(<ABI>);

// 주소로 인스턴스를 생성한다.
var contractInstance = MyContract.at("<Address>");
```

web3.js의 최신 버전(v1.x.x)을 사용한다면, 다음과 같이 작성한다.

```
var contractInstance = new web3.eth.Contract(
    "<ABI>",
    "<Address>"
);
```

2. 스마트 계약에서 데이터를 읽을 때는 call 메서드를 사용한다. 이 메서드는 코드를 EVM^{Ethereum Virtual Machine}에서 실행해서 결과를 리턴한다. 이 메서드는 계약의 상태를 변경하지 않는다.

3. 다음과 같이 작성된 계약 메서드를 살펴보자. 이 메서드는 매개변수 하나를 받아서 값을 리턴한다.

```
// 솔리디티 계약
contract Test {
    function sample (uint _a) pure public returns (uint) {
        return _a * 2;
    }
}
```

4. 앞에서 생성한 계약 인스턴스를 이용해 계약 코드에 정의된 sample 함수를 호출한다.

```
// v0.2x.x 버전용 코드
var result = contractInstance.sample(10);
console.log(result) // 20

// v1.x.x 버전용 코드
MyContract.methods.sample(10).call()
    .then(console.log); // 20
```

5. 또 다른 예를 살펴보자. 이번에는 여러 개의 값을 리턴한다.

```
// 솔리디티 계약
contract Test {
    function sample ( ) pure public
        returns (string testString, uint testNumber) {
        return ("hello", 100);
    }
}
```

6. 앞에 나온 Test 계약의 sample( ) 메서드를 호출하려면 web3.js 스크립트를 다음과 같이 작성한다.

```
// v0.2x.x용 코드
var result = contractInstance.sample();
console.log(result);
// 결과
> {
 '0': 'hello',
 '1': '100'
}

// v1.x.x용 코드
MyContract.methods.sample().call()
    .then(console.log);
// 결과
> Result {
  '0': 'hello',
  '1': '100',
  testString: 'hello',
  testNumber: '100'
}
```

스마트 계약에 데이터 쓰기

스마트 계약에서 데이터를 읽을 때는 상태가 변하지 않지만, 데이터를 계약에 쓰면 상태가 변한다. 이러한 상태 변경 메서드state changing method는 트랜잭션으로만 호출할 수 있으며, 실행에 필요한 가스양도 충분히 지정해야 한다. 호출한 트랜잭션이 계약 메서드에 지정된 조건을 모두 만족하면 상태가 변경된다.

이 절에서는 상태 변경 메서드를 통해 계약을 다루는 방법을 소개한다.

준비

이더리움 노드가 구동 중인지 확인한다. 없다면 가나슈로 개발용 노드를 생성한다.

방법

데이터를 스마트 계약에 쓰는 과정은 다음과 같다.

1. 다음과 같이 작성된 계약을 살펴보자.

```solidity
pragma solidity ^0.4.21;

contract HelloWorld {
    // 상태 변수
    string textToPrint = "hello world";

    // 상태 변경 함수
    function changeText(string _text) public {
        textToPrint = _text;
    }

    // 읽기 전용 함수
    function printSomething() public view returns (string) {
        return textToPrint;
    }
}
```

2. ABI와 계약 주소로 계약 인스턴스를 생성한다. 인스턴스를 생성하는 방법은 web3.js의 버전에 따라 다르다.

```
// v0.2x.x용 코드
var helloWorld = web3.eth.contract(<ABI>);
var helloWorldInstance = helloWorld.at("<Address>");


// v1.x.x용 코드
var helloWorldInstance = new web3.eth.Contract(
    "<ABI>",
    "<Address>"
);
```

3. web3.js v0.2x.x를 사용한다면, 계약 메서드에 입력 매개변수와 트랜잭션 오브 젝트를 지정해서 호출한다. 이때 계약을 호출하기 전에 반드시 계정에 대한 잠 금을 해제한다.

```
// v0.2x.x용 메서드 문법
contractInstance.stateChangingMethod.sendTransaction(
    param1 [, param2, ...] [, transactionObject] [, callback]
);


// 예 - v0.2x.x
helloWorldInstance.changeText.sendTransaction("Greetings!", {
    from: "0xce5C2D181f6DD99091351f6E6056c333A969AEC9",
    gas: 470000
}, function(error, result) {
    ...
});
```

4. web3.js v1.x.x에서는 다음과 같이 상태 변경 메서드를 호출한다.

```
// v1.x.x용 메서드 문법
myContractInstance.methods
    .stateChangingMethod([param1[, param2[, ...]]])
    .send(options [, callback]);


// 예 - v1.x.x
helloWorldInstance.methods
```

```
        .changeText("Greetings!")
        .send({
            from: "0xce5C2D181f6DD99091351f6E6056c333A969AEC9"
}, function(error, transactionHash){
        ...
});
```

5. 블록체인에 기록된 동작에 따라 다양한 작업을 수행하도록 이벤트 발생기event emitter를 작성한다.

```
helloWorldInstance.methods.changeText("Greetings!").send({
    from: "0xce5C2D181f6DD99091351f6E6056c333A969AEC9"
})
.on('transactionHash', function(hash){
    ...
})
.on('confirmation', function(confirmationNumber, receipt){
    ...
})
.on('receipt', function(receipt){
    console.log(receipt);
})
.on('error', console.error);
```

보충

web3.js v1.x.x부터는 필요한 가스양을 계약 인스턴스로부터 직접 추정할 수 있다. 이 작업은 estimateGas 메서드로 처리한다. 이때 상태에 따라 실제 사용량utilization이 추정값과 달라질 수 있다.

```
// 메서드 문법
myContractInstance.methods
    .myMethod([param1[, param2[, ...]]])
    .estimateGas(options [, callback])

// 예
```

```
helloWorldInstance.methods
    .changeText("Greetings!")
    .estimateGas({
        from: "0xce5C2D181f6DD99091351f6E6056c333A969AEC9"
    }, function(error, gasAmount){
        console.log(gasAmount);
    });
```

이 함수로부터 리턴된 프라미스를 사용할 수도 있다.

```
// 프라미스
helloWorldInstance.methods
    .changeText("Greetings!")
    .estimateGas({
        from: "0xce5C2D181f6DD99091351f6E6056c333A969AEC9"
    })
    .then(function(gasAmount){
        ...
    })
    .catch(function(error){
        ...
    });
```

DApp에서 발생하는 이벤트 감시하기

이벤트를 이용하면 EVM 로그에 접근해서 DApp의 콜백을 실행하거나 상태 변경 정보를 관리할 수 있다. 이 절에서는 계약에서 새로 발생한 이벤트를 수신해서 트랜잭션 로그에 저장된 데이터를 가져오는 방법을 소개한다.

준비

여기 나온 방법을 실습하려면 애플리케이션에 web3.js가 설치돼 있어야 한다. 여기 나온 방법을 실습할 수 있도록 geth나 ganache로 이더리움 네트워크를 구성해둔다.

DApp에서 발생하는 이벤트를 감시^{watch}하는 방법은 다음과 같다.

1. 다음에 나온 계약 코드는 상태 변경 연산이 수행될 때마다 이벤트를 발생한다. 솔
   리디티로 이벤트를 정의하는 방법은 2장의 '핵심 이벤트–EVM 로거' 절에서 자
   세히 설명한다.

```
pragma solidity ^0.4.22;

contract eventEmitter {
    event simpleEvent(address _sender);
    event indexedEvent(address indexed _sender, uint _id);
    function simpleEmit() public {
        // 원하는 작업을 수행한다.
        emit simpleEvent(msg.sender);
    }
    function indexedEmit(uint _id) public {
        // 원하는 작업을 수행한다.
        emit indexedEvent(msg.sender, _id);
    }
}
```

2. 탈중앙화 앱에서 발생한 이벤트를 감시하는 방법은 다음과 같다. 문법은 web3.
   js의 버전에 따라 다르다.

```
// v0.2x.x용 코드
contractInstance.MyEvent([options]).watch([callback]);

// v1.x.x용 코드
contractInstance.events.MyEvent([options][, callback])
```

3. 기존 버전(v0.2x.x)의 web3.js는 발생한 이벤트에 대한 콜백을 watch 메서드로 실
   행한다. 예제 계약에서 발생한 **simpleEvent**를 수신하는 (simpleEvent에 대한 리스
   너) 코드는 다음과 같다.

```
// web3.js v0.2x.x용 코드
var eventContract = web3.eth.contract(abi);
var eventContractInstance = eventContract.at(address);

// 이벤트 인스턴스 생성하기
var simpleEventInstance = myContractInstance.simpleEvent({}, {
    fromBlock: 0,
    toBlock: 'latest'
});

// 이벤트 감시 시작하기
simpleEventInstance.watch(function(error, result){
    console.log(result);
});
```

여기 나온 리스너는 0번 블록부터 시작해서 발생한 이벤트에 대해 전달된 콜백을 실행시킨다. 감시 작업을 명시적으로 멈추기 전까지, 새 블록이 마이닝될 때마다 이벤트를 계속 수신한다. 감시를 중단하려면 다음과 같이 stopWatching 메서드를 호출한다.

```
// 이벤트 감시를 중단한다.
simpleEventInstance.stopWatching();
```

4. 최신 버전(v1.x.x)의 web3.js를 사용한다면, 이벤트 감시 코드를 다음과 같이 작성한다.

```
// web3.js v1.x.x용 코드
eventContractInstance.events.simpleEvent({
    filter: {},
    fromBlock: 0
}, function(error, event) {
    console.log(event);
})
```

이 이벤트 리스너는 다음과 같은 이벤트를 수신할 수 있다.

- data: 인수로 이벤트 오브젝트를 가진 이벤트가 전달될 때마다 발생한다.
- changed: 블록체인에서 삭제될 때마다 발생한다.
- error: 예외가 발생할 때마다 발생한다.

```
// web3.js v1.x.x용 코드
eventContractInstance.events.simpleEvent({
    filter: {},
    fromBlock: 0
})
.on('data', function(event){
    console.log(event);
})
.on('changed', function(event){
    console.log(event);
})
.on('error', console.error);
```

5. indexedEvent를 이용하면 이벤트를 좀 더 걸러낼 수 있다.

```
// web3.js 0.2x.x용 코드
var indexedEventInstance = eventContractInstance.indexedEvent({
    _sender: '0xce5C2D181f6DD99091351f6E6056c333A969AEC9'
}, {
    fromBlock: 0,
    toBlock: 'latest'
});
// 특정한 주소로부터 발생한 로그 이벤트
indexedEventInstance.watch(function(error, result){
    console.log(result);
});

// web3.js 1.x.x용 코드
eventContractInstance.events.indexedEvent({
    filter: {
        _sender: [
            '0xce5C2D181f6DD99091351f6E6056c333A969AEC9',
```

```
                '0xD0D18F4A02beb7E528cE010742Db1Cc992070135'
        ] // OR 조건을 배열로 표현한다.
    },
    fromBlock: 0
})
.on('data', function(event){
    console.log(event);
})
.on('error', console.error);
```

 web3.js v1.x.x에서는 이벤트나 에러가 발생한 직후에 이벤트를 구독하거나 해지할 수 있다. 이 작업은 eventContractInstance.once(event[, options], callback)으로 처리한다. 단일 이벤트에 대해서만 발생한다.

6. 지금까지 블록체인에 기록된 로그를 모두 조회해보자.

```
// web3.js 0.2x.x용 코드
var simpleEventInstance = eventContractInstance
    .simpleEvent({}, {
        fromBlock: 0,
        toBlock: 'latest'
    });

// 지금까지 기록된 모든 로그
var eventResults = simpleEventInstance
    .get(function(error, logs){
        console.log(logs);
    });
```

7. 최신 버전의 web3.js에서는 다음과 같이 getPastEvents 메서드로 로그 기록을 조회한다.

```
// web3.js 1.x.x용 문법
contractInstance.getPastEvents(event[, options][, callback])

// 예
eventContractInstance.getPastEvents('simpleEvent', {
```

```
        filter: { },
        fromBlock: 0,
        toBlock: 'latest'
    }, function(error, events) {
        console.log(events);
    })
    .then(function(events){
        console.log(events) // 콜백과 결과가 같다.
    });
```

8. allEvents 메서드로 계약에서 발생한 모든 이벤트를 수신한다.

```
// web3.js 0.2x.x용 코드
var events = eventContractInstance.allEvents({
    fromBlock: 0,
    toBlock: 'latest'
});
events.watch(function(error, result){ ... });
events.get(function(error, logs){ ... });


// web3.js 1.x.x용 코드
eventContractInstance.getPastEvents({
    filter: {},
    fromBlock: 0
})
.on('data', function(event){
    console.log(event);
})
.on('error', console.error);
```

로 트랜잭션 보내기

이더리움 블록체인으로 전달된 데이터나 트랜잭션을 좀 더 세밀하게 제어할 수 있다. 흔히 트랜잭션을 보낼 때 sendTransaction 계열의 메서드를 사용한다. 또한 트랜잭션을 사설 키로 서명해서 직접 보내도 된다. 이 절에서는 트랜잭션을 처리하는 다양한 방법을 소개한다.

여기서 소개하는 방법을 실습하려면 애플리케이션에 web3.js가 설치돼 있어야 한다. 예제에 나온 메서드 중 일부는 라이브러리를 추가로 설치해야 쓸 수 있는데, 구체적인 방법은 해당 기법을 설명할 때 소개한다. 또한 여기서 소개한 메서드를 테스트해볼 수 있도록 geth나 가나슈로 이더리움 네트워크에 연결해둔다.

로^{Raw} 트랜잭션을 보내는 과정은 다음과 같다.

1. 이더리움 네트워크에 브로드캐스팅하기 전에 먼저 트랜잭션을 서명해야 한다. 예전 버전(v0.2x.x)의 web3.js에는 이 기능이 없다. 따라서 트랜잭션 서명을 쉽게 처리하도록 npm으로 ethereumjs-tx를 설치한다.

   ```
   $ npm install ethereumjs-tx --save
   ```

2. 다 설치했다면, 다음과 같이 현재 프로젝트에 임포트한 뒤, 서명할 트랜잭션 오브젝트를 생성한다.

   ```
   // web3.js 0.2x.x용 코드
   var Tx = require("ethereumjs-tx");

   var rawTx = {
       nonce: "0x00",
       gasPrice: "0x09184e72a000",
       gasLimit: "0x2710",
       to: "0x0000000000000000000000000000000000000000",
       value: "0x00",
       data:
   "0x3f92634498750000000000000000000000000000000000000000000000000000
   00000009"
   }

   var tx = new Tx(rawTx);
   ```

162

트랜잭션 오브젝트를 만들 때 지정할 수 있는 매개변수는 다음과 같다.

- nonce (옵션): 트랜잭션을 서명하는 데 사용할 논스. 디폴트 값은 web3. eth.getTransactionCount( )
- to (옵션): 트랜잭션을 받을 주소. 계약을 배치할 때는 비워둘 수 있다.
- data (옵션): 이 트랜잭션에 대해 호출할 데이터. 금액을 전달할 때는 비워둔다.
- value (옵션): 전송할 액수 (단위는 웨이[wei])
- gasPrice (옵션): 이 트랜잭션에 설정된 가스 가격. 디폴트 값은 web3.eth. gasPrice( )
- gas: 이 트랜잭션에 지정된 가스양

3. 보유한 사설 키로 트랜잭션 오브젝트를 서명한다.

```
// 사설 키를 버퍼로 불러온다.
var privateKey = new Buffer('<privateKey>', 'hex');
// 불러온 사설 키로 트랜잭션을 서명한다.
tx.sign(privateKey);
// 트랜잭션을 직렬화한다.
var serializedTx = tx.serialize();
```

4. 마지막으로 sendRawTransaction( )으로 트랜잭션을 네트워크에 브로드캐스팅한다.

```
web3.eth.sendRawTransaction('0x' + serializedTx.toString('hex'),
    function(err, hash) {
        if (!err)
            console.log(hash);
    });
```

5. web3.js v1.x.x 버전부터는 지금까지 설명한 기능을 기본으로 제공한다. 다음과 같이 signTransaction 메서드를 호출하면 트랜잭션을 사설 키로 서명할 수 있다.

```
web3.eth.accounts.signTransaction({
    nonce: "0x00",
```

```
    gasPrice: "0x09184e72a000",
    gasLimit: "0x2710",
    to: "0x0000000000000000000000000000000000000000",
    value: "0x00",
    data:
"0x3f9263449875000000000000000000000000000000000000000000000000000000
00000009"
}, '<privateKey>')
.then(function(result) {
    console.log(result);
});
```

이 메서드가 리턴하는 값은 다음과 같다.

- messageHash: 주어진 메시지에 대한 해시
- r: 서명의 첫 32 바이트
- s: 서명의 다음 32 바이트
- v: 복구 ID +27
- rawTransaction: 네트워크로 브로드캐스팅할, RLP^{Recursive Length Prefix}로 인코딩한 트랜잭션

6. web3.eth.sendSignedTransaction 메서드로 rawTransaction 값을 전송한다.

```
web3.eth.sendSignedTransaction("<rawTransaction>")
    .on('receipt', function(receipt) {
        console.log(receipt);
    });
```

7. 사설 키를 사용하지 않고서 특정한 계정의 데이터에 서명하려면, eth.sign 메서드를 사용한다. 이때 트랜잭션을 서명하기 전에 계정에 대한 잠금을 해제해야 한다.

```
// web3.js 0.2x.x용 코드
web3.eth.sign(address, dataToSign, [, callback])
var result = web3.eth.sign(
    "0x11f4d0A3c12e86B4b5F39B213F7E19D048276DAe",
    web3.sha3("Hello World!")
```

```
)
console.log(result);

// web3.js 1.x.x용 코드
web3.eth.sign(dataToSign, address [, callback])

web3.eth.sign(
    "Hello world",
    "0x11f4d0A3c12e86B4b5F39B213F7E19D048276DAe"
).then(function (result) {
    console.log(result);
});
```

8. web3.js v1.x.x부터 사설 키로 임의의 데이터를 서명하는 기능을 제공한다. 이
   작업은 eth.accounts.sign 메서드로 처리한다. 이 메서드는 message, message
   Hash, r, s, v 값을 담은 오브젝트를 리턴한다.

```
web3.eth.accounts.sign("Hello World", "<privateKey>");
```

보충

web3.js v1.x.x부터는 서명된 트랜잭션 데이터로부터 주소를 추출, 복구하는 옵션이 제
공된다. 이 옵션을 사용하면 트랜잭션의 출처origin를 검증할 수 있다.

```
web3.eth.accounts.recoverTransaction(rawTransaction)
```

이 메서드는 로 트랜잭션을 입력 받아서 그 트랜잭션을 서명한 주소를 리턴한다.

```
var result = web3.eth.accounts.recoverTransaction("0x0...");
console.log(result);
```

accounts.recover() 메서드를 이용해 서명한 데이터로부터 주소를 복구할 수도 있다.

```
web3.eth.accounts.recover(signatureObject);
web3.eth.accounts.recover(message, signature [, preFixed]);
web3.eth.accounts.recover(message, v, r, s [, preFixed]);
```

이 메서드는 데이터를 복구하는 데 다양한 타입의 입력을 받는다.

```
web3.eth.accounts.recover({
    messageHash: '0x0..',
    v: '0x0..',
    r: '0x0..',
    s: '0x0..'
})

web3.eth.accounts.recover('0x0..', '0x0..');

web3.eth.accounts.recover('0x0x..', '0x0x..', '0x0..', '0x0..');
```

web3.js로 배치 요청하기

web3.js는 배치 요청^{batch request}(일괄 처리)을 지원한다. 다시 말해 여러 요청을 모두 큐에 담아서 한 번에 처리할 수 있다. 배치 요청을 한다고 해서 속도가 갑자기 빨라지는 것은 아니다. 배치 요청은 주로 요청을 순차적으로 처리하도록 보장하는 데 활용한다. 때로는 요청을 비동기식으로 처리하는 것이 더 빠를 때도 있다.

이 절에서는 web3.js로 배치 요청을 처리하는 방법을 소개한다.

준비

여기서 소개하는 방법을 실습하려면 애플리케이션에 web3.js가 설치돼 있어야 한다. 또한 예제를 실행하도록 geth 또는 가나슈로 이더리움 네트워크를 만들어둔다.

방법

web3.js로 배치 요청을 처리하는 과정은 다음과 같다.

1. 배치 요청을 생성해서 실행하는 방법은 web3.js의 버전에 따라 다르다. web3.js v0.2x.x에서 배치를 생성하려면 다음과 같이 메서드를 호출한다.

```
var batch = web3.createBatch();
```

2. 다음으로 원하는 수만큼 요청을 큐에 추가한다.

```
var balance = web3.eth.getBalance.request(
    web3.eth.accounts[1],
    'latest',
    callback
);
var contract = web3.eth.Contract(abi)
    .at(address)
    .balance
    .request(web3.eth.accounts[0], callback2)

batch.add(balance);
batch.add(contract);
```

3. 요청을 모두 큐에 담았다면, execute 메서드로 실행한다.

```
batch.execute();
```

4. 최신(v1.x.x) 버전의 web3.js에서는 배치 실행 방법이 약간 다르다. 자식 모듈마다 배치 요청을 생성하는 데 관련된 여러 가지 옵션도 볼 수 있다.

```
new web3.BatchRequest()
new web3.eth.BatchRequest()
new web3.shh.BatchRequest()
new web3.bzz.BatchRequest()
```

5. 요청을 생성해서 배치 큐에 추가한 다음, 작업을 실행한다.

```
var balance = web3.eth.getBalance.request(
    web3.eth.accounts[1],
    'latest',
    callback
);
var contract = new web3.eth.Contract(abi, address)
```

```
        .methods.balance("<address>")
        .call.request({
            from: "<address>"
    }, callback2)

    var batch = new web3.BatchRequest();
    batch.add(balance);
    batch.add(contract);
    batch.execute();
```

JSON-RPC로 이더리움 다루기

web3.js를 전혀 사용하지 않고, JSON-RPC만으로도 이더리움 노드를 다룰 수 있다. JSON-RPC는 무상태 기반stateless 경량 RPC 프로토콜이다. 이더리움 JSON-RPC는 같은 프로세스 안에서, 또는 소켓이나 HTTP를 통해서, 아니면 다른 메시징 환경에서 호출할 수 있는 다양한 API를 제공한다.

이러한 API는 자바스크립트를 지원하지 않는 환경에서 블록체인을 다룰 때 주로 사용된다. 이 절에서는 다양한 JSON-RPC 커맨드로 이더리움과 통신하는 방법을 소개한다.

준비

여기서 소개할 API를 테스트하려면 이더리움 노드가 제대로 작동하도록 준비한다. 기본적으로 geth와 패리티Parity는 8545번 포트를 JSON-RPC용으로 사용한다. 여기서는 코드를 자바스크립트로 작성했지만, HTTPS 요청을 지원하는 프로그래밍 언어라면 어떤 것을 사용해도 상관없다.

geth 노드를 구동할 때 --rpcapi 권한을 지정한다.

```
$ geth --rpc --rpcapi "web3,eth,personal"
```

여기서는 몇 가지 중요한 API만 소개하지만, github.com/ethereum/wiki/wiki/JSON-RPC에 가보면 전체 API를 볼 수 있다.

JSON-RPC로 이더리움을 다루는 과정은 다음과 같다.

1. 다음과 같이 네 개의 매개변수로 구성된 기본 JSON-RPC 메시지를 작성한다. 여기에 나온 매개변수는 각각 버전, 메서드, 매개변수, ID를 가리킨다.

```
{
    "jsonrpc":"2.0",
    "method":"", // 메서드 식별자
    "params":[], // 매개변수 리스트
    "id":0        // id
}
```

2. net_peerCount 메서드로 노드에 연결된 피어의 수를 리턴 받는다.

```
curl -X POST
    --data
'{"jsonrpc":"2.0","method":"net_peerCount","params":[],"id":74}'
    http://localhost:8545
```

3. JSON-RPC로 메서드를 호출하면 항상 다음과 같은 형태로 응답을 받는다. 요청에 따라 십진수/스트링 대신 16진수 값을 리턴하기도 한다. 필요한 포맷에 맞게 직접 변환해야 할 수도 있다.

```
{
    "id":74,
    "jsonrpc": "2.0",
    "result": "0x2" // 2
}
```

4. 똑같은 요청을 Node.js로 작성하면 다음과 같다.

```
var request = require('request');

request({
    url: 'http://localhost:8545',
    method: 'POST',
    body:
'{"jsonrpc":"2.0","method":"net_peerCount","params":[],"id":74}'
}, function(error, response, body) {
    if (!error && response.statusCode == 200) {
        console.log(body);
    }
});
```

5. 같은 요청을 파이썬으로 작성하면 다음과 같다.

```
import requests
data =
'{"jsonrpc":"2.0","method":"net_peerCount","params":[],"id":74}'
response = requests.post('http://localhost:8545/', data=data)
```

6. Go 언어로 작성하면 다음과 같다.

```
body :=
strings.NewReader(`{"jsonrpc":"2.0","method":"net_peerCount","param
s":[],"id":74}`)

req, err := http.NewRequest("POST", "http://localhost:8545", body)
if err != nil {
    // 에러 처리 코드
}

req.Header.Set("Content-Type", "application/x-www-form-urlencoded")
resp, err := http.DefaultClient.Do(req)
if err != nil {
    // 에러 처리 코드
}

defer resp.Body.Close()
```

7. HTTP 요청을 보낼 수 있는 프로그래밍 언어라면 어떠한 언어로도 JSON−RPC 통신을 구현할 수 있다. 몇 가지 예를 더 살펴보자.

8. 현재 연결된 노드의 이더 베이스 를 구하려면 eth_coinbase를 호출한다.

```
// 요청
curl -X POST
    --data
'{"jsonrpc":"2.0","method":"eth_coinbase","params":[],"id":64}'
    http://localhost;8545

// 응답
{
    "id":64,
    "jsonrpc": "2.0",
    "result": "0x824e470cCac64CC5fa4Abe953e64FA360EA11366"
}
```

9. 노드에 있는 계정 목록을 보려면 eth_accounts를 호출한다.

```
// 요청
curl -X POST
    --data
'{"jsonrpc":"2.0","method":"eth_accounts","params":[],"id":1}'
    http://localhost:8545

// 응답
{
    "id":1,
    "jsonrpc": "2.0",
    "result": ["0x824e470cCac64CC5fa4Abe953e64FA360EA11366"]
}
```

10. 현재 블록의 높이를 구하려면 eth_blockNumber를 호출한다.

```
// 요청
curl -X POST
    --data
'{"jsonrpc":"2.0","method":"eth_blockNumber","params":[],"id":83}'
    http://localhost:8545
```

```
// 응답
{
    "id":83,
    "jsonrpc": "2.0",
    "result": "0x53D390" // 5493648
}
```

11. 현재 네트워크에 대한 계정의 잔고를 조회하려면, eth_getBalance에 매개변수를 지정해 호출한다.

```
// 요청
curl -X POST
    --data '{"jsonrpc":"2.0",
            "method":"eth_getBalance",
"params":["0x824e470cCac64CC5fa4Abe953e64FA360EA11366", "latest"],
            "id":1
            }'
    http://localhost:8545


// 응답
{
    "id":1,
    "jsonrpc": "2.0",
    "result": "0x5AF3107A4000" // 100000000000000
}
```

12. 계정에서 트랜잭션을 보내려면 eth_sendTransaction을 호출한다.

```
// 요청
curl -X POST
    --data '{
            "jsonrpc":"2.0",
            "method":"eth_sendTransaction",
            "params": <Trnsaction_Object>,
            "id":1
            }'
    http://localhost:8545
```

```
// 응답
{
    "id":1,
    "jsonrpc": "2.0",
    "result":
"0xf456c56efe41db20f32853ccc4cbea3d2ab011b2c11082150f29c36212345dbd
"
}
```

13. 트랜잭션 영수증[receipt]을 받으려면, eth_getTransactionReceipt를 호출한다.

```
// Request
curl -X POST
    --data '{
            "jsonrpc":"2.0",
            "method":"eth_getTransactionReceipt",
            "params":["<TransactionHash>"],
            "id":1
        }'
    http://localhost:8545

// 결과
{ "id":1, "jsonrpc":"2.0", "result": <Receipt> }
```

계약을 다루는 다른 방법

web3.js 라이브러리만으로도 탈중앙화 애플리케이션을 원하는 형태로 충분히 구현할 수 있다. 또한 JSON-RPC API를 이용해 블록체인을 직접 다룰 수도 있다. 이더리움 생태계는 기본적으로 오픈 소스이기 때문에, 이더리움에 관련된 믿을 만한 라이브러리가 다양하게 나와 있다. 이를 활용하면 애플리케이션에서 이더리움 네트워크를 다루는 기능을 쉽게 구현할 수 있다.

이 절에서는 이더리움을 다룰 때 web3.js 대신 사용할 만한 것을 몇 가지 소개한다.

여기서 소개하는 API를 직접 실습해보려면 geth, Parity, Ganache 등으로 이더리움 노드를 정상 작동 상태로 준비한다. 또한 일부 예제는 다른 도구를 추가로 설치해야 할 수 있다.

방법

web3.js 대신 사용할 만한 도구로 여러 가지가 있다. 여기서는 주로 Nethereum과 Web3J를 소개한다.

Nethereum

Nethereum(니더리움)이란 이더리움용 닷넷.NET 라이브러리로서, 이더리움 노드를 다루는 기능을 제공한다. 니더리움 역시 geth, Parity, Quorum과 마찬가지로 공용public과 허가 기반permission-based 모두에서 사용할 수 있다.

1. 윈도우에 니더리움을 설치하려면 다음과 같이 NuGet 패키지 매니저로 설치한다.

```
PM > Install-Package Nethereum.Web3
// 또는
PM > Install-Package Nethereum.Portable
```

2. 맥이나 리눅스 사용자는 dotnet 코어 CLI로 이 라이브러리를 설치할 수 있다.

```
dotnet add package Nethereum.Web3
// 또는
dotnet add package Nethereum.Portable
```

3. 오브젝트를 초기화하려면 다음과 같이 메서드를 호출한다.

```
// 디폴트 노드에 연결한다.
var web3 = new Nethereum.Web3.Web3();
// 커스텀 노드 주소
var web3 = new Nethereum.Web3.Web3("https://localhost:7545");
// IPC 연결
```

```
var ipcClient = new Nethereum.JsonRpc.IpcClient("./geth.ipc");
var web3 = new Nethereum.Web3.Web3(ipcClient);
```

자세한 내용은 공식 문서(https://nethereum.readthedocs.io/en/latest/)를 참고한다.

Web3J

1. Web3J는 자바 및 안드로이드 라이브러리로서 이더리움 네트워크의 노드와 스마트 계약을 다루는 기능을 제공한다.

2. Web3J를 사용하려면, 먼저 메이븐^{Maven}에 다음과 같이 의존성 정보를 추가한다.

```
// 자바 8
<dependency>
  <groupId>org.web3j</groupId>
  <artifactId>core</artifactId>
  <version>3.3.1</version>
</dependency>


// 안드로이드
<dependency>
  <groupId>org.web3j</groupId>
  <artifactId>core</artifactId>
  <version>3.3.1-android</version>
</dependency>
```

3. 메이븐 대신 그래들^{Gradle}을 사용한다면 다음과 같이 작성한다.

```
// 자바 8
compile ('org.web3j:core:3.3.1')

// 안드로이드
compile ('org.web3j:core:3.3.1-android')
```

4. 노드에 연결해서 오브젝트를 초기화하려면 Web3J.build를 사용한다. 디폴트 주소는 localhost:8545며 다른 값으로 바꿀 수 있다.

```
Web3j web3 = Web3j.build(new HttpService());
```

5. Web3J로 동기식 요청을 보내는 방법은 다음과 같다.

```
Web3ClientVersion web3ClientVersion =
web3.web3ClientVersion().send();
String clientVersion = web3ClientVersion.getWeb3ClientVersion();
```

6. 비동기식으로 보내려면 다음과 같이 작성한다.

```
Web3ClientVersion web3ClientVersion =
web3.web3ClientVersion().sendAsync().get();
String clientVersion = web3ClientVersion.getWeb3ClientVersion();
```

자세한 내용은 공식 문서(https://github.com/web3j/web3j)를 참고한다.

04

트러플 스위트

4장에서 다룰 내용은 다음과 같다.

- 트러플 프레임워크 설치 및 설정 방법
- 트러플 박스 활용 방법
- 스마트 계약 컴파일 방법
- 고급 트러플 설정 방법
- 트러플에서 이전과 배치 방법
- 트러플로 스마트 계약 디버깅하는 방법
- 스마트 계약에 대한 테스트 코드 작성 방법
- 트러플로 DApp과 API 만드는 방법
- 트러플에서 패키지하는 관리 방법

- 드리즐 사용법
- 트러플에서 HD 지갑 사용법

들어가며

이더리움 개발 프레임워크 중에서 트러플^{Truffle}이라는 굉장히 유명한 제품이 있다. 트러플은 스마트 계약 컴파일, 스크립트 기반 배치 프레임워크, 풍부한 기능의 자동화 기반 계약테스트 플랫폼 등을 기본으로 제공한다. 또한 인터랙티브 콘솔을 통해 이더리움 네트워크와 스마트 계약을 다룰 수 있다. 트러플은 자바스크립트로 구현됐으며, 모듈화가 굉장히잘 돼있다. 그래서 트러플을 개발용 플랫폼으로 사용하거나, 현재 사용하고 있는 툴셋과함께 적용하면 다양한 기능을 활용할 수 있다.

트러플은 DApp(댑)을 만들고 테스트하기 쉬운 이더리움 개발 프레임워크를 원하는 이들에게 적합하다.

트러플 프레임워크 설치 및 설정하기

이더리움에서 스마트 계약을 개발하고 테스트하려면, 현재 개발 머신에 트러플 프레임워크를 설치해야 한다. 트러플을 설치해서 프로젝트를 새로 시작하는 방법은 간단하다. 몇단계만 거치면 된다. 트러플에서 수행하는 작업은 대부분 커맨드 라인 인터페이스로 처리한다. 이 절에서는 트러플 프레임워크를 설정하는 방법에 대해 소개한다.

준비

트러플 프레임워크는 자바스크립트로 만들었으며 npm으로 배포한다. 트러플을 설치해서사용하려면 Node.js(5.0 이상)이 설치돼 있어야 한다.

또한 트러플로 스마트 계약을 테스트하고 배치하려면 이더리움 네트워크에 접근하도록 RPC^Remote Procedure Call 포트를 열어둬야 한다. 이더리움 클라이언트로 geth(게스), Parity (패리티), Ganache(가나슈)를 사용할 수 있다. 여기에 대한 자세한 사항은 1장을 참고한다.

npm^Node Package Manager은 오픈 소스 Node.js 프로젝트를 배포하는 온라인 리포지터리 repository(저장소)다. 여기서 제공하는 패키지를 설치하고, 버전을 관리하고, 의존성을 관리하는 작업을 쉽게 처리하도록 커맨드라인 유틸리티도 제공된다.

1. npm으로 트러플 패키지를 시스템 전체에서 사용할 수 있도록 설치한다. 접근 권한이 필요하다면 sudo 커맨드로 실행한다.

   ```
   npm install -g truffle
   ```

2. 패키지를 설치했다면 커맨드라인을 통해 접근할 수 있다. 다음과 같이 커맨드를 실행하여 새로 시작할 트러플 프로젝트를 담을 truffle_project 폴더를 새로 만든다.

   ```
   mkdir truffle_project
   cd truffle_project
   ```

3. init 커맨드를 이용해 프로젝트를 초기화한다. 계약과 마이그레이션은 디폴트로 제공되는 것으로 설정한다.

   ```
   truffle init
   ```

4. 이렇게 커맨드를 실행하면 기본 템플릿이 생성되는데, 여기서부터 프로젝트를 시작하면 된다. 이 템플릿은 다음과 같이 구성된다.

   - ./contracts: 솔리디티로 작성한 스마트 계약 파일을 저장한다.
   - ./tests: 스마트 계약과 애플리케이션 테스트 스크립트를 저장한다.
   - ./migrations: 배치 및 마이그레이션 스크립트를 저장한다.

- ./truffle.js: 애플리케이션 및 네트워크 설정을 저장한다.

5. 계약을 비롯한 프로젝트 관련 스크립트를 생성했다면, 다음과 같이 커맨드를 실행하여 트러플 프로젝트를 컴파일하고, 마이그레이션하고, 테스트한다.

- truffle compile: 스마트 계약을 컴파일한다.
- truffle migrate: 마이그레이션 스크립트를 실행한다.
- truffle test: 테스트 케이스를 실행한다.

윈도우에서 커맨드 프롬프트로 트러플 커맨드를 실행하는 과정에서 문제가 발생할 수도 있다. truffle.js 파일이 루트 디렉터리에 있기 때문이다. 윈도우 커맨드 프롬프트는 현재 경로에 있는 truffle.cmd 실행 파일보다 .js 파일을 먼저 실행하기 때문이다. 이 문제를 해결하려면 .cmd 확장자를 붙여서 실행하거나(예. truffle.cmd compile), 깃 배시Git bash 나 파워셀PowerShell 터미널로 스크립트를 구동한다.

6. truffle.js 설정 파일을 수정해서 프로젝트 설정과 속성(예. 네트워크, 계정, 가스 등)을 변경한다. 이 파일의 기본 구조는 다음과 같다.

```
module.exports = {
    networks: {
        development: {
            host: "localhost",
            port: 8545,
            network_id: "*" // 모든 네트워크 id를 허용한다.
        }
    }
};
```

트러플 박스 활용하기

트러플은 트러플 박스^Truffle boxes라고 부르는, 어느 정도 제작된 형태의 프로젝트도 제공한다. 각 박스마다 다양한 솔리디티 계약과 라이브러리와, 프론트엔드 및 백엔드 모듈과, 유저 인터페이스 뷰와 관련 문서로 구성돼 있다. 이를 활용하면 앱을 훨씬 효율적이면서 간편하게 개발할 수 있다.

이 절에서는 개발 워크플로우를 쉽게 구성하게 해주는 다양한 박스(react, uport, webpack 등)에 대해 소개한다.

준비

여기서 소개하는 내용을 실행하려면 트러플이 정상 작동 상태로 설치돼 있어야 한다. 또한 테스트 및 배치를 하려면 이더리움 클라이언트에 접속할 수 있어야 한다.

방법

1. unbox 커맨드로 박스를 다운로드한다. 이렇게 받은 박스는 트러플 커맨드라인에서 곧바로 사용할 수 있다.

   ```
   truffle unbox <박스이름>
   ```

2. 박스를 다운로드하면 관련된 파일과 라이브러리도 함께 받는다. 여기서는 간단히 메타코인^MetaCoin을 받아보자.

   ```
   truffle unbox metacoin
   ```

이 박스에는 간단히 작성된 메타코인 계약과 이에 대한 마이그레이션 및 테스트 스크립트가 담겨 있다. 이렇게 제공되는 스크립트로 컴파일, 테스트, 마이그레이션 작업을 수행하면 된다.

트러플의 초기 버전은 truffle init 커맨드를 실행할 때 메타코인을 템플릿으로 사용했다. 현재는 메타코인이 별도의 박스로 빠졌기 때문에 truffle init 커맨드에서 사용하는 템플릿이 메타코인보다 훨씬 간단하다. 그래서 새 프로젝트를 생성할 때 메타코인 박스를 사용하는 것이 낫다.

3. react 박스를 이용하여 리액트^{React} 앱의 골격과 관련 스마트 계약을 만들어보자. 이 박스는 테스트를 비롯한 다양한 작업을 위해 제스트^{jest}와 웹팩^{webpack}도 제공한다.

```
truffle unbox react
```

애플리케이션은 npm의 start 스크립트로 구동할 수 있다. 이렇게 하면 `http://localhost:3000`에 핫 리로딩^{hot reloading}이 적용된 애플리케이션 프론트엔드가 구동된다. 계약을 수정할 때마다 다시 컴파일하고 마이그레이션해야 한다는 점에 주의한다.

```
npm run start
```

스마트 계약과 애플리케이션 테스트는 truffle과 jest 커맨드로 실행할 수 있다.

```
// 스마트 계약 테스트
truffle test
```

```
// jest로 애플리케이션 테스트하기
npm run test
```

웹팩^{webpack}을 이용해 프로덕션용 애플리케이션을 만들 수 있다. 결과는 build_webpack 폴더에 있다.

```
npm run build
```

4. 기본적인 빌드 설정이 된 웹팩이 필요하다면 웹팩 박스를 다운로드한다.

```
truffle unbox webpack
```

5. react-auth 박스로 redux, react−router, 스마트 계약 기반 인증 래퍼^{wrapper}를 지원하는 앱을 만든다.

```
truffle unbox react-auth
```

react-auth는 기본 인증 스마트 계약을 제공되는데, 서명한 사용자의 세부 정보를 저장하는 데 사용된다. 또한 이 계약과 라우터를 커스터마이즈해서 애플리케이션에 기능을 추가할 수도 있다.

react-auth를 테스트하고, 빌드하고, 구동하는 방법은 앞에서 본 박스와 같다.

```
// localhost:3000을 통해 애플리케이션을 구동한다.
npm run start
// 스마트 계약 테스트 스크립트를 구동한다.
truffle test
// 제스트 기반 애플리케이션 테스트를 수행한다.
npm run test
// 애플리케이션을 프로덕션용으로 빌드한다.
npm run build
```

6. UPort 구현이 필요하다면 react-uport 박스를 사용한다. 이 박스는 react-auth 박스를 확장한 것이다. UPort는 이더리움용 ID 및 인증 시스템으로서, 사용자가 이더리움에 ID를 등록해서 인증 정보를 보내거나 요청하거나, 트랜잭션을 서명하거나, 키와 데이터를 안전하게 관리하는 데 이용할 수 있다.

```
truffle unbox react-uport
```

7. 트러플은 커뮤니티 사용자들이 제작한 박스도 제공한다. 현재 올라온 박스 중에서 자신의 작업에 도움되는 것을 발견할 수도 있다. AngularJS, ExpressJS, Vue.js 등을 사용하는 예제도 많이 나와 있다. 트러플에서 지원하는 박스의 전체 목록은 https://truffleframework.com/boxes에서 볼 수 있다.

트러플용 박스를 직접 만들어도 된다. 프로젝트를 완전히 처음부터 만들 수도 있고, 현재
프로젝트의 설정 파일을 적절히 수정해서 박스로 변환할 수도 있다. 박스로 만들어서 트
러플 리포지터리에 업로드하는 과정은 다음과 같다.

1. 밑바탕으로 쓸 블루프린트 박스를 다운로드한다. 기본 파일과 설정을 제공하기
   때문에 작업하기 쉽다.

2. 박스마다 truffle-config.js라는 설정 파일이 있다. 이 파일은 hooks, comm
   ands, ignore와 같은 항목으로 구성된다.

3. ignore는 언박싱 과정에서 무시할 파일의 목록을 지정한다. 대표적인 예로
   readme와 gitignore 파일 등이 있다.

   ```
   ignore: [ 'README.md' ]
   ```

4. hooks란, 언박싱 후에 수행할 작업들을 담은 오브젝트다. 대표적인 예로 npm
   install이 있다.

   ```
   hooks: {
       'post-unpack': 'npm install'
   }
   ```

5. commands 오브젝트는, 현재 박스에서 지원하는 커맨드 목록을 사용자에게 보여
   주는 데 사용된다. 이 오브젝트는 사용자가 쓸 수 있는 커맨드 목록을 담고 있으
   며, 언박싱 후에 콘솔에 표시된다.

   ```
   commands: {
       "Compile contracts": "truffle compile",
       "Migrate contracts": "truffle migrate",
       "Test Contracts": "truffle test",
       "Test DApp": "npm test",
       "Start development server": "npm run start",
       "Build": "npm run build"
   }
   ```

6. 직접 만든 박스를 트러플 포털에 등록하려면, 깃허브 리포지터리에 업로드한다. 이때 이미지 파일도 직접 만들어서 꾸밀 수 있다. (이미지는 512px×512px 크기에 32px 패딩을 적용하거나 735px×100px 크기에 32px 왼쪽 패딩을 적용한다.)

7. 업로드된 박스의 품질과 호환성은 트러플 팀에서 검증한다. 여러분이 만든 박스를 공식 트러플 포털에 등록할 때, 트러플 팀에게 직접 이메일을 보내는 것이 좋다.

스마트 계약 컴파일하기

이 절에서는 트러플 프로젝트의 스마트 계약을 컴파일하는 방법을 소개한다. 또한 여러 계약을 컴파일한 결과가 프로젝트의 어느 지점에 저장되는지도 소개한다.

준비

여기 나온 내용을 실행하려면 현재 시스템에 트러플이 정상 작동 상태로 설치돼 있어야 한다. 트러플은 스마트 계약을 컴파일하는 데 solc-js를 이용한다. 그래서 트러플을 설치하면 solc-js도 함께 설치된다. 설치한 뒤에 version 커맨드를 실행해서 최신 버전인지 확인한다.

방법

1. 트러플 프로젝트에서 스마트 계약은 ./contracts 디렉터리에 있다. 스마트 계약을 솔리디티 언어로 작성하기 때문에 소스 코드 파일의 확장자는 .sol이다.

2. 한 프로젝트 안에 계약 파일이 여러 개 있을 수도 있다. compile 커맨드는 현재 디렉터리에 있는 스마트 계약을 컴파일한다. 이 커맨드는 반드시 프로젝트의 루트에서 실행한다.

```
truffle compile
```

3. 이 커맨드가 처음 실행될 때면, 폴더 안에 담긴 계약을 모두 컴파일한다. 진행 상황은 콘솔을 통해 볼 수 있다.

```
$ truffle compile
Compiling ./contracts/Migrations.sol...
Compiling ./contracts/SimpleStorage.sol...
Writing artifacts to ./build/contracts
```

4. 그 후에 다시 이 커맨드를 실행하면, 트러플에서 컴파일한 파일 중에서 변경된 계약만 컴파일된다. 모든 계약을 다시 컴파일하고 싶다면 --all 옵션을 지정한다.

```
truffle compile --all
```

5. 컴파일러의 출력 결과는 계약마다 JSON 파일에 저장된다. 이 파일은 ./build/contracts 디렉터리에 있다. 내용은 다음과 같다.

```
{
    "contractName": "",
    "abi": [],
    "bytecode": "",
    "deployedBytecode": "",
    "sourceMap": "",
    "deployedSourceMap": "",
    "source": "",
    "sourcePath": "",
    "ast": {},
    "legacyAST": {},
    "compiler": {
        "name": "",
        "version": ""
    },
    "networks": {},
    "schemaVersion": "",
    "updatedAt": ""
}
```

6. 생성된 JSON 파일은 건드리지 않는 것이 좋다. 나중에 다시 컴파일하거나 배치할 때 이 파일을 덮어쓰기 때문이다.

7. 여러 계약을 한데 엮어서 컴파일할 수 있다. 엮을 파일을 솔리디티 코드에서 임포트문으로 지정하면 된다.

```
import "<계약_파일_경로.sol>";
```

8. 트러플은 EthPM이나 npm과 같은 패키지 매니저를 지원한다. 다음과 같이 패키지 이름을 지정하면 다운로드한 계약을 불러올(임포트할) 수 있다.

```
import "packageName/contract.sol";
```

여기서 packageName 자리에 다운로드한 패키지 이름을 적고, contract.sol 자리에 불러올 스마트 계약 소스 코드 이름을 지정한다.

9. 트러플에서는 npm보다 EthPM으로 다운로드한 패키지의 우선순위가 더 높다. 따라서 양쪽 패키지 이름이 서로 같을 때 EthPM으로 다운로드한 패키지를 먼저 사용한다.

트러플 고급 설정 방법

트러플에서 설정한 내용은 프로젝트의 루트에 자바스크립트 파일로 저장된다. 따라서 네트워크, 계정, 비용 등과 같은 프로젝트에 대한 다양한 속성을 설정하기 쉽다. 이 절에서는 트러플에서 제공하는 다양한 설정 옵션을 소개한다.

준비

이 절에서 소개하는 내용을 따라하려면 현재 머신에 트러플이 정상 작동 상태로 설치돼 있어야 한다. 설치 상태와 버전은 truffle version 커맨드로 확인한다.

1. truffle.js란 이름으로 프로젝트 루트에 설정 파일을 생성한다. 반드시 자바스 크립트 파일로 작성하며 지정된 포맷에 맞게 설정 사항을 오브젝트로 내보내야(익스포트^{export}) 한다.

2. 윈도우 시스템은 트러플 커맨드와 이름이 겹치지 않도록, 설정 파일 이름을 truffle-config.js와 같은 형태로 변경한다.

3. 설정 파일에 네트워크 오브젝트를 추가한다. 여기에 다음과 같이 배치할 네트워 크 엔드포인터를 지정한다. 그러면 애플리케이션을 테스트하거나 마이그레이션 할 때 localhost:8545에서 구동하는 환경에 연결한다.

```
module.exports = {
    networks: {
        development: {
            host: "localhost",
            port: 8545,
            network_id: "*" // 모든 네트워크 ID를 매칭한다.
        }
    }
};
```

4. 마이그레이션 프로세스에서 사용할 수 있는 네트워크를 모두 networks 오브젝 트에 나열한다. 특정한 네트워크에 대해 마이그레이션 프로세스가 진행되는 동 안 build 디렉터리에 배치 아티팩트^{deployment artifact}가 저장되기 때문에 여러 네트 워크에 배치된 계약을 관리하는 데 도움된다. 이 파일은 나중에 다시 사용할 수 있다. 또한 각 네트워크마다 관련된 아티팩트를 이 네트워크 ID로 가져올 수 있다.

5. 원하는 네트워크를 트러플에서 쉽게 구별할 수 있도록 네트워크마다 이름을 정 한다. 예를 들면 다음과 같다.

```
networks: {
    development: {
        host: "127.0.0.1",
```

```
        port: 8545,
        network_id: "*" // 모든 네트워크에 적용한다.
    },
    test: {
        host: "55.55.55.55",
        port: 8545,
        network_id: 1, // 이더리움 메인 네트워크
    }
}
```

6. 마이그레이션 프로세스에서 적용할 네트워크를 --network 매개변수로 지정한다.

```
truffle migrate --network test
```

7. 프로바이더 정보는 앞서 설정한 호스트와 포트 정보를 토대로 자동으로 설정된다. 이 값은 provider 태그에 'new Web3.providers.HttpProvider("http://<host>:<port>")'와 같은 포맷으로 직접 지정할 수도 있다.

```
networks: {
    ropsten: {
        provider: new HDWalletProvider(mnemonic,
                    "https://ropsten.infura.io/"),
        network_id: "3"
    },
    development: {
        provider: new HDWalletProvider(mnemonic,
                    "http://localhost:8545/"),
        network_id: "*"
    }
}
```

네트워크를 지정할 때 host/port와 provider를 동시에 지정하면 안 된다. HTTP 프로바이더에 연결할 때는 host/port로 지정하는 것이 좋다. HD 지갑처럼 커스텀 프로바이더를 사용할 때는 provider로 지정한다.

8. 일반적으로 provider로 지정하면, 현재 지정된 호스트에 대한 네트워크 연결을 최소화한다. 이렇게 하고 싶지 않다면 프로바이더 값을 함수로 감싼다. 그러면 트러플은 그 함수를 직접 호출하기 전까지 그 네트워크 프로바이더를 무시한다.

```
networks: {
    ropsten: {
        provider: function() {
            return new HDWalletProvider(mnemonic,
                "https://ropsten.infura.io/");
        },
        network_id: "3"
    },
    test: {
        provider: function() {
            return new HDWalletProvider(mnemonic,
                "http://localhost:8545/");
        },
        network_id: "*"
    }
}
```

9. 네트워크마다 설정 파일의 필드를 직접 수정해서 원하는 방식으로 설정할 수 있다.

   - from: 마이그레이션 프로세스에 적용할 주소. 이 값을 지정하지 않으면 첫 번째 계정(web3.eth.accounts[0])을 디폴트 값으로 사용한다.

   - gas: 마이그레이션 프로세스에 적용할 가스 한도gas limit. 디폴트 값은 4712388이다.

   - gasPrice: 이 트랜잭션에 대한 가스 가격. 디폴트 값은 100000000000이다.

10. 설정 파일을 커스터마이즈한 예를 들면 다음과 같다.

```
networks: {
    development: {
        provider: function() {
            return new HDWalletProvider(mnemonic,
                    "http://localhost:8545/");
        },
        port: 8545,
        network_id: 1208,
        from: "0xB0108b70A181eD91cb1D8d8c822419F0e439f724",
        gas: 560000
    },
```

```
        test: {
            host: "55.55.55.55",
            port: 8545,
            network_id: 1,
            gas: 470000,
            gasPrice: 20000000000
        }
    }
```

11. 컴파일러 출력에 대한 디폴트 디렉터리는 ./build/contracts다. 이 값을 변경하려면 다음과 같이 contracts_build_directory 속성에 원하는 위치를 지정한다.

```
module.exports = {
    contracts_build_directory: "./build_output",
    networks: {
        development: {
            host: "localhost",
            port: 8545,
            network_id: "*"
        }
    }
};
```

트러플 디렉터리 밖에 있는 폴더를 설정할 수도 있다. 특히 여러 프로젝트 중 일부만 트러플로 개발할 때 이 기능을 활용하면 좋다.

```
module.exports = {
    contracts_build_directory: "../../build_output",
};
```

이 값을 절대 경로로 지정해도 된다. 윈도우 시스템에서는 경로를 표현할 때 다음과 같이 이중 백슬래시(\\)를 사용한다.

```
module.exports = {
    contracts_build_directory: "C:\\Users\\username\\build_output",
};
```

12. 이 파일에 solc 키를 이용해 컴파일러 설정을 추가할 수 있다. 이렇게 지정한 값은 솔리디티 컴파일러에 기본적으로 적용된 다른 값과 함께 적용된다.

```
solc: {
    optimizer: {
        enabled: true,
        runs: 200
    }
}
```

13. MochJS 테스트 설정도 추가하려면 다음과 같이 mocha 속성을 지정한다.

```
mocha: {
    useColors: true,
    ui: 'tdd',
    reporter: 'list'
}
```

트러플에서 마이그레이션과 배치하기

트러플은 작성한 계약을 이더리움 네트워크에 배치할 때 마이그레이션 스크립트를 사용한다. 스크립트는 자바스크립트로 작성하며, 개발 프로세스 과정에서 마이그레이션 스크립트를 새로 생성할 수 있다. 이 절에서는 마이그레이션 스크립트를 작성해서 구동하는 방법을 소개한다.

준비

이 절에서 소개하는 예제를 실습하려면 현재 머신에 트러플을 설치해야 한다. 또한 이더리움 네트워크에 연결해서 스크립트를 테스트할 수 있는지 확인한다.

1. 생성한 마이그레이션 스크립트는 ./migrations 디렉터리에 저장한다. 이 디렉터리는 현재 프로젝트의 루트에 있다.

2. 모든 파일은 숫자와 설명을 조합하는 명명 규칙을 따른다. 이때 숫자는 실행 순서를 의미하며 마이그레이션 상태를 기록하는 데 사용된다. 그 뒤에 이 스크립트에 대한 설명을 붙인다.

```
2_token_migration.js
```

3. 마이그레이션 단계에 접어들기 전에, 필요한 임포트 문장을 다음과 같이 마이그레이션 스크립트 파일에 추가한다.

```
// 임포트 문장
var contract = artifacts.require("contract");

module.exports = function(deployer) {
    // 배치 문장
    deployer.deploy(contract);
};
```

4. 참조할 계약을 artifacts.require()로 지정한다. 자바스크립트의 require나 import와 비슷하지만, 속성과 메서드와 함께 추상화된 계약을 리턴한다.

5. 계약 이름으로 임포트한다. 이때 파일 경로로 지정하면 안 된다. 그 경로에 담긴 계약이 여러 개 있을 수 있기 때문이다. 예를 들어 다음과 같은 유틸리티 계약 파일을 살펴보자.

```
// utility.sol
contract Ownable {

    ...
}

contract Pausable {

    ...
}
```

이 파일에는 두 개의 계약이 담겨 있다. 두 계약을 불러오려면 다음과 같이 이름으로 참조한다.

```
var ownable = artifacts.require("Ownable");
var pausable = artifacts.require("Pausable");
```

6. 마이그레이션 파일은 반드시 마이그레이션 단계에 module.exports를 이용해 함수로 익스포트해야 한다. 이때 내보내는 함수에 deployer 매개변수를 최소한 한 개 이상 지정해야 한다. 이 매개변수는 배치 과정과 아티팩트를 유지하는 데 활용된다.

```
module.exports = function(deployer) {
    deployer.deploy(contractInstance);
};
```

7. 여러 개의 계약을 배치하려면 deployer.deploy 메서드를 여러 번 호출한다. 이때 호출한 순서대로 배치된다.

```
deployer.deploy(ownable);
deployer.deploy(pausable);
```

deployer는 promise를 리턴할 수도 있다. 가령 이전 배치를 참조해야 하는 작업을 처리하려면 관련 작업을 큐에 저장한다.

```
deployer.deploy(ownable).then(function() {
    return deployer.deploy(pausable, ownable.address);
});
```

8. 작성한 계약에서 생성자 매개변수를 받는다면, deploy 메서드에 이를 명시한다.

```
deployer.deploy(<contract>, parameter1, parameter2, ...);
```

9. 작성한 계약을 덮어쓰지 않게 하려면, overwrite 매개변수를 false로 지정한다. 그러면 이미 배치된 계약을 다시 배치하지 않는다.

```
deployer.deploy(ownable, {
    overwrite: false
});
```

10. 마지막 매개변수로 gas나 from을 지정할 수도 있다. 배치할 때마다 이 값을 다르게 지정할 수 있다.

```
deployer.deploy(A, {
    gas: 4612388,
    from: "0x7f1E4A1DC3eB8233B49Bb8E208cC6aAa8B39C77F"
});
```

11. 여러 계약을 배치하는 작업을 단 하나의 배치deploy 문장으로 작성할 수 있다. 각 계약에 대해 생성자 인수를 배열로 지정해서 전달하면 된다.

```
deployer.deploy([
    [ownable],
    [pausable, parameter1, parameter2],
    ...
]);
```

12. deployer는 라이브러리와 계약을 링크하는 메서드도 제공한다. 다른 계약을 배치하기 전에 이미 배치된 라이브러리와 링크할 수 있다. 링크의 타겟은 하나의 계약일 수도 있고, 여러 계약에 대한 배열일 수도 있다. 타겟 계약에서 이 라이브러리를 사용하지 않으면 그 계약을 무시한다.

```
// 배치된 라이브러리를 다른 계약과 링크하기
deployer.deploy(<Library>);
deployer.link(<Library>, <Contract>);

// 배치된 라이브러리를 여러 개의 계약과 링크하기
deployer.deploy(<Library>);
deployer.link(<Library>, [<Contract1>, <Contract2>]);
```

13. 내보내기(익스포트)를 지원하는 함수exportable function는 deployer뿐만 아니라 두 가지 매개변수(network와 accounts)도 옵션으로 지정할 수 있다.

```
module.exports = function(deployer, network) {
    if (network == "development") {
        // 특정한 작업을 수행한다.
    } else {
        // 위와 다른 작업을 수행한다.
    }
```

```
        }
    }
```

14. accounts 매개변수를 이용하면 현재 네트워크에 있는 계정 목록을 가져올 수 있다. 이 값은 web3.eth.accounts와 비슷하다.

```
module.exports = function(deployer, network, accounts) {
    ...
}
```

15. 마이그레이션을 진행하려면 마이그레이션 계약을 반드시 추가해야 한다. 기본적으로 미리 정의된 인터페이스를 따르지만 다른 기능을 더 추가하도록 수정할 수 있다. 디폴트로 제공되는 트러플 템플릿은 다음과 같이 정의된 마이그레이션 계약도 함께 제공한다.

```
pragma solidity ^0.4.8;

contract Migrations {

    address public owner;
    // 시그니처가 `last_completed_migration( )`인 게터 함수
    // uint 값을 리턴해야 한다.
    uint public last_completed_migration;
    modifier restricted() {
        if (msg.sender == owner)
        _;
    }

    function Migrations() {
        owner = msg.sender;
    }

    // 시그니처가 `setCompleted(uint)`인 함수
    function setCompleted(uint completed) restricted {
        last_completed_migration = completed;
    }

    function upgrade(address new_address) restricted {
```

```
        Migrations upgraded = Migrations(new_address);
        upgraded.setCompleted(last_completed_migration);
    }
}
```

이 계약은 마이그레이션할 때 한 번 배치되고 나면 다시 업데이트되지 않는다. 이 계약은 초기 마이그레이션 스크립트에 추가해야 한다.

```
// ./migrations/1_intial_migration.js
var Migrations = artifacts.require("Migrations");

module.exports = function(deployer) {
    // 초기 마이그레이션에서는 이 마이그레이션 계약만 배치한다.
    deployer.deploy(Migrations);
};
```

16. 작성한 계약과 마이그레이션 스크립트를 설정했다면, 다음과 같이 migrate 커맨드로 실행한다.

```
truffle migrate
```

아무런 문제 없이 마이그레이션이 성공적으로 수행됐다면, 다음과 같이 결과가 나온다.

```
$ truffle migrate
Using network 'development'.

Running migration: 1_initial_migration.js
  Deploying Migrations...
  ... 0x1f95327bad5ab1cbd706dc6807e88ffc1d0f492ec24591ec4fbd243d4988e091
  Migrations: 0x8cdaf0cd259887258bc13a92c0a6da92698644c0
Saving successful migration to network...
  ... 0xd7bc86d31bee32fa3988f1c1eabce403a1b5d570340a3a9cdba53a472ee8c956
Saving artifacts...
Running migration: 2_deploy_contracts.js
  Deploying SimpleStorage...
  ... 0xca52ac7a96212780cbb1c41ab8b9f189e2c0accae6bb30649a8a05bbcbdc646f
  SimpleStorage: 0x345ca3e014aaf5dca488057592ee47305d9b3e10
Saving successful migration to network...
  ... 0xf36163615f41ef7ed8f4a8f192149a0bf633fe1a2398ce001bf44c43dc7bdda0
Saving artifacts...          _
```

계약 다루기

트러플은 계약을 다루기 위한 인터페이스를 풍부하게 제공한다. 트러플에서 제공하는 계약 추상화 contract abstraction를 이용하면 네트워크에서 데이터를 읽거나 쓰는 등 계약을 다루는 작업을 간편하게 처리할 수 있다.

계약에 데이터를 쓰는 것을 트랜잭션 transaction이라 부른다. 트랜잭션은 이더를 보내거나, 스마트 계약을 배치하거나, 계약의 상태 변경 함수를 실행할 때 발생한다. 트랜잭션을 수행하려면 가스 gas라 부르는 비용을 지불해야 한다. 트랜잭션의 결과는 마이너 miner(채굴자)가 이를 승인 confirm한 후에 볼 수 있다. 따라서 현재 함수를 실행하는 시점에는 아무 값도 받을 수 없다.

스마트 계약에서 데이터를 읽는 것을 콜 call이라 부른다. 스마트 계약 코드를 실행할 때도 콜할 수 있지만 데이터를 변경할 수는 없다. 상태가 변경되지 않기 때문에 아무 때나 콜할 수 있으며, 리턴 값도 즉시 받을 수 있다.

이 절에서는 트러플에서 제공하는 계약 추상화를 이용해 트랜잭션과 콜하는 방법을 소개한다.

준비

이 절에 나온 예제를 실습하려면 현재 머신에 트러플이 정상 작동 상태로 설치돼 있어야 한다. 트러플로 배치와 테스트를 수행할 때 이더리움 네트워크에 접속하므로, 설정 파일에 프로바이더를 지정해야 한다.

여기서 소개하는 스크립트를 트러플 콘솔에서 실행할 수도 있다. 콘솔을 구동하려면 다음과 같이 커맨드를 실행한다.

```
truffle console
```

트러플 콘솔은 트러플 설정 파일에 나온 development 네트워크를 찾아서 연결한다. 다른 네트워크를 지정하고 싶다면 이 커맨드를 실행할 때 --network <네트워크_이름> 옵션을 지정한다. 그러면 작성한 계약을 그 네트워크에서 작동하게 할 수 있다. 트러플 콘솔은 특정한 니모닉^{mnemonic}이나 계정 목록을 사용하는 옵션도 제공한다.

방법

1. 예를 들어 다음과 같이 작성된 계약 코드를 살펴보자. 간단히 토큰을 전송하고 각 주소의 잔고를 확인하기만 한다. 이 계약은 데모 용도로만 작성했기 때문에 실전 애플리케이션에 쓰면 안 된다.

```solidity
pragma solidity ^0.4.23;

contract TokenContract {
  mapping (address => uint) balances;

   event Transfer(address indexed _from, address indexed _to, uint256 _value);

  constructor() public {
    balances[msg.sender] = 100000;
  }

  function sendToken(address receiver, uint amount) public returns(bool) {
    require(balances[msg.sender] < amount);
    balances[msg.sender] -= amount;
    balances[receiver] += amount;
    emit Transfer(msg.sender, receiver, amount);
    return true;
  }

  function getBalance(address addr) public view returns(uint) {
    return balances[addr];
  }
}
```

2. 이 계약은 생성자와 sendToken이라는 상태 변경 메서드와, getBalance라는 읽기 전용 메서드가 있다. 생성자는 계약을 배치하는 동안 실행되고, 두 메서드는 트랜잭션이나 콜을 통해 호출된다.

3. 트러플은 이 계약에 대한 자바스크립트 오브젝트를 생성한다. 배치된 버전의 계약을 다룰 때는 deployed( ) 함수를 사용한다.

```
TokenContract.deployed().then(function(instance) {
    console.log(instance);
});
```

계약을 다루기 전에 반드시 배치부터 해야 한다. 트러플 콘솔로 작업할 때는 현재 프로젝트의 루트에서 truffle migrate를 실행한다.

4. sendToken 함수는 한 계정에서 다른 계정으로 일정한 토큰을 보낸다. 상태가 변경되기 때문에 트랜잭션을 사용해야 한다.

5. 메서드를 직접 호출하면 기본적으로 콜이 아닌 트랜잭션을 수행한다.

```
TokenContract.sendToken();
```

6. 메서드 실행에 필요한 매개변수를 지정한다. from, value, gas 등과 같은 트랜잭션에 대한 세부 사항을 설정하려면 마지막 매개변수에 이러한 정보가 담긴 오브젝트를 지정한다.

```
var from_address = "0xa...";
var to_address = "0xb...";

TokenContract.sendToken(to_address, 500, {
    from: from_address
});
```

7. 프라미스를 이용해 성공 또는 실패할 때 콜백을 호출하도록 설정한다. 이렇게 하면 트랜잭션의 상태를 직접 확인하지 않아도 된다.

```
TokenContract.sendToken(to_address, 500, {
    from: from_address
}).then(function(result) {
    console.log(result);
})
```

8. 지금까지 설명한 내용을 종합하면 다음과 같다.

```
var from_address = "0xa...";
var to_address = "0xb...";

var tokenContract;

TokenContract.deployed().then(function(instance) {
    tokenContract = instance;
    return tokenContract.sendToken(to_address, 500, {
        from: from_address
    });
}).then(function(result) {
    // 트랜잭션 성공
    console.log(result);
}).catch(function(e) {
    // 트랜잭션 실패
    console.log(e);
})
```

9. 특정한 주소의 잔고를 알아내려면 getBalance 함수를 이용한다. 이 함수는 상태를 변경하지 않기 때문에 call 메서드로 실행한다.

```
var account = "0xa...";
tokenContract.getBalance.call(account);
```

10. 프라미스를 활용하면 실행 결과로부터 데이터를 즉시 읽을 수 있다. 트랜잭션 해시 대신 결과를 리턴한다. BigNumber 오브젝트도 리턴하는데, 적절히 변환해야 할 수도 있다.

```
var account = "0xf17f52151EbEF6C7334FAD080c5704D77216b732";

TokenContract.deployed().then(function(instance) {
    return instance.getBalance.call(account);
}).then(function(result) {
    // 결과를 리턴한다.
    console.log(result.toNumber())
}).catch(function(e) {
    // 예외
```

```
    console.log(e);
});
```

11. 지금까지 트랜잭션과 콜을 수행하는 방법을 살펴봤다. 이번에는 트랜잭션 결과
로 할 수 있는 여러 가지 일에 대해 자세히 알아보자.

12. 트랜잭션은 트랜잭션 해시, 영수증[receipt], 트랜잭션을 수행하는 동안 로그에 기록
된 이벤트 배열이 담긴 오브젝트를 리턴한다.

```
var from_address = "0xa...";
var to_address = "0xb...";

var tokenContract;

TokenContract.deployed().then(function(instance) {
    tokenContract = instance;
    return tokenContract.sendToken(to_address, 500, {
        from: from_address
    });
}).then(function(result) {
    console.log(result.tx); // 트랜잭션 해시
    console.log(result.logs); // 이벤트 로그
    console.log(result.receipt); // 트랜잭션 영수증
})
```

13. logs 배열을 이용해 이벤트를 지정한 뒤, 이를 기반으로 태스크를 수행해보자.
예를 들어, 토큰을 전송하는 동안 Transfer 이벤트가 발생하면 특정한 작업을 수
행하도록 작성한다.

```
var from_address = "0xa...";
var to_address = "0xb...";

var tokenContract;

TokenContract.deployed().then(function(instance) {
    tokenContract = instance;
    return tokenContract.sendToken(to_address, 500, {
        from: from_address
    });
```

```
}).then(function(result) {
    for(var i = 0; i < result.logs.length; i++) {
        if(result.logs[i].event == "Transfer") {
            console.log("Event raised!");
        }
    }
})
```

14. 계약에 이더를 직접 보내서 폴백 함수를 구동시킨다. contractInstance는 send Transaction 메서드를 제공하는데, 이 메서드는 이 연산에 대한 표준 트랜잭션 오브젝트를 인수로 받는다.

```
contractInstance.sendTransaction({
    from: "0x..",
    value: 10000 // in wei
}).then(function(result) {
    // 트랜잭션 obj
    console.log(result);
});
```

보충

지금까지 살펴본 예제는 모두 기존에 배치된 계약 추상화를 사용했다. new( ) 메서드를 이용하면 네트워크에 다른 버전을 배치할 수 있다.

```
TokenContract.new( ).then(function(instance) {
    // 새 계약 인스턴스
    console.log(instance.address);
}).catch(function(err) {
    // 예외
});
```

트러플은 배치된 주소로부터 인스턴스를 생성하는 옵션도 제공한다. 이 작업은 at( ) 메서드로 처리한다.

```
var instance = TokenContract.at("0x...");
```

트러플로 스마트 계약 디버깅하기

트러플은 디버깅 인터페이스도 풍부하게 제공한다. 이를 통해 여러분이 작성한 계약에 대한 트랜잭션을 쉽게 디버깅할 수 있다. 다른 개발 환경에서 제공하는 커맨드라인 디버거와 굉장히 유사하다. 트러플 디버거에서 지원하는 기능은 다음과 같다.

- 코드 스테핑: over, into, out, next, instruction 등을 제공한다.
- 변수 검토inspection: 스택, 메모리, 스토리지
- 브레이크포인트breakpoint
- watch 표현식
- 커스텀 표현식 평가
- 현재 코드 위치(실행 중인 계약의 주소 등)

다른 도구와 달리 이더리움 트랜잭션을 디버깅하는 동안에는 실시간으로 코드를 구동할 수 없다. 계약을 디버깅할 때는 트랜잭션의 실행 내역(히스토리)을 기반으로 스테핑stepping(한 단계씩 실행)한다. 이 절에서는 트러플에서 제공하는 디버깅 도구를 이용하여 트랜잭션을 디버깅하는 방법을 소개한다.

준비

이 절에서 소개하는 예제를 실행하려면 현재 머신에 트러플(버전 4 이상)이 설치돼 있어야 한다. 트러플을 사용해본 경험이 없다면, 다음 커맨드로 설치한다. 리눅스나 맥에서는 sudo 커맨드로 실행한다.

```
npm install -g truffle
```

예전 버전의 트러플이 설치돼 있다면, 다음과 같이 커맨드를 실행하여 최신 버전으로 업데이트한다.

```
npm uninstall -g truffle
npm install -g truffle
```

방법

1. 디버깅하는 방법을 소개하기 위해 다음에 나온 토큰 계약을 살펴보자. 이 계약은 데모용으로 작성한 것이므로 실전에서는 절대 사용하면 안 된다.

```
pragma solidity ^0.4.23;

contract TokenContract {
  mapping (address => uint) balances;

   event Transfer(address indexed _from, address indexed _to, uint256 _
value);

  constructor() public {
    balances[msg.sender] = 100000;
  }

  function sendToken(address receiver, uint amount) public returns(bool) {
    require(balances[msg.sender] < amount);
    balances[msg.sender] -= amount;
    balances[receiver] += amount;
    emit Transfer(msg.sender, receiver, amount);
    return true;
  }

  function getBalance(address addr) public view returns(uint) {
    return balances[addr];
  }
}
```

2. 이제 sendToken 함수를 디버깅해보자. 이 함수를 호출하는 동안 트랜잭션 함수를 받아야 한다. 다음과 같이 truffle debug 커맨드를 실행해서 디버깅 프로세스를 구동한다.

```
truffle debug
0x4e3bbf1f5097357f8a4e3d42a3377520c409a2804236eeda89173739a46c7a55
```

3. 디버거를 구동하면 트랜잭션을 수행하는 동안 영향을 받은 주소 목록과, 디버깅
   에 사용할 수 있는 커맨드와, 계약 소스 코드 파일을 미리볼 수 있는 인터페이스
   가 나타난다.

```
$ truffle debug 0x4e3bbf1f5097357f8a4e3d42a3377520c409a2804236eeda89173739a46c7a55

Gathering transaction data...

Addresses affected:
 0x8cd918cee8f93989e334bc0107bb33a9586d05c0 - TokenContract

Commands:
(enter) last command entered (step next)
(o) step over, (i) step into, (u) step out, (n) step next
(;) step instruction, (p) print instruction, (h) print this help, (q) quit
(b) toggle breakpoint, (c) continue until breakpoint
(+) add watch expression (`+:<expr>`), (-) remove watch expression (-:<expr>)
(?) list existing watch expressions
(v) print variables and values, (:) evaluate expression - see `v`


TokenContract.sol:

1: pragma solidity ^0.4.23;
2:
3: contract TokenContract {
   ^^^^^^^^^^^^^^^^^^^^^^^^^

debug(development:0x4e3bbf1f...)>
```

여기서 **엔터**Enter 키를 눌러 마지막으로 입력했던 커맨드를 다시 실행할 수도 있
고, 화면에 나온 커맨드 중에 하나를 입력해서 트랜잭션을 좀 더 자세히 분석할
수도 있다. 디버거를 구동할 때 엔터 키에 대한 디폴트 값은 트랜잭션에 대해 한
단계씩 실행(스텝, step)하도록 지정되어 있다.

4. 소스 코드에서 다음에 나오는 문장이나 표현식을 실행하려면 n(step next) 커맨드
   를 실행한다. 이 커맨드를 이용하면 가상 머신이 전체 표현식을 평가하기 전에 표
   현식을 부분적으로 평가해볼 수 있다. 가상 머신에서 평가할 논리적인 항목을 하
   나씩 분석하고 싶을 때 이 커맨드를 활용한다.

```
[debug(development:0x4e3bbf1f...)> n

TokenContract.sol:

12:    function sendToken(address receiver, uint amount) public returns(bool) {
13:        require(balances[msg.sender] >= amount);
14:        balances[msg.sender] -= amount;
                                ^^^^^^
```

5. 현재 평가하고 있는 표현식이나 문장의 위치를 기준으로 현재 줄을 건너뛰고 싶다면 o(step over) 커맨드를 실행한다. 솔리디티 파일에서 특정한 지점으로 재빨리 이동하거나, 현재 줄에 나온 함수를 호출하거나 계약을 생성하는 부분을 건너뛰고 싶을 때 이 커맨드를 활용한다.

6. 현재 평가하려는 계약 생성 코드나 함수 호출 안으로 들어가려면 i(step into) 커맨드를 실행한다. 함수 안에 있는 코드를 디버깅할 때 유용한 커맨드다.

7. 현재 실행 중인 함수에서 빠져 나오고 싶다면 u(step out) 커맨드를 실행한다. 함수를 호출한 부분으로 재빨리 되돌아오거나, 트랜잭션의 진입점이라면 그 트랜잭션의 실행을 종료할 때 이 커맨드를 사용한다.

8. 현재 인스트럭션과 스택 데이터를 화면에 출력하고 싶다면 p(print instructions) 커맨드를 실행한다. 트랜잭션을 디버깅한 후 결과를 확인하기 위해 현재 인스트럭션과 스택 데이터를 보고 싶을 때 이 커맨드를 사용한다. 이 커맨드로 다음 인스트럭션을 진행할 수는 없다.

```
[debug(development:0x0fc3c301...)> p

TokenContract.sol:

(64) DUP2
  000000000000000000000000000000000000000000000000000000000412664ae
  0000000000000000000000000000000000000000000000000000000000000009c
  00000000000000000000000f17f52151ebef6c7334fad080c5704d77216b732
  000000000000000000000000000000000000000000000000000000000000000a
  0000000000000000000000000000000000000000000000000000000000000000 (top)

11:
12:    function sendToken(address receiver, uint amount) public returns(bool) {
13:        require(balances[msg.sender] >= amount);
                   ^^^^^^
```

9. 가상 머신에서 평가하는 모든 인스트럭션을 한 단계씩 실행하고 싶다면 ;(step instructions) 커맨드를 실행한다. 솔리디티 소스 코드로부터 생성된 로우 레벨 바이트코드를 살펴보고 싶을 때 유용한 커맨드다. 이 커맨드를 사용하면 인스트럭션을 평가하는 시점의 스택 데이터도 함께 출력된다.

10. 변수를 와치watch(감시) 리스트에 추가하고 싶다면 + 커맨드를, 삭제하고 싶다면 - 커맨드를 실행한다. 디버깅 과정에서 변수 값을 확인하는 데 유용하다. 와치 리스트에 있는 모든 변수 목록을 보고 싶다면 ? 커맨드를 실행한다.

```
[debug(development:0x4e3bbf1f...)> +:amount
10

[debug(development:0x4e3bbf1f...)> n

TokenContract.sol:

13:        require(balances[msg.sender] >= amount);
14:        balances[msg.sender] -= amount;
15:        balances[receiver] += amount;
                                  ^^^^^^

:amount
   10

[debug(development:0x4e3bbf1f...)> -:amount
```

11. 변수와 값을 화면에 출력하려면 v 커맨드를, 표현식을 평가하고 싶다면 : 커맨드를 실행한다.

```
[debug(development:0x4e3bbf1f...)> v

  receiver: '0xf17f52151ebef6c7334fad080c5704d77216b732'
    amount: 10
         : true
  balances: null

[debug(development:0x4e3bbf1f...)> :amount
10
```

디버깅 작업을 하다가 막혔을 때는 h(help) 커맨드를 실행한다. 그러면 디버거에서 지원하는 전체 커맨드 목록이 화면에 출력된다. 디버깅 콘솔을 구동할 때도 이 목록을 확인할 수 있다.

12. 트랜잭션의 끝에 도달하면 콘솔은 자동으로 종료된다. 디버깅을 하는 동안 직접 종료하려면 q(quit) 커맨드를 실행한다.

스마트 계약에 대한 테스트 작성하기

트러플은 견고한 테스트 프레임워크를 제공하며, 테스트 케이스를 자바스크립트나 솔리디티로 작성할 수 있다. 이렇게 작성한 테스트 케이스는 트러플 프로젝트의 ./test 디렉터리에 넣어야 한다. 테스트 케이스의 확장자는 사용한 언어에 따라 .js나 .sol이다. 이 절에서는 자바스크립트와 솔리디티로 스마트 계약에 대한 테스트 케이스를 작성하는 방법을 소개한다.

준비

이 절에서 소개하는 예제를 실행하려면 현재 머신에 트러플이 설치돼 있어야 한다. 또한 트러플로 계약을 테스트하기 위해 이더리움 네트워크에 연결할 수 있어야 한다.

방법

트러플에서 테스트 케이스를 작성할 때 자바스크립트나 솔리디티를 사용할 수 있다. 자바스크립트로 작성하면 테스트 프레임워크는 모카^{Mocha}를 사용하고, 어서션은 차이^{Chai}를 사용한다. 트러플은 솔리디티로 작성한 테스트 케이스를 위해 어서션 라이브러리를 기본으로 제공한다. 그럼 각각에 대해 테스트 케이스를 작성하는 방법에 대해 자세히 알아보자.

자바스크립트로 테스트 작성하기

1. 자바스크립트 기반 테스트 코드의 구조는 모카와 상당히 유사하다. 트러플에서는 contract( )라는 함수를 추가로 제공한다는 점만 다르다. 이 메서드는 모카의

describe( )와 비슷한데, 계약의 인스턴스를 새로 생성한다는 점에 차이가 있다.

```
contract('TokenContract', function() {
    // 테스트 코드
});
```

트러플은 테스트를 수행하는 동안 클린 룸^{clean room} 기능을 활용한다. 이 기능에 따르면 테스트 코드의 contract( ) 메서드를 실행하기 전에 계약을 다시 배치한다. 그래서 계약을 처음부터 다시 테스트할 수 있다. 이렇게 클린 룸 기능을 적용하고 싶지 않으면 describe( )로 테스트하면 된다.

2. contract( ) 함수는 이더리움 클라이언트에 있는 계정 리스트도 제공하는데, 테스트 코드를 작성할 때 이를 활용할 수 있다.

```
contract('TokenContract', function(accounts) {
    // 테스트 코드
});
```

3. 계약은 모두 artifacts.require( ) 메서드로 참조한다. 방법은 마이그레이션에서 사용할 때와 같다.

```
var TokenContract = artifacts.require("TokenContract.sol");
```

4. 배치된 계약을 다룰 때는 계약 추상화를 사용한다. 이를 통해 여러분이 작성한 계약이 제대로 작동하는지 확인한다.

```
var TokenContract = artifacts.require("TokenContract.sol");

contract('TokenContract', function(accounts) {
    it("Contract test template", function() {
        return TokenContract.deployed().then(function(instance) {
            console.log(instance);
        });
    });
});
```

5. 계약 인스턴스로 계약에 있는 함수를 실행한 뒤, 각각의 결과를 차이^{Chai}로 평가한다. 예를 들어, 배치 후 잔고를 확인하려면 다음과 같이 작성한다.

```
var TokenContract = artifacts.require("TokenContract.sol");

contract('TokenContract', function(accounts) {

    it("should allocate 10000 Token to the owner account", function() {
        return TokenContract.deployed().then(function(instance) {
            return instance.getBalance.call(accounts[0]);
        }).then(function(balance) {
            assert.equal(balance.valueOf(), 100000,
                "100000 wasn't in the first account");
        });
    });
})
```

6. 여러 트랜잭션과 콜을 활용하여 좀 더 복잡한 테스트를 작성해보자. 프라미스 리턴 값을 이용하면 여러 트랜잭션을 체인으로 한데 묶을 수 있다. 이렇게 하면 길이가 긴 제어 흐름을 평가하기 편하다.

```
var TokenContract = artifacts.require("TokenContract.sol");

contract('TokenContract', function(accounts) {

    it("should transfer tokens correctly", function() {
        var token;
        var account_one_starting_balance;
        var account_two_starting_balance;
        var account_one_ending_balance;
        var account_two_ending_balance;
        var amount = 10;

        return TokenContract.deployed().then(function(instance) {
            token = instance;
            return token.getBalance.call(accounts[0]);
        }).then(function(balance) {
            account_one_starting_balance = balance.toNumber();
```

```
            return token.getBalance.call(accounts[1]);
        }).then(function(balance) {
            account_two_starting_balance = balance.toNumber();
            return token.sendToken(accounts[1], amount, {
                from: accounts[0]
            });
        }).then(function(tx) {
            return token.getBalance.call(accounts[0]);
        }).then(function(balance) {
            account_one_ending_balance = balance.toNumber();
            return token.getBalance.call(accounts[1]);
        }).then(function(balance) {
            account_two_ending_balance = balance.toNumber();

            assert.equal(account_one_ending_balance,
                account_one_starting_balance - amount,
                "Amount wasn't correctly taken from the sender");
            assert.equal(account_two_ending_balance,
                account_two_starting_balance + amount,
                "Amount wasn't correctly sent to the receiver");
        });
    });
});
```

7. 자바스크립트로 작성한 테스트에 대해 async/await 구문도 지원한다. 앞에 나온 코드에서 then( ) 대신 async/await으로 바꾸면 다음과 같다.

```
var TokenContract = artifacts.require("TokenContract.sol");

contract('TokenContract', function(accounts) {

    it("should transfer tokens correctly", async () => {

        let amount = 10;

        let token = await TokenContract.deployed();

        let balance = await token.getBalance.call(accounts[0]);
        let account_one_starting_balance = balance.toNumber();
```

```
      balance = await token.getBalance.call(accounts[1]);
      let account_two_starting_balance = balance.toNumber();

      await token.sendToken(accounts[1], amount, {
          from: accounts[0]
      });

      balance = await token.getBalance.call(accounts[0]);
      let account_one_ending_balance = balance.toNumber();

      balance = await token.getBalance.call(accounts[1]);
      let account_two_ending_balance = balance.toNumber();

      assert.equal(account_one_ending_balance,
          account_one_starting_balance - amount,
          "Amount wasn't correctly taken from the sender");
      assert.equal(account_two_ending_balance,
          account_two_starting_balance + amount,
          "Amount wasn't correctly sent to the receiver");
    });
  });
```

8. truffle test 커맨드로 테스트를 구동한다. 앞에서 작성한 테스트를 실행한 결과는 다음과 같다.

```
$ truffle test
Using network 'development'.


  Contract: TokenContract
    ✓ should put 10000 Token in the first account
    ✓ should send coin correctly (79ms)


  2 passing (111ms)
```

9. 다음과 같이 특정한 테스트 스크립트를 지정하면 해당 테스트만 실행할 수 있다.

    truffle test ./test/TokenContract.js

트러플은 테스트 파일마다 web3 인스턴스를 추가한다. 네트워크에 적합한 프로바이더를 사용하도록 설정돼 있다. 따라서 테스트 코드에서 web3.eth.accounts를 비롯한 web3에서 지원하는 API를 모두 사용할 수 있다.

솔리디티로 테스트 작성하기

1. 테스트 코드는 계약과 같은 방식으로 작성한다. 단 계약 이름 앞에 Test를 붙여야 하며, 맨 앞의 T는 대문자로 쓴다. 자바스크립트로 작성할 때처럼 클린 룸 환경을 사용한다.

```
contract TestContract {
    ...
}
```

2. 테스트 케이스를 구성하는 함수를 작성할 때는 함수 이름 앞에 소문자 t로 시작하는 test를 붙여 테스트 케이스임을 표현한다. 이렇게 작성한 함수는 하나의 트랜잭션을 통해 실행되며 순서는 선언된 순서를 따른다.

```
contract TestContract {
    testCase1() { ... }
    testCase2() { ... }
}
```

3. 트러플에서 제공하는 Assert.sol 라이브러리를 사용하면 어서션을 다룰 수 있다. 어서션 라이브러리를 불러오려면 다음과 같이 truffle/Assert.sol라고 작성한다. 직접 만든 라이브러리를 사용하고 싶다면 이 자리에 사용하고 싶은 라이브러리를 지정한다. 단, Assert.sol에 정의된 시그니처를 정확히 따라야 한다.

```
import "truffle/Assert.sol";
```

4. 어서션 함수는 이벤트를 발생시킨다. 이를 통해 테스트 프레임워크는 테스트 결과를 평가한다. 어서션 함수는 어서션의 결과를 표현하는 불리언Boolean 값을 리턴한다.

5. 예를 들어 계좌의 잔고를 검사하는 테스트하는 코드를 살펴보자.

```
import "truffle/Assert.sol";
import "truffle/DeployedAddresses.sol";
import "../contracts/TokenContract.sol";

contract TestTokenContract {

    function testInitialBalance() {
        TokenContract token =
            TokenContract(DeployedAddresses.TokenContract());

        uint expected = 100000;

        Assert.equal(token.getBalance(msg.sender),
            expected,
            "Owner should have 100000 TokenContract initially");
    }
}
```

6. 솔리디티로 테스트 케이스를 작성하면 모카에서 사용하던 것과 비슷한 여러 가지 훅hook 함수를 사용할 수 있다. 이러한 훅 함수로 beforeAll, beforeEach, afterAll, afterEach 등이 있다. 이러한 훅을 이용하면 각각의 테스트 케이스를 실행하기 전과 후에 특정한 동작을 수행할 수 있다.

7. 훅 이름 뒤에 접미사를 붙이는 방식으로 훅을 여러 번 사용할 수도 있다. 이렇게 하면 가스를 많이 사용하는 복잡한 설정 프로세스를 작성할 때 편하다.

```
import "truffle/Assert.sol";

contract TestHooks {

    uint value;
    function beforeEach() {
        value = 1;
    }

    function beforeEachIncrement() {
        value++;
```

```
        }

        function testSomeValue() {
            uint expected = 2;

            Assert.equal(value, expected, "value should be 2");
        }
    }
```

8. truffle test 커맨드로 작성한 테스트를 실행한다. 결과는 앞에서 자바스크립트
   로 테스트할 때와 같다.

트러플로 DApp과 API 작성하기

트러플은 계약 추상화를 제공하는데, 이를 Node.js와 브라우저에서 이용할 수 있다. 이렇
게 하면 트러플 프로젝트에서 곧바로 댑DApp을 생성할 수 있다. 이러한 추상화는 프라미스,
디폴트 값, 트랜잭션마다 로그와 영수증을 리턴하는 기능 등을 비롯한 몇 가지 부가 기능
을 제공한다. 이 절에서는 트러플에서 앱을 만드는 방법을 소개한다.

준비

이 절에 나온 예제를 실행하려면 현재 시스템에 트러플을 설치해야 한다. 작성한 애플리
케이션에서 읽기와 쓰기 연산을 수행하려면 이더리움 네트워크에 접속해야 한다. 따라서
이더리움 클라이언트가 잘 작동하는지도 미리 확인한다.

방법

1. 트러플은 truffle-contract 모듈을 제공한다. 이 모듈로 스마트 계약 추상화를
   생성한다. 이 모듈은 npm으로 배포하므로, 다음과 같이 커맨드를 실행해서 설치
   한다.

```
npm install truffle-contract
```

2. 트러플에서 제공하는 브라우저 모듈을 프론트엔드 애플리케이션에 불러온다.

```
<script type="text/javascript" src="web3.js"></script>
<script type="text/javascript" src="./dist/truffle-contract.min.js"></script>
```

3. Node.js 애플리케이션에서 이 라이브러리를 사용하려면 모듈 이름으로 불러온다. 이때 반드시 web3 프로바이더 인스턴스를 먼저 지정해야 한다.

```
var provider = new
Web3.providers.HttpProvider("http://localhost:8545");
var contract = require("truffle-contract");

var MyContract = contract({
    // 옵션. 디폴트는 "Contract"
    contract_name: "MyContract",
    // 필수. 애플리케이션 바이너리 인터페이스(ABI)
    abi: ...,
    // 옵션. 라이브러리 링크 없는 바이너리
    unlinked_binary: "...",
    // 옵션. 계약이 배치된 주소
    address: "...",
    // 옵션. abstraction 안에 저장된 네트워크 ID
    network_id: "...",
    // 옵션. 디폴트 네트워크 ID
    default_network: "..."
});

MyContract.setProvider(provider);
```

브라우저 모듈을 사용할 때는 TruffleContract를 통해 truffle-contract를 사용할 수 있다.

```
var MyContract = TruffleContract({
    ...
});
```

4. 다른 방법으로 배치한 계약이 있다면, at( ) 메서드에 그 주소를 지정해서 인스턴스를 생성한다.

5. 계약을 완전히 새로운 버전으로 네트워크에 배치하려면, new( ) 메서드를 사용한다.

6. 디폴트 주소로 인스턴스를 생성할 때는 deployed( )를 사용한다. 인스턴스마다 프라미스를 지원하며, 이를 통해 동기식 트랜잭션을 수행할 수 있다.

```
var contractInstance;

MyContract.deployed().then(function(instance) {
    var contractInstance = instance;
    return contractInstance.contractFunction();
}).then(function(result) {
    // 원하는 작업을 수행한다.
});
```

7. 이 장의 앞에서 본 TokenContract 예제를 사용하여 계정끼리 토큰을 전송해 보자.

```
var provider = new
Web3.providers.HttpProvider("http://localhost:8545");
var contract = require("truffle-contract");

var TokenContract = contract({
    contract_name: "TokenContract",
    abi: [...],
    unlinked_binary: "...",
    address: "..."
});

TokenContract.setProvider(provider);

var account_one = "0x1...";
var account_two = "0x2...";
var contract_address = "0xC...";
var token;
```

```
TokenContract.at(contract_address).then(function (instance) {
    token = instance;
    return token.sendTokens(account_two, 100, {
        from: account_one
    });
}).then(function (result) {
    return token.getBalance.call(account_two);
}).then(function (balance_of_account_two) {
    console.log("Account two:" + balance_of_account_two);
    return token.sendTokens(account_one, 50, {
        from: account_two
    });
}).then(function (result) {
    return token.getBalance.call(account_two)
}).then(function (balance_of_account_two) {
    console.log("Account two: " + balance_of_account_two);
}).catch(function (err) {
    console.log(err);
});
```

8. truffle-artifactor 라이브러리로 계약 추상화를 생성한다. 이 라이브러리는
   npm으로 설치한다.

   ```
   npm install truffle-artifactor
   ```

9. truffle-contract에서 계약 추상화로 임포트할 .sol.js 파일을 생성한다.

   ```
   var artifactor = require("truffle-artifactor");

   var contract_data = {
       contract_name: "TokenContract",
       abi: [],
       unlinked_binary: "...",
       address: "...",
       network_id: "...",
       default_network: "..."
   };

   artifactor.save(contract_data, "./TokenContract.sol.js")
   ```

```
        .then(function () {
            // 성공
    });
```

10. require 메서드로 계약 추상화로 생성된 파일을 truffle-contract에 불러온다.

```
var TokenContract = require("./TokenContract.sol.js");

TokenContract.setProvider(provider);
```

트러플에서 패키지 관리하기

재사용 가능한 모듈과 라이브러리가 늘어날수록 개발 환경에서 제공하는 패키지 관리 메커니즘의 역할이 중요하다. 트러플은 npm과 EthPM을 모두 지원한다. 이 절에서는 트러플에서 제공하는 여러 레지스트리에 패키지를 설치하고, 사용하고, 배포하는 방법을 소개한다.

준비

패키지를 다운로드해서 구동하려면 현재 머신에 트러플이 설치돼 있어야 한다. 또한 npm의 안정 버전도 설치돼 있는지 확인한다.

방법

트러플은 EthPM과 npm이라는 두 가지 패키지 관리자를 제공한다. EthPM은 이더리움을 위해 제공되는 새로운 패키지 레지스트리다. EthPM은 스마트 계약 패키지의 배포와 사용에 대해 커뮤니티에서 지원하는 몇 가지 규격을 따른다. npm은 예전부터 Node.js에 제공되던 패키지 관리자다. 트러플은 이 패키지도 지원한다.

EthPM

1. EthPM을 통해 제공되는 패키지를 설치하려면 truffle install 커맨드를 사용한다. 이때 npm처럼 원하는 버전을 구체적으로 지정할 수 있다.

```
truffle install <패키지_이름>
```

```
truffle install <패키지_이름>@<버전>
```

2. 프로젝트에서 의존하는 패키지와 버전을 저장할 ethpm.json 파일을 생성한다. 이 파일에 나열된 의존 패키지를 모두 설치하려면 다음과 같이 커맨드를 실행한다.

```
truffle install
```

3. EthPM은 루프 폴더 아래에 installed_contracts란 이름의 디렉터리를 생성해서 여기에 의존 패키지를 저장한다. node_modules 폴더와 기능이 같다.

4. 작성할 계약 코드에 의존 패키지를 불러온다. 솔리디티의 import문에 패키지와 파일 이름을 지정한다.

```
pragma solidity ^0.4.23;

import "owned/ownable.sol";

contract MyContract is ownable {
    ...
}
```

5. 마이그레이션 스크립트에 의존 패키지를 불러오려면 기존 방식대로 artifacts.require()를 호출한다.

```
var MyPackage = artifacts.require("package/contract");
var MyContract = artifacts.require("MyContract");

module.exports = function(deployer) {
    deployer.deploy(MyPackage).then(function() {
        return deployer.deploy(MyContract, MyPackage.address);
```

```
        });
    };
```

npm

1. 패키지를 설치하는 방법은 굉장히 간단하다. 기존 npm 패키지를 설치할 때와 똑같다.

   ```
   npm install <패키지>
   ```

2. 트러플 패키지에서 가장 중요한 디렉터리는 ./contracts와 ./build다.

3. 작성하는 계약에 패키지를 불러오려면 솔리디티의 import문을 작성하면 된다. 여기에 다운로드한 패키지 이름과 파일 이름을 지정한다.

   ```
   import "npm-library/contracts/contract.sol";
   ```

4. 자바스크립트로 작성된 계약을 다루려면 패키지의 빌드 파일을 참조한다. truffle-contract를 사용할 때는 계약 추상화로 변환된다.

   ```
   var contract = require("truffle-contract");
   var data = require("npm-library/build/contracts/contract.json");
   var SimpleNameRegistry = contract(data);
   ```

보충

직접 작성한 패키지를 EthPM이나 npm으로 배포[publish]할 수 있다. 작성한 계약을 npm으로 배포하는 방법은 다른 모듈을 배포하는 방법과 똑같다. 트러플 패키지를 배치하는 과정도 동일하다.

직접 만든 패키지를 EthPM로 배포[publish]하려면 프로젝트 루트에 ethpm.json란 이름의 설정 파일을 별도로 작성해야 한다.

```
{
    "package_name": "test",
```

```
    "version": "0.0.3",
    "description": "Test contract to check EthPM",
    "authors": [ "Manoj <email>" ],
    "keywords": [
        "ethereum", "test", "ethpm"
    ],
    "dependencies": {
        "ownable": "^0.1.3"
    },
    "license": "MIT"
}
```

EthPM 레지스트리는 여전히 Ropsten 네트워크에 존재하기 때문에, 작성한 패키지를 Ropsten 네트워크에 배포해야 한다. 따라서 작성한 애플리케이션이 Ropsten을 잘 다룰 수 있도록 필요한 네트워크 옵션을 적절히 추가해야 한다. INFURA를 사용해도 되고, Ropsten 노드를 직접 설정해도 된다.

마지막으로 다음과 같이 publish 커맨드를 실행하여 레지스트리에 패키지를 배포한다.

truffle publish

드리즐 소개

드리즐Drizzle은 댑DApp을 쉽게 작성할 수 있도록 만든 리덕스Redux 스토어 기반의 프론트엔드 라이브러리다. 리덕스에서 제공하는 여러 가지 개발 도구를 모두 사용할 수 있다. 드리즐은 상태state, 이벤트, 트랜잭션을 비롯한 완전 반응형fully reactive 계약 데이터를 제공한다. 이 절에서는 드리즐을 설치해서 애플리케이션에서 활용하는 방법을 소개한다.

준비

드리즐은 npm으로 배포하므로, 먼저 Node.js부터 설치해야 한다. 또한 테스트와 배치 작업을 수행하려면 이더리움 네트워크에 접속할 수 있어야 한다.

1. 드리즐은 자바스크립트를 기반으로 만들었으며 npm으로 배포한다. 이 라이브러 리를 받아서 설치하려면 다음과 같이 npm install 커맨드를 실행한다.

```
npm install --save drizzle
```

현재 리액트React를 사용하고 있다면 리액트 버전의 드리즐을 받아서 사용해도 된 다. 이 버전을 받으려면 npm install --save drizzle-react 커맨드를 실행한다. 처음부터 새로 만들 때는 truffle unbox drizzle 커맨드로 드리즐 박스를 받아 서 사용하는 것이 좋다. 드리즐 박스는 애플리케이션에서 drizzle-react를 사용 하는 방법에 대한 예제가 함께 제공된다.

2. import문으로 드리즐에서 제공하는 프로바이더를 추가한다.

```
import { Drizzle, generateStore } from 'drizzle';
```

3. 필요한 계약 아티팩트를 지정해서 options 오브젝트를 생성한다.

```
const options = {
    contracts,
    events: {
        contractName: [
            eventName
        ]
    },
    polls: {
        accounts: interval,
        blocks: interval
    },
    web3: {
        fallback: {
            type
            url
        }
    }
}
```

옵션을 지정할 때 다음과 같은 가이드라인을 참고한다.

- contracts: 계약 아티팩트 파일에 대한 배열을 제공한다.
- events: 계약 이름으로 구성된 오브젝트로서, 각 이름은 수신할 이벤트 이름에 대한 스트링을 배열로 담고 있다.
- polls: 폴링할 값과 폴링 주기(ms 단위)를 담은 오브젝트다. 예를 들어, 계정이나 블록에 대해 폴링할 수 있다.
- web3: 메타마스크^{MetaMask}와 같은 주입된^{injected} 프로바이더가 없을 때 사용할 폴백^{fallback} web3 프로바이더를 담고 있다. 이 값은 web3 프로바이더의 타입을 가리키는 type과 프로바이더의 URL을 지정하는 url로 구성된다. type 값은 (웹소켓을 의미하는) ws만 지정할 수 있고, url의 디폴트 값은 ws://127.0.0.1:8545다.

4. 앞에서 생성한 오브젝트로 드리즐 인스턴스를 생성한다.

```
import TokenContract from './../build/contracts/TokenContract.json'

const options = {
    contracts: [ TokenContract ]
}

const drizzleStore = generateStore(this.props.options)
const drizzle = new Drizzle(this.props.options, drizzleStore)
```

5. cacheCall() 함수로 원하는 콜을 실행한다. 그러면 해당 키를 리턴한다. 이 값을 이용해 스토어에서 데이터를 가져온다. 트랜잭션을 통해 계약이 변경될 때마다 스토어는 자동으로 업데이트된다.

```
var state = drizzle.store.getState()

// 드리즐이 초기화됐다면 계속 진행한다.
if (state.drizzleStatus.initialized) {

    // 캐시에 저장하고 동기화할 콜
    // 콜할 때마다 스토어 키를 받는다.
```

```
        const key = drizzle.contracts.TokenContract
                          .methods.getOwner.cacheCall()

        // 받은 키를 이용해 스토어에서 가져온 데이터를 화면에 표시한다.
        return state.contracts.TokenContract
                  .methods.getOwner[key].value
    }

    // 드리즐이 최화되지 않았다면 불러오는 중이라는 메시지를 화면에 표시한다.
    return 'Loading...'
```

6. cacheSend() 함수를 이용해 트랜잭션을 보내면 그 트랜잭션의 해시를 리턴한다. 이렇게 스토어로부터 상태를 조회할 수 있다. 마지막 인수로 오브젝트를 지정할 수 있는데, 여기에 주로 트랜잭션 데이터를 담는다.

```
var state = drizzle.store.getState()

// 드리즐이 초기화됐다면 계속 진행한다.
if (state.drizzleStatus.initialized) {

    // 이 트랜잭션을 관찰하도록 선언한다.
    // 그러면 참조할 stackId가 리턴된다.
    const stackId = drizzle.contracts.TokenContract
                          .methods.transferTokens
                          .cacheSend("0x2", 100, {
                              from: '0x1...'
                          })

    // 이렇게 받은 데이터 키를 이용하여 트랜잭션 상태를 화면에 출력한다.
    if (state.transactionStack[stackId]) {
        const txHash = state.transactionStack[stackId]
        return state.transactions[txHash].status
    }
}

// 드리즐이 초기화되지 않았다면 불러오는 중이란 메시지를 화면에 표시한다.
return 'Loading...'
```

7. 드리즐에서 상태state는 여러분이 작성한 DApp에 관련된 모든 데이터가 담겨 있다. 이를 통해 항상 최신 상태에 접근할 수 있다. 리덕스 스토어를 통해 읽을 수 있는 상태 오브젝트는 다음과 같다.

```
{
    accounts,
    accountBalances: {}
    contracts: {
        contractName: {
            initialized,
            synced,
            events,
            callerFunctionName: { }
        }
    },
    transactions: { txHash: { } },
    transactionStack
    drizzleStatus: { }
    web3: { }
}
```

여기에 나온 항목은 다음과 같다.

- accounts: 네트워크에서 접근할 수 있는 계정 주소에 대한 배열

- accountBalances: 키가 주소이고, 값이 잔고인 오브젝트

- contracts: 계약 상태 오브젝트로 구성되며, 이벤트, 초기화 상태initialized, 동기화 상태synced, callerFunctionNames 리스트가 담겨 있다.

- transactions: 트랜잭션 오브젝트들이 담겨 있다.

- transactionStack: 잘못된 트랜잭션을 추적하는 배열

- drizzleStatus: 드리즐 상태를 추적하는 오브젝트

- initialized: web3 인스턴스의 발견 여부를 가리키는 불리언 값

- web3: initializing, initialized, failed 상태를 담은 오브젝트

drizzle-react도 공통 UI 요소에 대한 재사용 가능한 컴포넌트를 제공하며, 다음과 같이
커맨드로 받아서 설치한다.

```
npm install --save drizzle-react-components
```

이 패키지는 다음과 같은 컴포넌트로 구성된다.

- **로딩 컨테이너**loading container: 앱 전체를 감싸는 컴포넌트로서, 드리즐이 초기화되
  는 동안 로딩 스크린을 보여준다. 구체적인 설정은 loadingComp와 errorComp
  속성으로 지정한다.
- **계약 데이터**contract data: contract, method, methodArgs, hideIndicator, toUtf8,
  toAscii 등으로 구성된다.
- **계약 폼**contract form: contract, method, labels로 구성된다.

트러플에서 HD 지갑 사용하기

트러플은 HD 지갑HD wallet을 지원하는 web3 프로바이더를 제공한다. 이를 이용해 12개
단어의 니모닉mnemonic으로 추출한 주소로 트랜잭션을 서명할 수 있다. 이 절에서는 트러
플 애플리케이션에서 HD 지갑을 사용하는 방법을 소개한다.

준비

이 절에서 소개하는 예제를 실행하려면 현재 트러플이 설치되어 있어야 한다. 트랜잭션
을 보낼 때 이더리움 네트워크에 연결한다. 이때 가나슈, 게스, 패리티, 인퓨라를 네트워
크로 사용할 수 있다.

1. 트러플은 npm을 통해 HD 지갑을 배포한다. 다음과 같이 커맨드를 실행하면 된다.

```
npm install truffle-hdwallet-provider
```

2. 이 프로바이더는 트러플에서 작성하지 않은 프로젝트도 지원한다. web3 프로바이더가 필요한 곳이라면 어디서나 사용한다. 이 패키지는 require문으로 불러올 수 있다.

```
var HDWalletProvider = require("truffle-hdwallet-provider");
```

3. 니모닉mnemonic과 이더리움 엔드포인트로 프로바이더를 생성한다.

```
// 무작위로 생성하기 위한 12 단어 니모닉
var mnemonic = "cat oreo water ...";

var provider = new HDWalletProvider(mnemonic, "http://localhost:8545");
```

4. HD 지갑은 생성된 첫 번째 주소를 사용한다. 원하는 주소를 인덱스로 직접 지정할 수도 있다.

```
var addressIndex = 7;
var provider = new HDWalletProvider(mnemonic,
"http://localhost:8545", addressIndex);
```

5. HD 지갑에서 생성한 프로바이더를 사용한다. 그러면 트러플 설정에 반영된다.

```
var HDWalletProvider = require("truffle-hdwallet-provider");

var mnemonic = "cat oreo water ...";

module.exports = {
    networks: {
        development: {
            host: "localhost",
            port: 8545,
            network_id: "*"
        },
```

```
        ropsten: {
                provider: new HDWalletProvider(mnemonic, "https://ropsten.
infura.io/"),
                network_id: 3
        }
    }
};
```

05

토큰과 ICO

5장에서 다룰 주제는 다음과 같다.

- 이더리움에서 기본 ERC20 토큰 생성하기
- 계정끼리 토큰 주고받기
- 다른 계정에게 위임해서 토큰 사용하기
- 발행할 수 있는 토큰 만들기
- 폐기할 수 있는 토큰 만들기
- ERC223 토큰 생성하기
- ICO 추진하기
- ICO 계약에 기능 추가하기
- 투자자에게 보너스 토큰 제공하기

- 크라우드세일에 다른 암호화폐 지불 허용하기
- ERC20 토큰을 모두 지원하는 지갑 만들기

들어가며

이더리움에서 토큰은 금전적 가치를 표현하며, 디지털 형태로 존재하는 자산이다. 토큰은 요구 사항에 따라 대체 가능 여부가 결정된다. 화폐부터 가상 고양이에 이르기까지 거래 가능한 모든 대상을 표현한다. 이더리움 토큰을 사용하면 블록체인을 새로 구축할 필요 없이 기존 이더리움 인프라를 활용할 수 있다.

대체 가능 토큰^{fungible token}이란, 고유하지 않으면서 동일한 가치의 다른 토큰으로 완벽히 대체할 수 있는 토큰이다. 예를 들어, 미국 달러를 대체 가능 토큰과 비교할 수 있으며, 토큰을 미국 달러와 완벽히 교환할 수 있다. **대체 불가능 토큰**^{NFT, Non-Fungible Token}이란, 본질적으로 고유해서 다른 토큰과 구분되는 토큰이다. 예를 들어 수집용 카드가 NFT에 해당한다. 카드마다 고유한 특성이 있기 때문이다.

이더리움 커뮤니티는 다양한 종류의 토큰에 대해 일정한 표준을 마련했다. 이 표준에 따라 커스텀 암호화폐나 자산 같은 구체적인 활용 사례에 특화된 토큰을 생성할 수 있다. 이렇게 만든 코인이나 토큰, 자산은 **ICO/ITO**^{Initial Coin/Token Offering}(코인/토큰 사전 판매, 암호화폐 선발행)란 프로세스를 통해 공개된다.

 이 책에서는 ICO와 ITO란 용어를 구분 없이 사용한다. 둘 다 이더리움을 통해 자산/코인/토큰을 배분하는 프로세스를 의미한다.

5장에서는 이더리움 커뮤니티에서 정한 표준에 따라 토큰을 생성하는 방법을 소개한다. 또한 크라우드세일^{crowdsale}/ICO를 생성해서 토큰을 일반 대중에게 효율적으로 배분하는 방법도 소개한다. 더불어 직접 만든 토큰으로 값을 지불하고, 토큰에 대한 지갑을 생성하는 방법도 살펴본다.

> ℹ️ 토큰 계약에서 가장 흔히 발생하는 버그는 정수 오버플로우(overflow) 및 언더플로우(underflow)로서, 데이터 타입에 할당된 숫자가 메모리 공간을 넘어설 때 발생한다. 이런 버그를 방지하려면 모든 산술 연산을 엄격히 검증해야 한다. 5장에서는 오픈제플린(OpenZeppelin)의 SafeMath 라이브러리로 산술 연산을 처리한다. 이 라이브러리는 엄격한 테스트를 거쳤으며, 정수 오버플로우나 언더플로우를 방지하는 용도로 널리 사용되는 것이다.

이더리움에서 기본 ERC20 토큰 생성하기

이더리움 커뮤니티에서 가장 유명하면서도 널리 사용되는 토큰 표준 중 하나로 ERC20이 있다. ERC20을 따르면 자산을 보다 쉽게 교환할 수 있고 다양한 댑DApp끼리 동일한 표준에 따라 상호 연동할 수 있다.

이제 ERC20 토큰을 생성하는 방법과 ERC20 토큰이 가지는 다양한 속성에 대해 살펴보자.

준비

이더리움에서 스마트 계약을 생성하려면 솔리디티 프로그래밍을 지원하는 개발 환경과 작성한 코드를 테스트하고 배치할 이더리움 네트워크가 필요하다.

가장 널리 사용되는 솔리디티용 IDE는 리믹스Remix이며, 자체적인 이더리움 테스트 환경을 갖추고 있다. 리믹스는 https://remix.ethereum.org에서 받을 수 있다.

방법

1. 이더리움에서 ERC20 기반 토큰을 생성하려면 일정한 표준을 따라야 한다. 따라서 계약을 작성할 때 다음 함수를 반드시 제공해야 한다.

- totalSupply()
- balanceOf(address _owner)
- transfer(address _to, uint256 _value)
- transferFrom(address _from, address _to, uint256 _value)
- approve(address _spender, uint256 _value)
- allowance(address _owner, address _spender)

또한 다음과 같은 이벤트도 반드시 지원해야 한다.

- transfer(address indexed _from, address indexed _to, uint256 _value)
- approval(address indexed _owner, address indexed _spender, uint256 _value)

이러한 함수와 이벤트는 이 장에서 자세하게 살펴볼 것이다.

2. 타겟 컴파일러 버전과 이름을 지정해 계약을 생성한다.

```
pragma solidity ^0.4.23;

contract ERC20 {
    ..
}
```

3. 부호 없는 모든 정수에 오픈제플린 SafeMath 라이브러리를 적용한다. 이를 위해 덧셈, 뺄셈, 곱셈, 나눗셈과 같은 모든 기본 산술 연산을 이 라이브러리에서 제공하는 함수로 처리한다. 이 라이브러리는 https://github.com/OpenZeppelin/openzeppelin-solidity/tree/master/contracts/math에서 다운로드할 수 있다.

```
pragma solidity ^0.4.23;
import "./math/SafeMath.sol";

contract ERC20 {
    using SafeMath for uint256;
}
```

4. ERC20 표준에 따르기 위해서는 현재 존재하는 총 토큰 수를 저장해야 한다. 따라서 이 값을 보관하기 위한 상태 변수를 생성한다. 이 변수는 반드시 uint256이라는 부호 없는 정수 타입으로 선언한다.

```
// 현재 존재하는 총 토큰 수
uint256 totalSupply_;
```

5. 이 값을 읽는 게터 함수를 totalSupply란 이름으로 정의해야 한다.

```
pragma solidity ^0.4.23;
import "./math/SafeMath.sol";

contract ERC20 {
    using SafeMath for uint256;

    // The total number of tokens in existence
    uint256 totalSupply_;

    function totalSupply() public view returns (uint256) {
        return totalSupply_;
    }
}
```

6. 모든 계정이나 주소에 대한 토큰 잔고는 솔리디티의 mapping으로 관리한다. 이때 주소는 키로 저장하고 토큰양은 값으로 저장한다.

```
mapping(address => uint256) balances;
```

7. 지정한 주소에 대한 잔고를 가져오는 함수도 반드시 정의한다. 이 함수는 주소를 입력 받아서 uint256 타입의 값을 리턴한다.

```
pragma solidity ^0.4.23;
import "./math/SafeMath.sol";

contract ERC20 {
    using SafeMath for uint256;

    mapping(address => uint256) balances;
```

```
/**
 * @dev 지정된 주소의 잔고를 가져온다.
 * @param _owner 잔고를 읽어올 주소
 * @return 지정한 주소에 보유한 잔고를 표현하는 uint256 값
 */
function balanceOf(address _owner) public view
    returns (uint256) {
    return balances[_owner];
}
}
```

8. 사용자의 잔고와 총 공급량의 초기값은 생성자 함수로 설정한다.

```
pragma solidity ^0.4.23;
import "./math/SafeMath.sol";

contract ERC20 {
    using SafeMath for uint256;

    mapping(address => uint256) balances;
    uint256 totalSupply_;

    constructor(uint _totalSupply) {
        totalSupply_ = _totalSupply;
        // Assigns all tokens to the owner
        balances[msg.sender] = _totalSupply;
    }

    /**
     * @dev 총 토큰양을 표현하는 uint256 값
     */
    function totalSupply() public view returns (uint256) {
        return totalSupply_;
    }

    /**
     * @dev 지정된 주소의 잔고를 가져온다.
     * @param _owner 잔고를 읽어올 주소
     * @return 지정한 주소에 보유한 잔고를 표현하는 uint256 값
```

```
    */
    function balanceOf(address _owner) public view
        returns (uint256) {
        return balances[_owner];
    }
}
```

9. balanceOf( )나 totalSupply( )와 같은 읽기 전용 함수에 view라는 제한자를 붙여서 상태가 변하지 않고 가스 소모도 없도록 보장한다.

10. 이 계약은 ERC20을 완벽히 따르지 않는다. balanceOf( )와 totalSupply( )만 구현했기 때문이다. 나머지 함수는 이어지는 절에서 구현한다.

보충

ERC20에서 ERC는 **이더리움 검토 요청서**Ethereum Request for Comment의 줄임말이다. 이는 IETFInternet Engineering Task Force의 RFCRequest For Comments와 같은 뜻이다. 이더리움에서 ERC는 EIPEthereum Improvement Proposal에서 만든다. EIP는 이더리움 플랫폼에 대한 표준으로, 코어 프로토콜 규격, 클라이언트 API, 계약 표준 등을 정한다.

EIP는 크게 스탠다드 트랙standard track, 인포메이셔널informational, 메타meta라는 세 타입으로 나뉜다. 스탠다드 트랙 제안standard track proposal은 이더리움 구현의 전체 또는 상당 부분을 변경하거나 영향을 주는 표준 제안이다. 가령 네트워크 프로토콜의 변경, 블록 또는 트랜잭션 검증 규칙 변경, 제안된 애플리케이션 표준/관례의 변경 등이 있다. 인포메이셔널 제안informational proposal은 이더리움 디자인 이슈를 다루거나, 이더리움 커뮤니티에 정보나 범용 가이드라인을 제공하는 것으로, 새 기능을 제안하지는 않는다. 메타 제안Meta proposal은 이더리움 전반의 프로세스에 대한 내용을 다루거나, 이 프로세스 또는 그 안의 이벤트를 변경하는 제안이다.

ERC는 스탠다드 트랙 EIP에 속한다. EIP의 전체 목록은 https://eips.ethereum.org/에서 볼 수 있다.

계정끼리 토큰 주고받기

여러 계정 사이에서 토큰을 주고받을 수 있다. 그래서 서비스 교환 형태로 토큰을 거래할 수 있다. 이 기능을 구현하도록 ERC20에 표준 함수가 정의돼 있다. 이 절에서는 이러한 기본 전송 함수를 구현하는 방법을 소개한다.

준비

이 절에서 소개하는 예제를 실행하려면 솔리디티 프로그래밍을 지원하는 개발 환경과 작성한 코드를 테스트하고 배치할 이더리움 네트워크가 필요하다.

방법

1. ERC20은 다른 계정에 토큰을 전송하는 transfer 함수를 정의하고 있다. 전송 기능을 구현하도록 이 함수를 작성한다.

   ```
   function transfer() { }
   ```

2. 이 함수에서 매개변수를 두 개 받도록 수정한다. 하나는 토큰을 보낼 주소이고, 다른 하나는 전송할 토큰의 양이다. 이 함수는 반드시 전송의 성공 또는 실패를 알려주는 boolean 타입의 값을 리턴해야 한다.

   ```
   function transfer(address _to, uint256 _value)
       public returns (bool) { }
   ```

3. msg.sender 속성을 이용하여 토큰을 보낼 주소(from)를 지정한다. 이 주소는 생략해도 된다. 이 함수는 보내는 계정을 트랜잭션 센더sender(송신자)로 간주하기 때문이다.

4. 전송할 때마다 송신 계정으로부터 보낼 양을 계산해서 타겟 계정에 추가한다. 이 과정에서 수행하는 산술 연산은 반드시 SafeMath 라이브러리로 처리하거나, 정수 오버플로우 및 언더플로우 검사를 직접 수행한다.

```
// 보낼 양을 송신 계정에서 뺀다.
balances[msg.sender] = balances[msg.sender].sub(_value);

// 보낼 양을 수신 계정에 더한다.
balances[_to] = balances[_to].add(_value);
```

5. 계정 간 전송 작업을 수행하기 전에 반드시 송신 계정에 보낼 양이 충분히 있는 지와 같은 검증 작업을 거친다.

```
// 송신자에 잔고가 부족하면 예외를 발생한다.
require(_value <= balances[msg.sender]);
```

6. 사용자가 실수로 널^{null} 주소와 같은 잘못된 주소로 전송할 수도 있다. 토큰 전송 프로세스는 되돌릴 수 없기 때문에 실제로 토큰을 전송하기 전에 반드시 타겟 계정을 검증하는 것이 좋다.

```
require(_to != address(0));
```

7. 토큰을 전송할 때마다 로그에 기록하도록 이벤트가 발생한다. 그래서 전송 이벤트를 수신하는 모든 애플리케이션이 이 사실을 알 수 있다. 토큰 표준에 따르면 토큰을 전송할 때마다 항상 Transfer 이벤트를 발생하도록 정해두고 있다.

```
// 이벤트 선언
event Transfer(address indexed from, address indexed to, uint256 value);

// 이벤트 발생
emit Transfer(msg.sender, _to, _value);
```

8. 전송 프로세스를 완료한 뒤에 이 함수에서 boolean 값을 리턴한다.

```
return true;
```

9. 지금까지 작성한 토큰 전송 함수(transfer)는 다음과 같다.

```
/**
* @dev 지정한 주소로 토큰을 전송한다.
* @param _to 타겟 계정의 주소
* @param _value 전송할 양
*/
```

```
function transfer(address _to, uint256 _value) public
    returns (bool) {
    require(_to != address(0));
    require(_value <= balances[msg.sender]);

    balances[msg.sender] = balances[msg.sender].sub(_value);
    balances[_to] = balances[_to].add(_value);
    emit Transfer(msg.sender, _to, _value);

    return true;
}
```

10. transfer 함수를 구현한 코드에 총 공급량 함수(totalSupply)와 잔고(balance) 함수를 합치면 다음과 같이 기본적인 ERC20 토큰을 생성하는 코드를 만들 수 있다.

```
pragma solidity ^0.4.23;
import "./math/SafeMath.sol";

contract ERC20 {
    using SafeMath for uint256;

    mapping(address => uint256) balances;
    uint256 totalSupply_;

    function totalSupply() public view returns (uint256) {
        return totalSupply_;
    }

    function transfer(address _to, uint256 _value) public
        returns (bool) {
        require(_to != address(0));
        require( value <= balances[msg.sender]);

        balances[msg.sender] = balances[msg.sender].sub(_value);
        balances[_to] = balances[_to].add(_value);
        emit Transfer(msg.sender, _to, _value);

        return true;
    }
```

```
function balanceOf(address _owner) public view
    returns (uint256) {
    return balances[_owner];
}
}
```

보충

ERC20은 이미 해결된 문제이기 때문에 토큰이 필요할 때마다 매번 처음부터 계약을 생성할 필요가 없다. 오픈제플린처럼 엄격한 테스트를 거치고 널리 사용되고 있는 라이브러리 중에 ERC20 표준을 따르는 계약을 함께 제공되는 것이 이미 많이 나와 있다. 여러 ICO와 제품에서 널리 사용하고 있기 때문에 취약점은 거의 없다고 볼 수 있다.

이 라이브러리는 모듈화가 굉장히 잘 돼 있기 때문에 필요한 부분을 컴포넌트 단위로 쉽게 가져다 쓸 수 있다. 심지어 다른 계약에서 사용할 수 있는 인터페이스도 제공한다.

ERC20의 전체 구현은 https://github.com/OpenZeppelin/openzeppelin-solidity /tree/master/contracts/token/ERC20에서 다운로드하거나, npm install -E openzepp elin-solidity 커맨드로 설치할 수 있다.

다른 계정에 위임해서 토큰 사용하기

ERC20은 일반적인 전송 함수뿐만 아니라, 자신의 토큰을 다른 계정이 쓸 수 있게 하는 옵션도 제공한다. 이 작업은 여러분 계정에서 다른 사용자가 소비할 수 있는 액수를 지정하는 방식으로 처리한다. 이 절에서는 토큰 표준에서 정한 승인 함수(approve)를 구현하는 방법을 중심으로 소개한다.

지금부터 소개하는 예제를 실행하려면 솔리디티 프로그래밍을 지원하는 개발 환경과, 코드를 테스트하고 배치할 이더리움 네트워크가 필요하다.

방법

1. ERC20은 자기 대신 토큰을 전송할 사용자를 지정하는 함수를 몇 가지 제공한다. approve 함수로 토큰을 할당하고, transferFrom 함수로 전송한다.

2. 중첩된 매핑으로 할당 상태를 추적한다. 첫 번째 키는 토큰의 실제 소유자를 가리키고, 두 번째 키로 이 토큰을 사용하도록 허가 받은 주소를 저장한다. 마지막 값은 할당된 토큰의 액수를 저장한다. 매핑을 생성하는 방법은 다음과 같다.

```
mapping (address => mapping (address => uint256)) internal allowed;
```

3. approve 함수로 주소마다 허용된 양을 설정한다. 이 함수는 spender 주소와 할당할 값을 인수로 받는다. 리턴 값은 할당 성공 여부를 표현하는 boolean 값이다.

```
function approve(address _spender, uint256 _value) public
    returns (bool) { }
```

4. msg.value를 이용해 할당량을 직접 매핑에 저장한다. 이때 spender 주소를 키로 사용한다.

```
allowed[msg.sender][_spender] = _value;
```

5. 할당 처리 과정을 로그에 남기도록 Approval 이벤트를 발생한다.

```
// 이벤트 신인하기
event Approval();

// 이벤트 발생하기
emit Approval(msg.sender, _spender, _value);
```

6. ERC20 표준은 계정마다 허용된 양만큼 할당됐는지 확인할 수 있도록 읽기 전용 함수를 제공한다. allowance라는 이름으로 함수를 만들고, 여기서 승인자 (_owner)와 사용자(_spender) 주소를 받도록 지정한다. 이 함수는 허용된 양을 표현하는 단위를 리턴한다.

```
function allowance(address _owner, address _spender) public view
    returns (uint256) {
    return allowed[_owner][_spender];
}
```

7. 실제로 전송 작업을 처리하는 transferFrom 함수를 생성한다. 이 함수의 작동 방식은 transfer와 비슷하지만, 다른 계정의 잔고로부터 전송하고 allowed 매핑이 추가된 점이 다르다.

8. 이 함수의 첫 부분에, 전송할 토큰의 양이 원본 계정에서 승인한 만큼인지 확인하는 검증 코드를 추가한다. 이때 transfer 함수에서 수행하던 기존 널 주소 검사와 잔고 검사 코드도 추가한다.

```
require(_to != address(0));
require(_value <= balances[_from]);
require(_value <= allowed[_from][msg.sender]);
```

9. 전송할 때마다 허용된 전체 토큰 전송량에서 전송할 양만큼 뺀다. 그러면 다른 사용자가 초기에 허용된 액수 이상의 토큰을 소비하지 않게 막을 수 있다.

```
allowed[_from][msg.sender] =
allowed[_from][msg.sender].sub(_value);
```

10. 토큰 전송을 보장하도록 원본 계정의 잔고를 계산해서 타겟 계정에 더한다.

```
balances[_from] = balances[_from].sub(_value);
balances[_to] = balances[_to].add(_value);
```

11. Transfer 이벤트에 필요한 세부 사항을 담아서 발생시킨 다음, 전송 프로세스의 성공 여부를 나타내는 boolean 값을 리턴한다. 이 과정은 기존 transfer 함수와 비슷하다.

```
emit Transfer(_from, _to, _value);
return true;
```

12. 지금까지 작성한 계약 코드는 다음과 같다. 앞에서 설명한, 토큰을 할당하고 소비하는 approval과 transferFrom 함수가 추가된 것을 볼 수 있다.

```
pragma solidity ^0.4.23;

import "./math/SafeMath.sol"

contract ERC20 {

    mapping (address => mapping (address => uint256))
        internal allowed;

    /**
     * @dev 한 주소에서 다른 주소로 토큰을 전송한다.
     * @param _from address 토큰을 보낼 주소
     * @param _to address 토큰을 받을 주소
     * @param _value uint256 전송할 토큰의 양
     */
    function transferFrom(address _from, address _to, uint256 _value)
        public returns (bool) {
        require(_to != address(0));
        require(_value <= balances[_from]);
        require(_value <= allowed[_from][msg.sender]);

        balances[_from] = balances[_from].sub(_value);
        balances[_to] = balances[_to].add(_value);
        allowed[_from][msg.sender] =
            allowed[_from][msg.sender].sub(_value);
        emit Transfer(_from, _to, _value);
        return true;
    }

    /**
     * @dev msg.sender를 대신해서 지정된 양만큼 소비할 주소를 승인한다.
     * @param _spender 자금을 소비할 주소
     * @param _value 소비할 토큰의 양
```

```
    */
    function approve(address _spender, uint256 _value) public
        returns (bool) {
        allowed[msg.sender][_spender] = _value;
        emit Approval(msg.sender, _spender, _value);
        return true;
    }

    /**
     * @dev 소유자가 spender에게 허용한 토큰의 양을 검사하는 함수
     * @param _owner address 토큰 소유자의 주소
     * @param _spender address 토큰을 소비할 주소
     * @return spender에게 남은 토큰양을 표현하는 uint256 값
     */
    function allowance(address _owner, address _spender)
        public view returns (uint256) {
        return allowed[_owner][_spender];
    }
}
```

보충

ERC20에 정의된 approve 메서드는 TOD^{Transaction Ordering Dependence}(트랜잭션 의존성) 공격에 취약하다. 악의적인 사용자는 승인자가 허용량을 x에서 y로 변경할 때까지 기다리다가 x만큼 토큰을 소비하는 트랜잭션을 추가할 수 있다. 이때 사용자의 트랜잭션이 승인자의 트랜잭션보다 먼저 실행되면, 사용자는 x 토큰을 성공적으로 전송할 수 있으며, y 토큰을 더 전송할 능력을 갖게 된다.

이 문제를 해결하기 위한 한 가지 방법은 먼저 다른 사용자의 허용량을 0으로 줄인 뒤, 원하는 값을 나중에 설정하는 것이다. 최신 표준에서는 승인 한도를 안전하게 변경하도록 increaseApproval과 decreaseApproval 메서드도 추가했다. 이 함수를 사용하면 approve 함수를 두 번 호출하지 않아도 되고, 첫 번째 트랜잭션이 안전하게 처리될 때까지 기다릴 수 있다.

increaseApproval 메서드는 사용자에게 할당된 토큰 수를 증가시킨다.

```
/**
 * @dev 허용된 토큰 수를 증가한다.
 * @param _spender 토큰을 소비할 주소
 * @param _addedValue 증가할 토큰양
 */
function increaseApproval(address _spender, uint _addedValue)
    public returns (bool) {
    allowed[msg.sender][_spender] =
        (allowed[msg.sender][_spender].add(_addedValue));
    emit Approval(msg.sender, _spender, allowed[msg.sender][_spender]);
    return true;
}
```

decreaseApproval 메서드는 이와 비슷한 방식으로 사용자에게 할당된 토큰 수를 감소
한다.

```
/**
 * @dev 허용된 토큰양을 감소시킨다.
 * @param _spender 토큰을 소비할 주소
 * @param _subtractedValue 감소할 토큰양
 */
function decreaseApproval(address _spender, uint _subtractedValue)
    public returns (bool) {
    uint oldValue = allowed[msg.sender][_spender];

    if (_subtractedValue > oldValue) {
        allowed[msg.sender][_spender] = 0;
    } else {
        allowed[msg.sender][_spender] = oldValue.sub(_subtractedValue);
    }

    emit Approval(msg.sender, _spender, allowed[msg.sender][_spender]);
    return true;
}
```

발행 가능한 토큰 생성하기

앞서 작성한 토큰 계약에 몇 가지 기능을 더 추가할 수 있다. 그 중 하나는 요구 사항에 따라 토큰을 발행mint하는 것이다. 이렇게 하면 필요에 따라 토큰을 동적으로 생성할 수 있다. 이 기능은 특히 초기에 총 공급량을 모를 때 유용하다.

이 절에서는 필요에 따라 발행할 수 있는 토큰을 생성하는 방법을 소개한다.

준비

지금부터 소개하는 예제를 실행하려면 솔리디티 프로그래밍을 지원하는 개발 환경과, 작성한 코드를 테스트하고 배치하기 위한 이더리움 네트워크가 필요하다.

여기서 소개할 계약은 이 장의 첫 번째 절부터 세 번째 절까지 설명한 ERC20 계약을 확장한 것이다. ERC20을 아직 잘 모르겠다면 앞 절부터 다시 읽기 바란다.

방법

1. 5장의 첫 번째 절부터 세 번째 절에서 기본 ERC20 계약을 확장하는 방식으로 새로운 토큰 계약을 생성한다. 여기 나온 함수를 ERC20 계약의 일부로 추가해도 되지만, 재활용도를 높이려면 코드를 모듈화하는 것이 좋다.

   ```
   pragma solidity ^0.4.23;

   import "./ERC20.sol";

   contract Mintable is ERC20 {
       ...
   }
   ```

2. 타겟 주소와 토큰양을 인수로 받는 mint 함수를 작성한다. 이 함수는 transfer 함수처럼 boolean 값을 리턴한다.

```
function mint(address _to, uint amount) public
    returns (bool) { }
```

3. 이 함수를 이용해 토큰을 새로 생성하고 타겟 사용자 계정에 할당한다. 이때 새로
생성한 토큰의 수를 totalSupply 함수에 추가하는 것도 잊지 않는다.

```
totalSupply_ = totalSupply_.add(_amount);
balances[_to] = balances[_to].add(_amount);
```

4. mint 트랜잭션을 수행할 때마다 이벤트를 발생시킨다. 그러면 새로 생성된 토큰
을 추적하기 쉽다. 또한 새로운 토큰을 전송한다는 것을 알려주도록 transfer 이
벤트도 발생시킨다.

```
// 이벤트 선언
event Mint(address indexed to, uint256 amount);

// 이벤트 발생
emit Mint(_to, _amount);
emit Transfer(address(0), _to, _amount);
```

5. 토큰을 무제한으로 발행하는 것은 바람직하지 않으므로 제한을 둔다. 이 작업은
상태 플래그로 처리한다. 필요한 토큰을 모두 발행했다면 토큰 소유자는 이 상태
를 finished로 변경할 수 있다.

```
// 상태 플래그
bool public mintingFinished = false;

// 상태 변경 이벤트
event MintFinished();

// 상태 변경 함수
function finishMinting() onlyOwner public returns (bool) {
    mintingFinished = true;
    emit MintFinished();
    return true;
}
```

6. 상태 플래그를 이용해 `modifier`를 작성한다. 그래야 다른 함수에 대해서도 제한을 걸 수 있다.

```solidity
modifier canMint() {
    require(!mintingFinished);
    _;
}
```

7. 완성된 계약 코드는 다음과 같다.

```solidity
pragma solidity ^0.4.23;

import "./ERC20.sol";

contract Mintable is ERC20 {
    event Mint(address indexed to, uint256 amount);
    event MintFinished();

    bool public mintingFinished = false;
    address owner;

    modifier canMint() {
        require(!mintingFinished);
        _;
    }

    modifier onlyOwner() {
        require(msg.sender == owner);
        _;
    }

    constructor() {
        owner = msg.sender;
    }

    /**
     * @dev 토큰을 발행하는 함수
     * @param _to 발행된 토큰을 받을 주소
     * @param _amount 발행할 토큰의 양
```

```
 * @return 연산이 성공적인지를 나타내는 불리언 값
 */
function mint(address _to, uint256 _amount) onlyOwner canMint
    public returns (bool) {
    totalSupply_ = totalSupply_.add(_amount);
    balances[_to] = balances[_to].add(_amount);
    emit Mint(_to, _amount);
    emit Transfer(address(0), _to, _amount);
    return true;
}

/**
 * @dev 새로운 토큰 발행를 중단하는 함수
 * @return 연산이 성공적이면 true를 리턴한다.
 */
function finishMinting() onlyOwner canMint public
    returns (bool) {
    mintingFinished = true;
    emit MintFinished();
    return true;
}
}
```

폐기 가능한 토큰 생성하기

필요할 때마다 토큰을 발행할 수 있듯이, 네트워크에서 토큰을 폐기할 수도 있다. 간단히 말해 폐기된 토큰은 더 이상 쓸 수 없다. 실제로 총 공급량을 줄이면 각 토큰의 가치 증가를 비롯한 여러 가지 이점이 있다.

이 절에서는 계약에서 토큰을 영구적으로 폐기하는 방법을 소개한다.

지금부터 소개하는 예제를 실행하려면 솔리디티 프로그래밍을 지원하는 개발 환경과, 작성한 코드를 테스트해서 배치할 수 있는 이더리움 네트워크가 필요하다.

여기서 소개할 계약은 5장의 첫 번째 절부터 세 번째 절까지 소개한 ERC20 계약을 확장한 것이다. ERC20을 아직 잘 모르겠다면 앞 절부터 다시 읽기 바란다.

1. ERC20 계약을 확장해 폐기 가능한 토큰 계약을 새로 만든다.

```solidity
pragma solidity ^0.4.23;

import "./ERC20.sol";

contract Burnable is ERC20 {
    ...
}
```

2. 토큰의 일부를 폐기하도록 사용자가 호출할 수 있는 함수를 작성한다.

```solidity
function burn(uint256 _value) public { }
```

3. 송신자에 폐기할 잔고가 충분한지 검사한다.

```solidity
require(_value <= balances[msg.sender]);
```

4. 토큰을 폐기하는 burn 동안 현재 보유자의 잔고와 총 공급량에서 폐기할 토큰의 수를 뺀다.

```solidity
balances[_who] = balances[_who].sub(_value);
totalSupply_ = totalSupply_.sub(_value);
```

5. 토큰 폐기 트랜잭션을 수행할 때마다 Burn 이벤트를 발생시킨다. 이 이벤트를 생성할 때 송신자 주소와 폐기할 값을 매개변수로 전달한다.

```
// 이벤트 선언
event Burn(address indexed burner, uint256 value);

// 폐기 프로세스를 수행하는 동안 이벤트를 발생시킨다.
emit Burn(msg.sender, _value);
```

6. 널 주소로 전송하는 것을 표시할 Transfer 이벤트도 함께 발생시키면 좋다.

```
emit Transfer(msg.sender, address(0), _value);
```

7. 다른 계약도 사용자의 토큰을 폐기하도록 내부 함수를 생성한다. 이렇게 하면 함수의 재사용성을 높일 수 있다.

```
pragma solidity ^0.4.23;

import "./ERC20.sol";

contract BurnableToken is BasicToken {

    event Burn(address indexed burner, uint256 value);

    /**
     * @dev 지정한 토큰양만큼 폐기한다.
     * @param _value 폐기할 토큰양
     */
    function burn(uint256 _value) public {
        _burn(msg.sender, _value);
    }

    /**
     * @dev 토큰을 폐기하는 내부 함수
     * @param _user 폐기할 토큰이 속한 주소
     * @param _value 폐기할 토큰의 양
     */
    function _burn(address _user, uint256 _value) internal {
        require(_value <= balances[_user]);

        balances[_user] = balances[_user].sub(_value);
        totalSupply_ = totalSupply_.sub(_value);
```

```
            emit Burn(_user, _value);
            emit Transfer(_user, address(0), _value);
        }
    }
```

보충

토큰의 발행 및 폐기 기능뿐만 아니라 토큰 계약에 유용한 기능을 얼마든지 추가할 수 있다. 몇 가지 예를 들면 다음과 같다.

1. 토큰 전송을 일정한 기간 동안 일시적으로 중단하는 기능을 추가할 수 있다. 상태 변수와 제한자(modifier)를 이용하여 전송(transfer) 함수에 제약 사항을 추가한다.
2. 총 발행 가능량을 캡^{cap}으로 제한할 수 있다. 그러면 매번 발행할 때마다 토큰 캡을 확인해서 한계를 넘어서면 거부할 수 있다.
3. 토큰에 타임 락^{time lock}을 걸어서 전송할 수 있다. 그러면 수신자는 지정된 시간이 지나야 사용하게 만들 수 있다.

ERC223 토큰 생성하기

ERC20은 널리 사용되는 토큰 표준이긴 하나, 몇 가지 이슈가 있다. ERC20 표준 토큰을 비표준 계약 주소로 전송하면 토큰을 사용할 수 없게 된다. 이러한 문제를 해결하기 위해 기존 표준에 몇 가지를 수정해서 나온 것이 ERC223이다.

이 절에서는 ERC20과 ERC223의 차이점에 대해 알아보고, ERC223 기반으로 계약을 구현하는 방법을 소개한다.

지금부터 소개하는 예제를 실행하려면 솔리디티 프로그래밍을 지원하는 개발 환경과, 작성한 코드를 테스트해서 배치하기 위한 이더리움 네트워크가 필요하다.

1. ERC223은 토큰을 계약 주소로 전송하는 방법을 다룬다. 이 표준에 따라 수신 계약이 이런 기능을 지원하지 않을 때 트랜잭션을 거부하는 함수를 생성한다.

2. 이 표준에서는 전송 함수에 데이터 필드를 추가하도록 수정했다. 또한 하위 호환성을 보장하도록 기존 전송 함수도 제공한다. ERC223 표준 토큰을 구현하는 인터페이스를 최소한으로 작성하면 다음과 같다.

```
pragma solidity ^0.4.23;

contract ERC223Interface {
    uint public totalSupply;
    function balanceOf(address who) view returns (uint);
    function transfer(address to, uint value) public;
    function transfer(address to, uint value, bytes data) public;
    event Transfer(address indexed from, address indexed to,
        uint value, bytes data);
}
```

3. 모든 수신 계약이 ERC223 표준을 따르도록 작성한다. 이를 위해 이 표준에 부합하는 지 검사하는 tokenFallback 함수를 작성한다.

```
pragma solidity ^0.4.23;

contract ERC223Receiver {
    function tokenFallback(address _from, uint _value, bytes _data);
}
```

4. 토큰을 전송하는 동안 타겟 주소가 계약인지 아니면 외부에서 소유한 계정인지 검사한다. 이 작업은 타겟 주소에 저장된 코드의 크기를 조회하는 방식으로 처리한다.

```
uint codeLength;
assembly {
    codeLength := extcodesize(_to)
}
```

5. 외부 코드 크기가 0보다 큰 주소는 계약에 속한다.

```
if (codeLength > 0) {
    // 계약
} else {
    // 외부에서 소유한 계정
}
```

6. 타겟 주소가 계약이면 수신자 인터페이스를 이용하여 지원 여부를 검사한다.

```
if (codeLength > 0) {
    // 트랜잭션을 적절히 처리한다.
    ERC223Receiver receiver = ERC223Receiver(_to);
    receiver.tokenFallback(msg.sender, _value, _data);
}
```

7. ERC223에 따르는 전송 함수를 구현한 예는 다음과 같다.

```
function transfer(address to, uint value, bytes data) {
    uint codeLength;
    assembly {
        codeLength := extcodesize(_to)
    }

    balances[msg.sender] = balances[msg.sender].sub(_value);
    balances[_to] = balances[_to].add(_value);

    if (codeLength > 0) {
        ERC223Receiver receiver = ERC223Receiver(_to);
        receiver.tokenFallback(msg.sender, _value, _data);
    }
}
```

8. 또한 하위 호환성을 보장하도록 계약에 기존 전송 함수도 추가한다.

```
function transfer(address _to, uint256 _value) public
    returns (bool) {
    balances[msg.sender] = balances[msg.sender].sub(_value);
    balances[_to] = balances[_to].add(_value);
    emit Transfer(msg.sender, _to, _value);
    return true;
}
```

> ℹ️ ERC223을 따르면 계정에 이더를 잘못 전송하는 문제를 확실히 줄일 수 있다. 하지만 ERC223은 아직까지는 ERC20만큼 널리 사용되고 있지 않으며, 엄격한 테스트를 거치지도 못했다. 그래서 나중에 취약점이 새로 등장할 수도 있다. 어느 표준에 따를지는 여러분의 요구 사항에 따라 적절히 판단한다.

직접 ICO 추진하기

ICO[Initial Coin Offering](암호화폐 선발행. 코인/토큰 사전 판매)란, 암호화폐와 블록체인을 통해 크라우드펀딩을 하는 수단이다. 일반적으로 ICO는 투자자에게 법정 통화로 토큰을 제공하거나, 비트코인 또는 이더리움 같은 다른 암호화폐를 제공한다. ICO는 스타트업이 프로젝트 자금을 확보하는 수단이기도 하다. 이를 통해 벤처 투자자나 은행, 주식 거래소 등과 같은 중개자를 거치지 않아도 된다.

이 절에서는 이더리움에서 ICO 계약을 생성하는 방법을 소개한다.

준비

이 절에서 소개하는 예제를 실행하려면 솔리디티 프로그래밍을 지원하는 개발 환경과, 작성한 코드를 테스트하고 배치하기 위한 이더리움 네트워크가 필요하다.

ICO를 통해 투자자에게 투자의 대가로 토큰을 분배하려면 ERC20과 같은 널리 인정되는 표준에 따라 토큰 계약을 구현해야 한다. ERC20 토큰을 생성하는 방법에 대해서는 이 장의 첫째 절부터 셋째 절을 참고한다.

방법

1. ICO/ITO 프로세스에 사용할 크라우드세일^{crowdsale} 계약을 생성한다. 산술 연산을 위해 SafeMath를 불러온다.

```solidity
pragma solidity ^0.4.23;

import "./math/SafeMath.sol";

contract CrowdSale {
    // ..
}
```

2. 토큰을 투자자에게 분배하려면 토큰 계약을 불러오고, 분배할 수 있는 토큰 계약의 주소를 유지할 상태 변수를 생성한다.

```solidity
pragma solidity ^0.4.23;

import "./math/SafeMath.sol";
import "./ERC20.sol";

contract CrowdSale {
    // ICO를 통해 판매한 토큰
    ERC20 public token;
}
```

3. 판매한 토큰은 환율로 계산한다. 따라서 이 값을 계약에 저장할 상태 변수를 생성한다. rate 매개변수는 구매자가 받을 토큰 수를 웨이^{Wei} 단위로 저장한다.

```solidity
uint256 public rate;
```

4. 모집한 자금은 반드시 프로젝트나 회사 주소로 전송돼야 한다. 따라서 지갑 주소를 저장할 변수를 생성한다.

```
address public wallet;
```

5. 유치한 펀드를 기록하기 위한 상태 변수를 생성한다.

```
uint256 public weiRaised;
```

6. 환율, 지갑, 토큰 값은 반드시 초기화해야 한다. 계약을 생성할 때 반드시 초기화하도록 constructor를 작성한다. 이때 입력된 값을 충분히 검사하는 코드를 반드시 작성한다.

```
constructor(uint256 _rate, address _wallet, ERC20 _token) public {
    require(_rate > 0);
    require(_wallet != address(0));
    require(_token != address(0));

    rate = _rate;
    wallet = _wallet;
    token = _token;
}
```

7. 입력된 양마다 토큰을 계산하는 함수를 작성한다. 이러한 작업을 함수로 작성하면 다른 계약도 사용하게 제공할 수 있다.

```
function calculateToken(uint256 _weiAmount) public view
    returns (uint256) {
    return _weiAmount.mul(rate);
}
```

8. 투자자가 토큰을 구매할 수 있도록 payable 함수를 작성한다.

```
function buyTokens(address _investor) public payable {
    // ...
}
```

9. 함수에 입력된 값이 올바른지 제대로 검사하는 코드를 추가한다. 입력된 양과 투자자의 주소는 require( )로 검사한다.

```
require(_investor != address(0));
require(msg.value != 0);
```

10. 검사를 통과하면 입력된 양을 총 모금액에 웨이 단위로 추가한다.

```
weiRaised = weiRaised.add(msg.value);
```

11. 구매할 수 있는 토큰을 계산해서 그 토큰의 transfer 함수를 이용해 사용자에게 전송한다.

```
// 토큰양을 계산한다.
uint256 tokens = calculateTokens(msg.value);

// 계산한 토큰을 투자자 주소로 전송한다.
token.transfer(_investor, tokens);
```

12. Create an event to log the token selling process:

```
// 이벤트 선언
event TokenPurchase(
    address indexed purchaser,
    address indexed beneficiary,
    uint256 value,
    uint256 amount
);

// 이벤트 발생
emit TokenPurchase(msg.sender, _investor, msg.value, tokens);
```

13. 토큰 구매가 완료되면 수집한 이더를 안전하게 보관하도록 지갑으로 전송한다.

```
wallet.transfer(msg.value);
```

14. 토큰 구매 프로세스의 사용성을 높이기 위해, 특정한 함수를 호출하지 않고도 이더를 받는 payable 콜백 함수를 추가한다.

```
function () external payable {
    buyTokens(msg.sender);
}
```

15. 지금까지 설명한 속성을 모두 추가해서 작성한 `CrowdSale` 계약은 다음과 같다.

```solidity
pragma solidity ^0.4.23;

import "./SafeMath.sol";
import "./ERC20.sol";
contract CrowdSale {
    using SafeMath for uint256;

    // 판매한 토큰
    ERC20 public token;

    // 모집한 자금을 저장할 주소
    address public wallet;

    // 구매자가 받을 토큰의 수(단위는 웨이)
    uint256 public rate;

    // 모집한 자금의 웨이 단위 값
    uint256 public weiRaised;

    /**
     * 토큰 구매 로그 기록을 위한 이벤트
     */
    event TokenPurchase(
        address indexed purchaser,
        address indexed beneficiary,
        uint256 value,
        uint256 amount
    );

    /**
     * @param _rate 구매자가 받을 토큰 수 (단위는 웨이)
     * @param _wallet 모집한 자금을 전송할 주소
     * @param _token 판매한 토큰의 주소
     */
    constructor(uint256 _rate, address _wallet, ERC20 _token)
        public {
        require(_rate > 0);
```

```solidity
        require(_wallet != address(0));
        require(_token != address(0));

        rate = _rate;
        wallet = _wallet;
        token = _token;
    }

    function () external payable {
        buyTokens(msg.sender);
    }

    function buyTokens(address _investor) public payable {
        uint256 weiAmount = msg.value;

        require(_investor != address(0));
        require(weiAmount != 0);

        weiRaised = weiRaised.add(weiAmount);

        uint256 tokens = calculateToken(weiAmount);
        token.transfer(_investor, tokens);
        emit TokenPurchase(
            msg.sender, _investor,
            weiAmount, tokens
        );

        wallet.transfer(msg.value);
    }

    function calculateToken(uint256 _weiAmount)
        internal view returns (uint256) {
        return _weiAmount.mul(rate);
    }
}
```

ICO 계약에 기능 추가하기

지금까지 기본적인 ICO 계약을 생성하는 방법에 대해 알아봤다. 크라우드세일 계약에 판매 기간이나 판매된 토큰 수 제한 등과 같은 부가 기능을 추가할 수도 있다. 이렇게 하면 크라우드세일 프로세스를 좀 더 자동화해서 효율적으로 분배하는 데 도움된다.

이 절에서는 토큰 판매 제한 기능과 판매 가능 기간을 설정하는 방법을 소개한다. 이를 위해 앞 절에서 작성한 CrowdSale 계약을 확장한다.

준비

지금부터 소개하는 예제를 실행하려면 솔리디티 프로그래밍을 지원하는 개발 환경과, 작성한 코드를 테스트해서 배치하기 위한 이더리움 네트워크가 필요하다.

여기서 작성할 계약은 앞 절에서 작성한 crowdsale을 확장하는 방식으로 구현하므로, 이 절에 들어가기 이전까지의 내용을 완벽히 이해해야 한다.

방법

1. 크라우드세일로 자금을 모집하는 양에 제한을 걸도록 계약에 캡을 지정할 수 있다. 이러한 제한 값을 저장하도록 cap 변수를 생성한다.

   ```
   uint256 public cap;
   ```

2. 이 값은 constructor로 설정한다. 생성자에 환율, 지갑, 토큰과 함께 cap도 초기화하는 코드를 추가한다.

   ```
   constructor(uint256 _cap, ....)
       public {
       // 다른 검증 및 할당 작업

       require(_cap > 0);
   ```

```
        cap = _cap;
}
```

3. 토큰 구매 연산을 수행하는 동안 cap 검증에 적용할 부가 조건을 추가한다.

```
function buyTokens(address _investor) public payable {
        require(weiRaised.add(_weiAmount) <= cap);
        //..
}
```

4. cap에 도달했는지 확인하는 데 사용할 읽기 전용 함수를 생성한다. 이 함수는
   true나 false를 리턴한다.

```
function capReached() public view
        returns (bool) {
        return weiRaised >= cap;
}
```

5. 판매 시간을 제한하는 방법도 이와 비슷하게 처리한다. 개장 시각과 폐장 시각
   을 저장할 상태 변수를 생성한다. 솔리디티에서 시각은 주로 유닉스 타임스탬프
   로 계산한다.

```
uint256 public openingTime;
uint256 public closingTime;
```

6. constructor로 판매 기간을 초기화한다.

```
constructor(uint256 _openingTime, uint256 _closingTime) public {
        require(_openingTime >= block.timestamp);
        require(_closingTime >= _openingTime);

        openingTime = _openingTime;
        closingTime = _closingTime;
}
```

7. 판매 기간을 검사하는 제한자[modifier]를 작성한다. 이 제한자를 사용하는 함수는 일
   정한 시간이 지나면 실행될 수 없다.

```
modifier onlyWhileOpen {
    require(block.timestamp >= openingTime
        && block.timestamp <= closingTime);
    _;
}
```

8. 이렇게 작성한 제한자를 buyTokens 함수에 적용하면, 판매 기간이 지나거나 판매를 시작하기 전에 토큰을 살 수 없도록 제한할 수 있다.

```
function buyTokens(address _investor) public payable
    onlyWhileOpen {
        // ...
}
```

9. 누구나 판매 상태를 확인할 수 있도록 읽기 전용 함수를 추가한다.

```
function hasClosed() public view returns (bool) {
    return block.timestamp > closingTime;
}
```

10. 지금까지 설명한 계약 코드를 모두 합치면 다음과 같다.

```
contract additionalFeatues {
    uint256 public openingTime;
    uint256 public closingTime;
    uint256 public cap;

    /**
     * @dev 크라우드세일 시간 범위에 속하지 않으면 되돌린다.
     */
    modifier onlyWhileOpen {
        require(block.timestamp >= openingTime
            && block.timestamp <= closingTime);
        _;
    }

    /**
     * @dev 생성자. 크라우드세일 개장 및 폐장 시각을 인수로 받는다.
     * @param _openingTime 크라우드세일 개장 시각
     * @param _closingTime 크라우드세일 폐장 시각
```

```
    */
   constructor(uint256 _openingTime, uint256 _closingTime,
      uint256 _cap) public {
      require(_openingTime >= block.timestamp);
      require(_closingTime >= _openingTime);
      require(_cap > 0);

      cap = _cap;
      openingTime = _openingTime;
      closingTime = _closingTime;
   }

   /**
    * @dev 크라우드세일 판매 기간이 종료됐는지 검사한다.
    * @return 크라우드세일 판매 기간이 끝났는지를 나타내는 값
    */
   function hasClosed() public view returns (bool) {
      return block.timestamp > closingTime;
   }

   /**
    * @dev 캡에 도달했는지 검사한다.
    * @return 캡에 도달했는지 여부를 나타내는 값
    */
   function capReached() public view returns (bool) {
      return weiRaised >= cap;
   }

   function buyTokens(address _investor, address spender)
      onlyWhileOpen {
      // ...
   }
}
```

cap 제한은 개인 단위로 추가할 수도 있다. cap 제한을 추가하면 소유자가 제어할 수 있는 범위가 커진다. 이렇게 하려면 주소를 키로, cap을 값으로 저장하는 매핑을 생성한다. 공헌도contribution에 대한 매핑도 함께 생성한다.

```
mapping(address => uint256) public contributions;
mapping(address => uint256) public caps;
```

토큰을 구매할 때마다 cap을 각각 검사해서 사용자를 제한한다.

```
require(contributions[_beneficiary].add(_weiAmount) <= caps[_beneficiary]);
```

개별 사용자마다 공헌과 cap을 가져오는 읽기 전용 메서드를 작성한다.

```
function getUserCap(address _beneficiary) public
    view returns (uint256) {
    return caps[_beneficiary];
}

function getUserContribution(address _beneficiary) public
    view returns (uint256) {
    return contributions[_beneficiary];
}
```

사용자 제약 사항을 생성할 세터setter 함수를 작성한다. 이때 여러 주소와 캡을 받아서 한 번에 할당할 수 있는 배치batch 함수도 추가한다.

```
function setUserCap(address _beneficiary, uint256 _cap)
    external onlyOwner {
    caps[_beneficiary] = _cap;
}

function setGroupCap( address[] _beneficiaries, uint256 _cap )
    external onlyOwner {
    for (uint256 i = 0; i < _beneficiaries.length; i++) {
```

```
        caps[_beneficiaries[i]] = _cap;
    }
}
```

투자자에게 보너스 토큰 제공하기

추진하려는 ICO에 대한 투자자의 관심을 좀 더 끌도록 일정한 조건을 만족하면 투자자에게 보너스를 제공하게 구성할 수 있다. 예를 들어, 초반 10퍼센트에 해당하는 투자자는 후속 단계 투자자보다 토큰을 더 많이 제공할 수 있다.

이 절에서는 CrowdSale 계약에 이러한 보너스 기능을 구현하는 방법을 소개한다.

준비

지금부터 소개하는 예제를 실행하려면 솔리디티 프로그래밍을 지원하는 개발 환경과, 작성한 코드를 테스트해서 배치하기 위한 이더리움 네트워크가 필요하다.

여기서 작성할 계약은 '직접 ICO 추진하기'에서 작성한 crowdsale을 확장하는 방식으로 구현한다. 따라서 이 절의 내용을 완벽히 이해한 뒤에 다음 단계로 넘어가자.

여기서 소개할 계약은 데모용으로만 작성해서 최적화하지 않았기 때문에 버그가 많을 수 있다. 이 코드를 실전에 사용하면 안 된다.

방법

1. 보너스를 제공할 기간을 설정할 수 있다. 이 절에서는 판매를 시작한 지 24시간 이내에 구입한 투자자에게 20%의 보너스를 지급한다.
2. 보너스 비율과 기간을 저장할 상태 변수를 상수로 생성한다.

   ```
   uint public bonusPercent = 20;
   uint public bonusDuration = 1 days;
   ```

3. 보너스를 계산하는 함수를 작성한다. 이 함수는 보너스 토큰의 수를 반드시 리턴해야 한다. 지급할 보너스가 없다면 0을 리턴한다.

```
function calculateBonus(uint _toknes) public view
    returns (uint bonusTokens) {
    // 보너스 계산하기
}
```

4. 구매자가 토큰을 첫날 구매했는지 검사하는 코드를 추가한다.

```
function calculateBonus(uint _toknes) public view
    returns (uint bonusTokens) {
    if(block.timestamp <= openingTime + bonusDuration) {
        // 보너스 기간 동안 구매한 토큰
    } else {
        // 보너스 기간이 지난 경우
    }
}
```

5. 현재 시각을 기준으로 보너스 토큰의 수를 계산한다. 이 기간이 지난 후 토큰을 구매했다면 0을 리턴한다.

```
function calculateBonus(uint _toknes) public view
    returns (uint bonusTokens) {
    if(block.timestamp <= openingTime + bonusDuration) {
        bonusTokens = _tokens.mul(bonusPercent).div(100);
    } else {
        bonusTokens = 0;
    }
}
```

6. 지금까지 설명한 보너스 기능을 추가한 최종 계약 코드는 다음과 같다. 보너스를 계산하는 함수는 토큰을 구매할 때마다 호출해야 한다.

```
contract BonusContract {
    using SafeMath for uint;

    // 할당할 보너스 토큰의 비율
    uint public bonusPercent = 20;
```

```
// 보너스 기간
uint public bonusDuration = 1 days;

/**
 * @dev 구매할 때마다 지급할 보너스 토큰을 계산한다.
 * @param _tokens 구매한 토큰 수
 * @return 보너스 토큰 수
 */
function calculateBonus(uint _toknes) public view
    returns (uint bonusTokens) {
    if(block.timestamp <= openingTime + bonusDuration) {
        // 보너스 기간에 구매한 토큰
        bonusTokens = _toknes.mul(bonusPercent).div(100);
    } else {
        // 보너스 기간이 끝난 경우
        bonusTokens = 0;
    }
}
}
```

보충

1. 기간에 따라 보너스를 차등하여 지급하도록 구현할 수도 있다. 예를 들어, 첫 날에는 30%를, 둘째 날에는 15%를, 셋째 날에는 5%를 지급하도록 구현할 수 있다.

2. 날짜별 보너스 비율을 저장하도록 구조체를 작성한다.

```
// 보너스 매개변수를 저장할 커스텀 데이터 타입
struct Bonus {
    uint startTime;
    uint endTime;
    uint bonusPercent
}

// 보너스를 세 단계로 저장할 고정 길이 배열
Bonus[3] bonus;
```

3. 이 값은 constructor로 초기화할 수 있다. 보너스 정책에 따라 반복문으로 작성해도 되고, 각각의 값을 하나씩 지정할 수도 있다. 쉽게 구현하도록 각 기간에 대한 보너스를 하나씩 지정했다.

```
constructor() {
    bonus[0].startTime = openingTime;
    bonus[0].endTime = openingTime + 1 days;
    bonus[0].bonusPercent = 30;

    bonus[1].startTime = openingTime + 1 days;
    bonus[1].endTime = openingTime + 2 days;
    bonus[1].bonusPercent = 15;

    ...
}
```

4. 여러 개의 보너스 구조체를 다룰 수 있도록 보너스를 계산하는 함수를 수정할 수 있다. 이렇게 수정된 계약은 다음과 같다.

```
contract BonusContract {
    using SafeMath for uint;

    // 보너스 매개변수를 저장할 커스텀 데이터 타입
    struct Bonus {
        uint startTime;
        uint endTime;
        uint bonusPercent;
    }

    // 세 단계의 보너스를 저장할 고정 길이 배열
    Bonus[3] bonus;

    constructor() public {
        bonus[0].startTime = openingTime;
        bonus[0].endTime = openingTime + 1 days;
        bonus[0].bonusPercent = 30;

        bonus[1].startTime = openingTime + 1 days;
```

```solidity
        bonus[1].endTime = openingTime + 2 days;
        bonus[1].bonusPercent = 15;

        bonus[2].startTime = openingTime + 2 days;
        bonus[2].endTime = openingTime + 3 days;
        bonus[2].bonusPercent = 5;
    }

    /**
     * @dev 보너스 토큰을 계산한다.
     * @param _toknes 구매한 토큰
     * @return 보너스 토큰 수
     */
    function calculateBonus(uint _toknes) public view
        returns (uint bonusTokens) {

        // 디폴트 보너스 양
        bonusTokens = 0;

        if(block.timestamp >= bonus[0].startTime
            && block.timestamp < bonus[0].endTime) {

            bonusTokens =
                _toknes.mul(bonus[0].bonusPercent).div(100);
        } else if(block.timestamp >= bonus[1].startTime
            && block.timestamp < bonus[1].endTime) {

            bonusTokens =
                _toknes.mul(bonus[1].bonusPercent).div(100);

        } else if(block.timestamp >= bonus[2].startTime
            && block.timestamp < bonus[2].endTime) {

            bonusTokens =
                _toknes.mul(bonus[2].bonusPercent).div(100);
        }
    }
}
```

크라우드세일 사용자에 대한 화이트리스트 작성하기

때로는 사적으로만 판매하거나, 특정한 사용자에게게만 보너스를 많이 지급하고 싶을 때가 있다. 이런 사용자를 관리할 화이트리스트 계약을 이용하면 제약 사항을 사용자에 따라 다르게 적용할 수 있다.

이 절에서는 CrowdSale 계약에 화이트리스트 함수를 구현하는 방법을 소개한다.

준비

이 절에서 소개하는 예제를 실행하려면 솔리디티 프로그래밍을 지원하는 개발 환경과, 작성한 코드를 테스트해서 배치하기 위한 이더리움 네트워크가 필요하다.

여기서 작성할 계약은 '직접 ICO 추진하기'에서 작성한 CrowdSale을 확장하는 방식으로 구현하므로, 이 절을 완벽히 이해한 뒤에 진행한다.

여기서 소개할 계약은 데모용으로만 작성해서 최적화하지 않았기 때문에 버그가 많을 수 있다. 이 코드를 실전에 절대로 사용하면 안 된다.

방법

1. 주소를 키로, 화이트리스트 상태를 값으로 저장할 mapping 변수를 생성한다. 이 매핑을 public 변수로 선언하면 게터getter 함수가 생성되는데, 이 함수로 whitelist 상태를 확인한다.

   ```
   mapping(address => bool) public whitelist;
   ```

2. 화이트리스트 계약에 사용자를 추가하는 함수를 작성한다. 이 함수는 반드시 소유자나 관리자만 호출하도록 제한한다.

   ```
   function addToWhitelist(address _investor) external
       onlyOwner {
   ```

```
        whitelist[_investor] = true;
    }
```

3. 화이트리스트 작업을 쉽게 처리하도록, 주소 배열을 받는 함수를 하나 더 만든다.

```
function addMultipleToWhitelist(address[] _investors)
    external onlyOwner {
        for (uint256 i = 0; i < _investors.length; i++) {
            whitelist[_investors[i]] = true;
        }
    }
```

4. 화이트리스트에서 사용자를 제거하는 함수도 만든다. 주소를 잘못 추가했거나, 특정 사용자가 더 이상 이 함수를 사용하지 못하게 만들 때 유용하다.

```
function removeFromWhitelist(address _beneficiary) external
    onlyOwner {
    whitelist[_beneficiary] = false;
    }
```

5. 화이트리스트에 없는 사용자가 앞에 나온 함수를 사용할 수 없도록 제한자를 작성한다.

```
modifier isWhitelisted(address _investor) {
    require(whitelist[_investor]);
    _;
    }
```

6. 앞에서 작성한 제한자를 토큰 구매 함수에 적용한다. 그러면 화이트리스트에 있는 사용자만 여기서 작성한 crowdsale을 통해 토큰을 구매할 수 있다. 지금까지 설명한 내용을 모두 합치면 다음과 같다.

```
contract WhitelistContract {

    mapping(address => bool) public whitelist;

    /**
     * @dev 투자자가 화이트리스트에 있는지 확인한다.
     */
    modifier isWhitelisted(address _investor) {
```

```solidity
        require(whitelist[_investor]);
        _;
    }

    /**
     * @dev 주소를 화이트리스트에 추가한다.
     * @param _investor 화이트리스트에 추가할 주소
     */
    function addToWhitelist(address _investor) external
        onlyOwner {
        whitelist[_investor] = true;
    }

    /**
     * @dev 주소 목록을 화이트리스트에 추가한다.
     * @param _investors 화이트리스트에 추가할 주소 목록
     */
    function addManyToWhitelist(address[] _investors) external
        onlyOwner {
        for (uint256 i = 0; i < _investors.length; i++) {
            whitelist[_investors[i]] = true;
        }
    }

    /**
     * @dev 화이트리스트에서 주소 하나를 삭제한다.
     * @param _investor 화이트리스트에서 제거할 주소
     */
    function removeFromWhitelist(address _investor) external
        onlyOwner {
        whitelist[_investor] = false;
    }

    // 토큰 구매 함수에 isWhitelisted 제한자를 추가한다.
    function buyTokens(address _investor, uint256 _weiAmount)
        public isWhitelisted(_investor) {
        // ..
    }
}
```

crowdsale 계약을 얼마든지 여기 나온 것과 다르게 구현할 수 있으며, 요구 사항에 따라 다양한 기능을 추가할 수 있다. 스마트 계약을 메인 네트워크에 배포publish하기 전에 반드시 테스트와 검증을 거치기 바란다. 한 번 배포한 계약에 있는 버그는 복구할 수 없으며, 그 동안 모집한 자금을 모두 날릴 위험도 있다. 이런 일이 발생하는 피해를 최소화하도록 스마트 계약을 일시적으로 멈추는 안전 장치fail-safe 메서드를 추가할 수 있지만, 최종 구현 코드에 버그가 없는지 엄격히 검사하는 것이 가장 바람직하다.

오픈제플린OpenZepplin은 대표적인 기능에 대해 엄격한 테스트를 거친 crowdsale 계약 구현을 제공한다. 이 계약은 확장할 수 있는 형태로 제공되기 때문에 얼마든지 원하는 기능을 추가해도 된다. 오픈 소스 라이브러리인 오픈제플린은 기본적인 크라우드세일 계약뿐만 아니라 캡을 적용한 크라우드세일, 시간을 설정한 크라우드세일, 화이트리스트 프로세스, 환불 가능한 계약 등도 함께 제공한다.

오픈제플린 라이브러리는 https://github.com/OpenZeppelin/openzeppelin-solidity 에서 다운로드할 수 있다.

크라우드세일에 암호화폐 지불 허용하기

ICO의 토큰은 일반적으로 계약에 이더를 보내는 방식으로 구매한다. 5장에서 소개하는 예제에서는 fallback 함수를 이용해 직접 이더로 지불하는 기능을 제공한다. 이렇게 하면 누구나 계약 주소로 이더를 보내서 트랜잭션을 통해 토큰을 구매할 수 있다.

이더가 없거나 다른 암호화폐를 가진 사용자는 세이프시프트Shapeshift와 같은 서비스를 통해 이더로 환전해서 구매할 수 있다. 또한 BTCRelay를 활용해 이더리움에서 비트코인 트랜잭션을 처리할 수도 있다.

이 절에서는 여러분이 만든 ICO에서 암호화폐 지불을 허용하게 만드는 여러 가지 방법을 소개한다.

이 절을 실습하기 위해서는 먼저 이더리움에 크라우드세일 계약이 설정돼 있어야 한다. 토큰과 크라우드세일을 생성하는 방법에 대해서는 이 장에 나온 다른 절을 잘 읽어보기 바란다.

방법

사용자가 이더로 토큰을 직접 구매하는 데 가장 쉬운 방법은 메타마스크^{MetaMask}를 활용하는 것이다. 암호화폐 거래소를 이용하거나 세이프시프트와 같은 서비스를 이용해 이더를 구할 수 있다. 또한 BTCRelay를 통해 비트코인으로 직접 지불할 수도 있다. 각각에 대해 하나씩 살펴보자.

메타마스크

1. https://metamask.io에서 메타마스크를 다운로드한다. 현재 지원되는 브라우저는 크롬, 파이어폭스, 오페라, 브레이브^{Brave} 등이 있다.

2. 메타마스크에 계정을 생성하거나, 이미 계정이 있다면 사설 키나 시드 구문^{seed phrase}을 이용해 기존 계정을 불러온다. 메타마스크를 처음 사용한다면 5장에 나온 메타마스크에 대한 절을 참고한다.

3. 메타마스크 계정에 이더가 충분히 있지 않다면, 암호화폐 거래소에서 필요한 만큼 구매한다. 테스트할 때는 사설 또는 테스트 이더리움 네트워크를 사용한다.

> 이더를 거래소에서 ICO로 직접 보내면 안 된다. 대다수의 거래소는 크라우드세일을 통해 토큰을 구매하는 기능을 지원하지 않기 때문에 토큰을 복구할 수 없다. 직접 보유한 지갑을 사용하는 것을 권장한다.

4. SEND 버튼을 이용해 크라우드세일 계약에 이더를 보낸다. 수신자 컬럼에 크라우드세일 주소를 입력하고, 투자량 컬럼에 원하는 액수를 입력한다. 그러고 나서 NEXT를 클릭해서 트랜잭션을 서명한다.

5. 그러면 사용자에게 가스 제한량과 가스 가격을 물어본다. 이때 트랜잭션을 허용하거나 거부할 옵션도 제공된다. 트랜잭션을 수행하는 동안 가스가 모자라지 않도록 가스 제한량을 충분히 높게 설정한다. 그런 다음 SUBMIT을 클릭해서 트랜잭션을 보낸다.

6. 트랜잭션이 마이닝된 후 실행이 성공적으로 끝나면 송신자 계정에 ICO 토큰이 입금된다. 참고로 토큰을 즉시 배포하지 않는 ICO도 있다.

7. 메타마스크는 인터페이스에서 토큰을 모니터링하는 옵션도 제공한다. TOKENS 탭에 원하는 토큰을 추가해서 그 상태를 볼 수 있다.

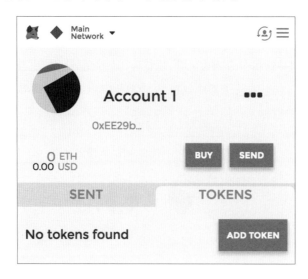

셰이프시프트

셰이프시프트Shapeshift를 이용하면 누구나 쉽게 암호화폐를 거래할 수 있다. 암호화폐를 안전하고 쉽게 거래하기 위한 가장 좋은 수단 중 하나다. 이 서비스는 이메일이나 패스워드가 필요 없고, 경매할 필요도 없다. 셰이프시프트는 중앙 거래소에 돈을 보내도록 요구하지도 않는다.

구체적인 진행 과정은 다음과 같다.

1. 셰이프시프트 포털(https://shapeshift.io)에 접속한다.
2. 홈페이지에서 거래할 자산을 선택한다. 현재 나온 주요 알트코인Altcoin(대체 코인)과 블록체인 토큰을 모두 지원한다. quick 또는 precise 트레이딩에서 선택해도 된다.
3. quick 트레이딩을 선택하면 요청을 빠르게 처리할 수 있도록 대략적인 주문을 매칭해주는데, 가장 좋은 거래 가격이 나오지 않을 수 있다. precise 옵션을 선택하

면 최고의 거래 가격을 받을 수 있지만, 매칭하는 데 시간이 좀 걸린다.

4. 여러분이 가진 비트코인을 이더로 변환한다고 생각해보자. 입력을 Bitcoin으로, 출력을 Ether로 선택한다.

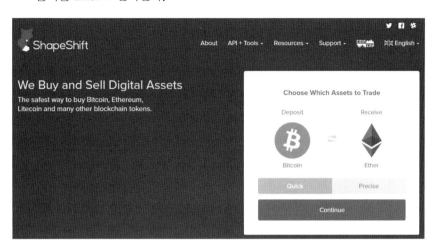

5. 목적지 주소destination address 필드에 여러분 지갑의 타겟 이더리움 주소를 입력한 다. 이때 처리 과정에 문제가 발생하면 환불 받을 주소도 입력하라고 나온다. 환 불 주소refund address 필드에 자신의 비트코인 주소를 입력한다. I agree to Terms를 클릭하고, Start Transaction 버튼을 클릭한다.

6. 세 번째 화면에서 셰이프시프트는 여러분의 지갑에 비트코인을 예치할 주소를 하나 생성해준다. 이렇게 생성된 주소로 비트코인을 보내기 전에, 반드시 Deposit Max(예치 가능 최대 액수) 보다 크거나 Deposit Min(예치 가능 최소 액수)보다 작은 값을 입력하지 않도록 주의한다.

7. 모든 과정이 끝나면 여러분 계정에 이더가 들어온다. 주문에 문제가 발생하면 셰이프시프트는 자동으로 앞서 지정한 환불 주소로 자금을 환불해주고, 리턴된 트랜잭션으로부터 마이너 비용을 공제한다.

 셰이프시프트는 암호화폐 스왑(swap, 맞교환) 서비스를 제공하는 다양한 도구와 API도 제공한다. 여러분이 작성한 애플리케이션에서 이 기능을 이용하면 사용자 경험을 높일 수 있다.

BTC 릴레이

BTC 릴레이^{BTC Relay}에서 제공하는 서비스를 이용하면, 이더리움에서 비트코인 트랜잭션을 읽을 수 있다. BTC 릴레이는 일종의 이더리움 스마트 계약으로서, 비트코인 블록 헤더를 저장한다. BTC 릴레이는 이 블록 헤더의 데이터를 이용해 이더리움에서 비트코인 블록체인을 미니어처 버전으로 빌드한다. 이러한 정보를 이용하면 이더리움 계약에서 비트코인 트랜잭션을 검증할 수 있다. 이 서비스를 사용하는 구체적인 과정은 다음과 같다.

1. BTC 릴레이는 이더리움 메인 네트워크의 서비스로 사용할 수 있다. 이를 통해 다음과 같은 작업을 수행할 수 있다.

   - 비트코인 블록 헤더 데이터 저장하기
   - 비트코인 트랜잭션을 이더리움 계약으로 릴레이하기
   - 비트코인 트랜잭션 검증하기

2. 비트코인 트랜잭션을 검증하려면 BTC 릴레이 계약에서 제공하는 verifyTx 함수를 활용한다.

   ```
   verifyTx(raw_transaction, transaction_index, merkle_sibling, block_hash);
   ```

   트랜잭션을 검증하려면 다음과 같은 매개변수를 지정해야 한다.

   - raw_transaction: 로^{raw} 포맷의 트랜잭션 바이트
   - transaction_index: 블록에 대한 트랜잭션 인덱스
   - merkle_sibling: 머클 증명에 있는 해시 배열
   - block_hash: 블록에 대한 해시

3. 호출해서 트랜잭션이 검증을 수행하면 해시가 리턴된다. 트랜잭션 검증에 실패하면 0이 리턴되고, 그렇지 않으면 rawTransaction의 길이는 64바이트가 된다.

4. 트랜잭션을 릴레이하려면, relayTx 함수를 사용한다. 매개변수는 verifyTx와 같고, 계약 주소를 더 받는다.

   ```
   relayTx(raw_transaction, transaction_index, merkle_sibling,
   block_hash, contract_address);
   ```

   이 함수는 검증된 트랜잭션을 매개변수로 지정한 계약 주소로 릴레이한다. 이 계약 주소에 있는 스마트 계약은 반드시 processTransaction 함수를 구현해야 한다. 트랜잭션이 검증에 통과하면 relayTx에 의해 이 함수가 호출되기 때문이다.

   ```
   processTransaction(bytes rawTransaction, uint256 transactionHash)
   returns (int256)
   ```

5. 이 계약은 블록 헤더를 가져오거나 설정하기, 블록 해시 읽기 등과 같은 다양한 작업에 대한 API도 제공한다. 전체 API 목록은 공식 리포지터리인 https://github.com/ethereum/btcrelay를 참고한다.

ERC20 토큰을 모두 지원하는 지갑 생성하기

토큰 생성 과정에서 표준을 따를 때의 가장 대표적인 장점 중 하나는 지갑을 지원하는 부분이다. 한 토큰에 대한 지갑을 표준에 따라 생성하면 그 지갑을 다른 토큰에도 적용할 수 있다. 이 절에서는 토큰을 보내고, 토큰 잔고를 확인하고, 전송을 승인하고, 그 밖에 다른 ERC20 기능을 제공하는 지갑을 생성하는 방법을 소개한다.

준비

이 절에서 소개하는 방법대로 지갑을 배치해서 테스트하려면 ERC20 토큰을 설정해야 한다. 이더리움에서 토큰을 생성하는 방법에 대해 완벽히 이해하고 있지 않다면, 5장의 앞부분을 다시 한 번 읽기 바란다.

지금부터 소개하는 예제는 web3js v1.x를 사용한다. 이전 버전은 문법이 다를 수 있다. 자세한 사항은 3장, '계약 다루기'를 참고한다.

방법

1. ERC20 계약은 모두 표준에서 정한 ABI 구조를 따른다. 이 표준으로 생성한 토큰을 모두 지원하도록, 이 ABI에 따라 애플리케이션을 작성한다.
2. 기본 ERC20 토큰 규격은 다음과 같은 함수를 정하고 있다.

   - `totalSupply()`: 총공급량을 나타내는 uint 값을 리턴한다.
   - `balanceOf(address tokenOwner)`: 잔고를 나타내는 uint 값을 리턴한다.

- allowance(address tokenOnwer, address spender): 남은 액수를 나타내는 uint를 리턴한다.
- transfer(address to, uint tokens): 성공 여부를 나타내는 불리언 값을 리턴한다.
- approve(address spender, uint tokens): 성공 여부를 나타내는 불리언 값을 리턴한다.
- transferFrom(address from, address to, uint tokens): 성공 여부를 나타내는 불리언 값을 리턴한다.

3. ABI와 토큰 계약 주소를 이용하여 인스턴스를 생성하는 코드를 애플리케이션에 작성한다. 그러면 토큰 계약을 다룰 수 있다.

```
var abi = [...]; // 계약 인터페이스
var address = "0x0..."; // 배치된 ERC20 계약 주소
var tokenContract = new web3.eth.Contract(abi, address);
```

> ℹ️ ERC20 계약은 모두 동일한 함수 집합을 따르기 때문에 지원하는 토큰에 따라 ABI를 변경할 필요가 없다. 주소 변수를 동적으로 만들면 ERC20 표준에 따라 구현한 토큰을 쉽게 전환할 수 있다.

4. 계약 인스턴스는 여러분이 작성한 토큰 계약에 관련된 함수를 모두 가진다. 이 함수를 이용하여 애플리케이션을 다룬다.

5. 예를 들어 특정한 계정의 잔고를 조회할 때는 getBalance 함수를 사용한다.

```
var userAddress = "0x0..."; // 사용자 주소

tokenContract.methods.getBalance(userAddress)
    .call()
    .then(function(result) {
        console.log(result);
    })
```

6. 트랜잭션을 이용해 transfer와 같은 상태 변경 메서드를 호출한다. 이때 반드시 송신자 주소로 트랜잭션을 서명한다.

```
var fromAddress = "0x1.."; // 송신자 주소
var toAddress = "0x2.."; // 수신자 주소
var amount = 10; // 전송할 양

tokenContract.methods.transder(toAddress, amount)
    .send({
        from: fromAddress;
    })
    .then(function(receipt){
        console.log(receipt);
    });
```

7. ERC20 표준에 있는 다른 함수도 이와 비슷한 방식으로 구현한다. 이렇게 구현한 함수는 모두 ERC20 토큰을 지원한다.

보충

앞에서 소개한 함수 말고도 ERC20에서는 로그 기록을 위한 이벤트를 몇 가지 제공한다.

```
event Transfer(address indexed from, address indexed to, uint tokens);
event Approval(address indexed tokenOwner, address indexed spender, uint tokens);
```

이러한 이벤트를 애플리케이션에서 수신해서 적절히 활용하면 사용자에게 자연스런 UI를 제공할 수 있다. 가령 토큰을 수신하거나 승인됐다는 사실을 사용자에게 알려줄 때 활용할 수 있다.

```
tokenContract.events.Transfer({
    filter: { },
    fromBlock: 0
})
.on('data', function(event){
    // ...
```

```
})
.on('changed', function(event){
    // ...
})
.on('error',function(event){
    // ...
});
```

06

게임과 DAO

6장에서 다룰 주제는 다음과 같다.

- 대체 불가능 토큰 생성 방법
- 자산 추적 및 이전 방법
- 이더리움에서 간단한 게임 제작 방법
- 이더리움에서 탈중앙화 복권 제작 방법
- 티켓 번호로 당첨자 선정하기
- 투자자에게 배당금 지불하기
- 더 많은 사용자를 모집하도록 프로그램 등록하기

들어가며

앞 장에서는 토큰과 ICO를 만드는 방법을 살펴봤다. ERC20 토큰의 가치는 같은 계약에 있는 다른 토큰과 같다. 그런데 이렇게 가치가 동일한 대체 가능 토큰fungible token만으로는 부족할 때가 있다. 이더리움 블록체인에서 토큰마다 고유한 가치를 가지도록 ERC-721 이란 표준을 정했다. 이 표준은 대체 불가능 토큰non-fungible token을 만드는 방법에 대한 인 터페이스를 정의한다.

대체 불가능 토큰의 대표적인 예로 크립토키티CryptoKitty가 있다. 크립토키티는 일종의 게 임으로, 사용자는 디지털 고양이를 사거나, 팔거나, 거래할 수 있고, 디지털 고양이는 새 끼를 낳을 수도 있다. 고양이마다 가지는 고유한 특성은 ERC-20 토큰으로 표현할 수 없 다. 6장에서는 크립토키티와 같이 극단적으로 수집 가능한 토큰을 생성하는 데 관련된 여 러 주제도 함께 소개한다.

이 절에서는 대체 불가능 ERC-721 토큰을 생성하는 방법을 소개한다. 또한 이더리움 블 록체인에서 탈중앙화 조직과 게임을 생성하는 방법도 소개한다.

대체 불가능 토큰 생성 방법

'대체 불가능하다non-fungible'는 말은 빚을 갚거나 계정을 설정할 때 일부분 또는 일정한 양 을 상응하는 다른 부분이나 양으로 대체할 수 없다는 뜻이다. 이더리움 커뮤니티는 **대체 불 가능 토큰**(NFTnon-fungible token)을 생성하고 관리하는 방법을 ERC-721이란 표준으로 제정했 다. NFT 토큰은 땅, 예술 작품, 가상 수집물과 같이 물리적이거나 가상의 자산을 나타내는 데 활용할 수 있다. NFT는 음의 값을 갖는 대출과 같은 자산도 표현할 수 있다. ERC-721 은 ERC-20을 바탕으로 각각의 토큰이 고유하게 만드는 기능을 추가한 것이다. 이 절에서 는 이러한 자산을 생성하는 기본적인 방법을 소개한다.

6장에 나온 예제를 테스트하려면 이더리움(geth, Parity, ganache 등)을 설치하거나 리믹스 IDE를 설치해야 한다.

이 절에 들어가기 전에 ERC-20 표준의 작동 방식을 이해할 필요가 있다. 자세한 사항은 5장, '토큰과 ICO'를 참고한다.

방법

1. 각 주소에 있는 토큰의 잔고를 확인하려면 ERC-20의 `balanceOf` 함수를 사용한다. 이 함수는 주소를 입력 받아서 그 주소에서 보유한 대체 불가능 토큰의 수를 리턴한다. 잔고를 저장하는 함수도 이 함수로 구현한다.

```
function balanceOf(address _owner) external view returns (uint256);
```

2. 주소를 키로 가지고, 개수를 값으로 가지는 매핑을 생성해서 토큰의 수를 저장한다.

```
mapping (address => uint256) internal ownedTokensCount;
```

3. 이 매핑에서 값을 읽도록 `balanceOf` 함수를 수정한다.

```
function balanceOf(address _owner) public view returns (uint256) {
    require(_owner != address(0));
    return ownedTokensCount[_owner];
}
```

4. 토큰마다 소유권이 다르기 때문에 NFT의 소유자를 알아내는 함수를 `ownerOf`란 이름으로 구현한다. 이 함수는 토큰 ID를 받아서 소유자의 주소를 리턴한다. 이렇게 토큰마다 소유권을 지정하는 기능은 ERC20 토큰 표준과 ERC721 NFT 표준을 구분하는 대표적인 특징이다.

```
function ownerOf(uint256 _tokenId) external view returns (address);
```

5. 토큰 소유권을 관리하기 위한 용도로 ownedTokensCount와 비슷한 매핑을 생성한다.

```
mapping (uint256 => address) internal tokenOwner;
```

6. 각 토큰의 소유자 주소를 읽도록 ownerOf 함수를 수정한다.

```
function ownerOf(uint256 _tokenId) public view returns (address) {
    address owner = tokenOwner[_tokenId];
    require(owner != address(0));
    return owner;
}
```

7. 토큰의 소유자가 유효한지 검사하는 방식으로 토큰의 존재를 검증한다. 이를 위해 exits란 함수를 추가한다. 이 함수는 tokenOwner 매핑을 사용한다.

```
function exists(uint256 _tokenId) public view returns (bool) {
    address owner = tokenOwner[_tokenId];
    return owner != address(0);
}
```

8. 검증 용도로 제한자를 항상 만드는 것이 좋다. 토큰 소유자를 검증하도록 onlyOwnerOf란 제한자를 작성한다. 이 제한자는 토큰 ID를 매개변수로 받아서 ownerOf 함수로 검증한다.

```
modifier onlyOwnerOf(uint256 _tokenId) {
    require(ownerOf(_tokenId) == msg.sender);
    _;
}
```

9. 지금까지 설명한 메소드와 속성을 모두 합치면 다음과 같이 기본적인 NFT 계약이 완성된다. 이를 통해 토큰을 저장하고 서로 구분할 수 있다. 토큰을 전송하도록 이 계약을 좀 더 수정할 수도 있다. 여기에 대해서는 다음 절에서 소개한다.

```
pragma solidity ^0.4.23;

import "./SafeMath.sol";

contract BasicERC721 {
```

```
using SafeMath for uint256;

// 토큰 ID와 소유자에 대한 매핑
mapping (uint256 => address) internal tokenOwner;

// 소유자와 소유한 토큰 수에 대한 매핑
mapping (address => uint256) internal ownedTokensCount;

/**
 * @dev msg.sender가 주어진 토큰의 소유자이도록 보장한다.
 * @param _tokenId 토큰에 대한 uint256 타입의 ID
 */
modifier onlyOwnerOf(uint256 _tokenId) {
    require(ownerOf(_tokenId) == msg.sender);
    _;
}

/**
 * @dev 지정한 주소의 잔고를 조회한다.
 * @param _owner 잔고를 조회할 주소
 * @return 현재 잔고를 표현하는 uint256 값
 */
function balanceOf(address _owner) public view
    returns (uint256) {
    require(_owner != address(0));
    return ownedTokensCount[_owner];
}

/**
 * @dev 지정한 토큰 ID의 소유자를 조회한다.
 * @param _tokenId 소유자를 조회할 토큰의 uint256 타입의 ID
 * @return 현재 소유자로 표시된 주소
 */
function ownerOf(uint256 _tokenId) public view
    returns (address) {
    address owner = tokenOwner[_tokenId];
    require(owner != address(0));
    return owner;
}
```

```
/**
 * @dev 지정된 토큰이 존재하는지 여부를 리턴한다.
 * @param _tokenId uint256 ID of the token to query
 * @return 지정한 토큰의 존재 여부
 */
function exists(uint256 _tokenId) public view returns (bool) {
    address owner = tokenOwner[_tokenId];
    return owner != address(0);
}


/**
 * @dev 토큰 ID를 추가하는 함수
 * @param _to 추가할 토큰 소유자의 주소
 * @param _tokenId 추가할 토큰의 uint256 타입 ID
 */
function addTokenTo(address _to, uint256 _tokenId) internal {
    require(tokenOwner[_tokenId] == address(0));
    tokenOwner[_tokenId] = _to;
    ownedTokensCount[_to] = ownedTokensCount[_to].add(1);
}


/**
 * @dev 토큰 ID를 삭제하는 함수
 * @param _from 기존 소유자의 주소
 * @param _tokenId 삭제할 토큰의 uint256 타입 ID
 */
function removeTokenFrom(address _from, uint256 _tokenId)
    internal {
    require(ownerOf(_tokenId) == _from);
    ownedTokensCount[_from] = ownedTokensCount[_from].sub(1);
    tokenOwner[_tokenId] = address(0);
}
}
```

10. 여기서 작성한 기본 계약을 좀 더 수정해서 이름이나 기호와 같은 속성도 추가할
    수 있다. 이러한 매개변수에 값을 설정하는 작업은 생성자constructor로 처리한다.

```solidity
string internal name_;
string internal symbol_;

constructor(string _name, string _symbol) public {
    name_ = _name;
    symbol_ = _symbol;
}

function name() public view returns (string) {
    return name_;
}

function symbol() public view returns (string) {
    return symbol_;
}
```

11. 주어진 주소가 소유한 토큰을 모두 나열하도록 토큰을 매핑에 저장한다. 이때 키는 소유자 주소고 값은 토큰 ID 배열이다.

```solidity
mapping(address => uint256[]) internal ownedTokens;
```

12. 이 배열에서 항목을 검색하는 작업은 간단하지 않다. 따라서 배열 인덱스는 다른 매핑에서 관리하는 것이 좋다.

```solidity
mapping(uint256 => uint256) internal ownedTokensIndex;
```

13. 토큰을 추가하거나 삭제하는 동안, ownedTokens와 ownedTokensIndex 값도 반드시 업데이트한다.

```solidity
function addTokenTo(address _to, uint256 _tokenId) internal {
    // 기존 addToken 메소드를 호출한다.
    uint256 length = ownedTokens[_to].length;
    ownedTokens[_to].push(_tokenId);
    ownedTokensIndex[_tokenId] = length;
}

function removeTokenFrom(address _from, uint256 _tokenId) internal
{
    // 기존 removeToken 메소드를 호출한다.
```

```
        uint256 tokenIndex = ownedTokensIndex[_tokenId];
        uint256 lastTokenIndex = ownedTokens[_from].length.sub(1);
        uint256 lastToken = ownedTokens[_from][lastTokenIndex];

        ownedTokens[_from][tokenIndex] = lastToken;
        ownedTokens[_from][lastTokenIndex] = 0;
        ownedTokens[_from].length--;

        ownedTokensIndex[_tokenId] = 0;
        ownedTokensIndex[lastToken] = tokenIndex;
    }
```

14. 반복적으로 처리할 수 있도록 배열을 생성해서 현재 계약에 존재하는 토큰을 모
    두 담는다. 또한 각각의 토큰 인덱스를 저장할 매핑도 만든다.

```
uint256[] internal allTokens;

mapping(uint256 => uint256) internal allTokensIndex;
```

15. allTokens 배열은 총 공급량을 계산하는 데 활용할 수도 있다. 총 토큰 공급량을
    읽는 함수도 하나 만든다.

```
function totalSupply() public view returns (uint256) {
    return allTokens.length;
}
```

16. 지금까지 설명한 속성을 모두 추가한 계약 코드는 다음과 같다.

```
pragma solidity ^0.4.23;
import "./BasicERC721.sol";

contract ERC721Token is BasicERC721 {
    // 토큰 이름
    string internal name_;

    // 토큰 기호
    string internal symbol_;

    // 소유자와 소유한 토큰 ID 리스트에 대한 매핑
```

```solidity
mapping(address => uint256[]) internal ownedTokens;

// 토큰 ID와 소유자 토큰 리스트 인덱스에 대한 매핑
mapping(uint256 => uint256) internal ownedTokensIndex;

// 모든 토큰 ID에 대한 배열
uint256[] internal allTokens;

// 토큰 ID와 allTokens 배열 인덱스에 대한 매핑
mapping(uint256 => uint256) internal allTokensIndex;

constructor(string _name, string _symbol) public {
    name_ = _name;
    symbol_ = _symbol;
}

/**
 * @dev 토큰 이름 조회하기
 * @return 토큰 이름을 표현하는 스트링
 */
function name() public view returns (string) {
    return name_;
}

/**
 * @dev 토큰 기호 조회
 * @return 토큰 기호를 표현하는 스트링
 */
function symbol() public view returns (string) {
    return symbol_;
}

/**
 * @dev 주어진 인덱스에 대한 토큰 ID 조회
 * @param _owner 토큰 리스트를 소유한 주소
 * @param _index 인덱스를 표현하는 uint256 값
 * @return 주어진 토큰 인덱스에 있는 토큰 ID (uint256 값)
 */
function tokenOfOwnerByIndex(address _owner, uint256 _index)
```

```
    public view returns (uint256) {
    require(_index < balanceOf(_owner));
    return ownedTokens[_owner][_index];
}

/**
 * @dev 총 토큰양 조회하기
 * @return 총 토큰양을 표현하는 uint256 값
 */
function totalSupply() public view returns (uint256) {
    return allTokens.length;
}

/**
 * @dev 주어진 인덱스에 대한 토큰 ID 조회하기
 * @param _index 인덱스를 표현하는 uint256 값
 * @return 주어진 인덱스에 있는 토큰 ID (uint256 값)
 */
function tokenByIndex(uint256 _index) public view
    returns (uint256) {
    require(_index < totalSupply());
    return allTokens[_index];
}

/**
 * @dev 토큰 ID를 추가하는 함수
 * @param _to 추가할 소유자를 표현하는 주소
 * @param _tokenId 추가할 토큰의 ID (uint256 값)
 */
function addTokenTo(address _to, uint256 _tokenId) internal {
    super.addTokenTo(_to, _tokenId);
    uint256 length = ownedTokens[_to].length;
    ownedTokens[_to].push(_tokenId);
    ownedTokensIndex[_tokenId] = length;
}

/**
 * @dev 토큰 ID를 삭제하는 함수
 * @param _from 기존 소유자의 주소
```

```
        * @param _tokenId 삭제할 토큰 ID (uint256 값)
        */
      function removeTokenFrom(address _from, uint256 _tokenId)
          internal {
          super.removeTokenFrom(_from, _tokenId);

          uint256 tokenIndex = ownedTokensIndex[_tokenId];
          uint256 lastTokenIndex = ownedTokens[_from].length.sub(1);
          uint256 lastToken = ownedTokens[_from][lastTokenIndex];

          ownedTokens[_from][tokenIndex] = lastToken;
          ownedTokens[_from][lastTokenIndex] = 0;
          ownedTokens[_from].length--;
          ownedTokensIndex[_tokenId] = 0;
          ownedTokensIndex[lastToken] = tokenIndex;
      }
  }
```

보충

지금까지 작성한 계약은 모두 토큰 ID를 저장하고 관리하는 기능만 갖고 있다. 활용 사례에 따라 토큰은 얼마든지 다양한 데이터를 가질 수 있다. 이러한 세부 정보를 저장하는 가장 간단한 방법은 서로 명확히 식별할 수 있도록 구성한 문자 스트링을 활용하는 것이다. 이러한 타입 스트링을 구현하기 위한 한 가지 방법은 URI[Uniform Resource Identifier] 스킴을 적용하는 것이다.

```
mapping(uint256 => string) internal tokenURIs;
```

그러면 어떠한 데이터도 토큰에 저장할 수 있다. 읽기와 쓰기 작업은 전용 함수로 처리한다.

```
/**
 * @dev 주어진 토큰 ID에 대한 URI를 리턴한다.
 * @dev 토큰 ID가 존재하지 않으면 예외를 던진다. 공백 스트링을 리턴할 수도 있다.
 * @param _tokenId 질의할 토큰에 대한 uint256 타입의 ID
 */
```

```
function tokenURI(uint256 _tokenId) public view returns (string) {
    require(exists(_tokenId));
    return tokenURIs[_tokenId];
}

/**
 * @dev 주어진 토큰에 대한 토큰 URI를 설정하는 내부 함수
 * @dev 주어진 토큰 ID가 없으면 되돌린다.
 * @param _tokenId URI를 설정할 토큰 ID (uint256 값)
 * @param _uri 할당할 URI 스트링
 */
function _setTokenURI(uint256 _tokenId, string _uri) internal {
    require(exists(_tokenId));
    tokenURIs[_tokenId] = _uri;
}
```

자산 추적 및 이전

NFT도 기존 ERC20 토큰처럼 전송할 수 있다. 토큰 전송과 위임 작업을 위해 표준에서는 수정된 버전의 **transfer**와 **approve** 함수를 제공한다. 이와 더불어 제공되는 표준 이벤트 로깅 기능을 활용하면 자산 추적을 보다 쉽게 처리할 수 있다.

이 절에서는 앞 절에서 생성한 ERC721 토큰에 대해 자산 이전asset movement과 추적 기능 asset tracking을 구현하는 방법을 소개한다. 토큰 전송 기능은 표준 **transfer** 메소드를 수정 하는 방식으로 구현할 수 있으며 자산 추적 기능은 이벤트 필터링으로 구현할 수 있다.

준비

6장에 나온 예제를 테스트하려면 이더리움(geth, Parity, ganache 등)을 설치하거나 리믹스 IDE를 설치해야 한다.

여기서 소개하는 계약은 앞 절에서 생성한 ERC721 토큰을 확장한 것이다. 이 절에 들어 가기 전에 앞 절의 내용을 확실히 이해하기 바란다.

1. 앞 절에서 작성한 BasicERC721 계약을 상속해서 새 계약을 작성한다. 이렇게 하면 토큰과 소유권 속성을 선언하는 코드를 새로 작성하지 않아도 된다.

```solidity
pragma solidity ^0.4.23;
import "./BasicERC721.sol";

contract ERC721Token {
    //...
}
```

2. 토큰은 소유자나 승인된 사람이 전송할 수 있다. 승인하는 방법은 두 가지가 있다. 사용자가 특정한 토큰 하나를 승인하도록 설정하거나, 특정한 주소에서 소유한 토큰을 모두 승인할 수 있다. 이를 위해 두 개의 매핑을 생성한다.

```solidity
// 토큰 ID와 승인된 주소에 대한 매핑
mapping (uint256 => address) internal tokenApprovals;

// 소유자와 운영자 승인에 대한 매핑
mapping (address => mapping (address => bool)) internal
operatorApprovals;
```

3. 주소마다 승인 상태를 검증하기 위한 전용 함수를 선언한다.

```solidity
function getApproved(uint256 _tokenId) public view
    returns (address) {
    return tokenApprovals[_tokenId];
}

function isApprovedForAll(address _owner, address _operator)
    public view returns (bool) {
    return operatorApprovals[_owner][_operator];
}
```

4. 토큰 전송 및 승인 작업이 일어날 때마다 발생할 이벤트를 정의한다.

```
// 전송 이벤트
event Transfer(address indexed _from,
    address indexed _to, uint256 _tokenId);

// 특정한 토큰에 대한 승인 이벤트
event Approval(address indexed _owner,
    address indexed _approved, uint256 _tokenId);

// 모든 토큰에 대한 승인 이벤트
event ApprovalForAll(address indexed _owner,
    address indexed _operator, bool _approved);
```

5. 특정한 토큰을 본인 대신 전송할 사람을 승인하는 작업은 approve 함수로 처리한다.

```
function approve(address _to, uint256 _tokenId) public {
    address owner = ownerOf(_tokenId);
    require(_to != owner);
    require(msg.sender == owner ||
        isApprovedForAll(owner, msg.sender));

    if (getApproved(_tokenId) != address(0) || _to != address(0)) {
        tokenApprovals[_tokenId] = _to;
        emit Approval(owner, _to, _tokenId);
    }
}
```

6. 특정한 사용자가 소유한 모든 토큰의 승인 상태를 설정할 때는 setApprovalForAll 함수로 처리한다.

```
function setApprovalForAll(address _to, bool _approved) public {
    require(_to != msg.sender);
    operatorApprovals[msg.sender][_to] = _approved;
    emit ApprovalForAll(msg.sender, _to, _approved);
}
```

7. 모든 토큰 전송에 대한 인증을 되돌리는 작업도 같은 함수로 처리할 수 있지만, 개별 토큰에 대해서는 권한을 삭제하는 함수를 따로 만들어서 처리한다.

```
function clearApproval(address _owner, uint256 _tokenId) internal {
    require(ownerOf(_tokenId) == _owner);
    if (tokenApprovals[_tokenId] != address(0)) {
        tokenApprovals[_tokenId] = address(0);
        emit Approval(_owner, address(0), _tokenId);
    }
}
```

8. 승인된 사용자나 소유자는 다른 주소로 토큰을 전송할 수 있다. 허가 없이 전송하지 않도록, 이를 검증하는 제한자를 정의한다.

```
modifier canTransfer(uint256 _tokenId) {
    require(isApprovedOrOwner(msg.sender, _tokenId));
    _;
}

function isApprovedOrOwner(address _spender, uint256 _tokenId)
    internal view returns (bool) {
    address owner = ownerOf(_tokenId);
    return (
        _spender == owner ||
        getApproved(_tokenId) == _spender ||
        isApprovedForAll(owner, _spender)
    );
}
```

9. 실제 소유권을 전송하는 작업은 transferFrom 함수로 처리한다. 인증은 canTransfer 제한자로 처리한다.

```
function transferFrom(address _from, address _to, uint256 _tokenId)
    public canTransfer(_tokenId) {
    require(_from != address(0));
    require(_to != address(0));

    clearApproval(_from, _tokenId);
    removeTokenFrom(_from, _tokenId); // BasicERC721.sol에서 가져온 부분
```

```
    addTokenTo(_to, _tokenId); // BasicERC721.sol에서 가져온 부분
    emit Transfer(_from, _to, _tokenId);
}
```

10. 수신 주소에서 토큰을 지원하는지 검사해주는, 안전 전송^{safe transfer} 메커니즘을 사용한다. 그러면 실수로 토큰을 전송하는 일을 방지할 수 있다.

```
function checkAndCallSafeTransfer(address _from, address _to,
    uint256 _tokenId, bytes _data) internal returns (bool) {
    uint256 size;
    assembly { size := extcodesize(_to) }
    if (size == 0) {
        return true;
    }

    bytes4 retval = ERC721Receiver(_to)
        .onERC721Received(_from, _tokenId, _data);
    return (retval == ERC721_RECEIVED);
}

function safeTransferFrom(address _from, address _to,
    uint256 _tokenId, bytes _data)
    public canTransfer(_tokenId) {
    transferFrom(_from, _to, _tokenId);
    require(checkAndCallSafeTransfer(_from, _to, _tokenId, _data));
}
```

11. 타겟 주소가 계약이라면 onERC721Received 함수를 반드시 구현해야 한다. 이 함수는 안전 전송을 적용할 때 호출되며, 반드시 bytes4(keccak256("onERC721Received(address,uint256,bytes)")); 값을 리턴해야 한다. 그렇지 않으면 전송이 취소된다.

```
contract ERC721Receiver {
    bytes4 constant ERC721_RECEIVED = 0xf0b9e5ba;

    /**
     * @notice NFT 수신을 처리한다.
     * @param _from 송신 주소
```

```
 * @param _tokenId 전송할 NFT ID
 * @param _data 별도 포맷을 적용하지 않은 부가 데이터
 * @return `bytes4(keccak256("onERC721Received(...)"))`
 */
function onERC721Received(address _from, uint256 _tokenId,
    bytes _data) public returns(bytes4);
}
```

12. 지금까지 설명한 내용을 종합하면 다음과 같다.

```
pragma solidity ^0.4.23;

import "./BasicERC721.sol";
import "./SafeMath.sol";

contract ERC721Receiver {
    bytes4 constant ERC721_RECEIVED = 0xf0b9e5ba;

    /**
     * @notice NFT 수신을 처리한다.
     * @param _from 송신 주소
     * @param _tokenId 전송할 NFT ID
     * @param _data 별도 포맷을 적용하지 않은 부가 데이터
     * @return `bytes4(keccak256("onERC721Received(...)"))`
     */
    function onERC721Received(address _from, uint256 _tokenId,
        bytes _data) public returns(bytes4);
}

contract ERC721Token is BasicERC721 {
    using SafeMath for uint256;

    // 다음과 같다.
// `bytes4(keccak256("onERC721Received(address,uint256,bytes)"))`
    // 이 값은 다음 코드로도 가져올 수 있다.
// `ERC721Receiver(0).onERC721Received.selector`
    bytes4 constant ERC721_RECEIVED = 0xf0b9e5ba;

    mapping (uint256 => address) internal tokenApprovals;
```

```solidity
mapping (address => mapping (address => bool))
    internal operatorApprovals;

modifier canTransfer(uint256 _tokenId) {
    require(isApprovedOrOwner(msg.sender, _tokenId));
    _;
}

// 전송 이벤트
event Transfer(address indexed _from,
    address indexed _to, uint256 _tokenId);

// 특정한 토큰에 대한 승인 이벤트
event Approval(address indexed _owner,
    address indexed _approved, uint256 _tokenId);

// 모든 토큰에 대한 승인 이벤트
event ApprovalForAll(address indexed _owner,
    address indexed _operator, bool _approved);

function approve(address _to, uint256 _tokenId) public {
    address owner = ownerOf(_tokenId);
    require(_to != owner);
    require(msg.sender == owner ||
        isApprovedForAll(owner, msg.sender));

    if (getApproved(_tokenId) != address(0) ||
        _to != address(0)) {
        tokenApprovals[_tokenId] = _to;
        emit Approval(owner, _to, _tokenId);
    }
}

function getApproved(uint256 _tokenId) public view
    returns (address) {
    return tokenApprovals[_tokenId];
}

function setApprovalForAll(address _to, bool _approved)
```

```solidity
    public {
    require(_to != msg.sender);
    operatorApprovals[msg.sender][_to] = _approved;
    emit ApprovalForAll(msg.sender, _to, _approved);
}

function isApprovedForAll(address _owner, address _operator)
    public view returns (bool) {
    return operatorApprovals[_owner][_operator];
}

function transferFrom(address _from, address _to,
    uint256 _tokenId)
    public canTransfer(_tokenId) {
    require(_from != address(0));
    require(_to != address(0));

    clearApproval(_from, _tokenId);
    removeTokenFrom(_from, _tokenId);
    addTokenTo(_to, _tokenId);

    emit Transfer(_from, _to, _tokenId);
}

function safeTransferFrom(address _from, address _to,
    uint256 _tokenId, bytes _data)
    public canTransfer(_tokenId) {
    transferFrom(_from, _to, _tokenId);
    require(checkAndCallSafeTransfer(_from, _to,
        _tokenId, _data));
}

function isApprovedOrOwner(address _spender, uint256 _tokenId)
    internal view returns (bool) {
    address owner = ownerOf(_tokenId);
    return (_spender == owner ||
        getApproved(_tokenId) == _spender ||
        isApprovedForAll(owner, _spender));
}
```

```
function clearApproval(address _owner, uint256 _tokenId)
    internal {
    require(ownerOf(_tokenId) == _owner);
    if (tokenApprovals[_tokenId] != address(0)) {
        tokenApprovals[_tokenId] = address(0);
        emit Approval(_owner, address(0), _tokenId);
    }
}

function checkAndCallSafeTransfer(address _from,
    address _to, uint256 _tokenId, bytes _data)
    internal returns (bool) {
    uint256 size;
    assembly { size := extcodesize(_to) }
    if (size == 0) { return true; }
    bytes4 retval = ERC721Receiver(_to)
        .onERC721Received(_from, _tokenId, _data);
    return (retval == ERC721_RECEIVED);
    }
}
```

이더리움에서 간단한 게임 만들기

이더리움과 같은 탈중앙화 플랫폼에 대한 또 다른 활용 사례로 게임 구현이 있다. 대표적인 예로 이더리움 블록체인을 기반으로 만든 크립토키티가 있다. 탈중앙화 게임을 구현할때 고려할 옵션은 여러 가지가 있다. 완전히 탈중앙화된 개방된 형태로 게임을 만들 수도있고, 부분적으로 탈중앙화됐지만 기능은 풍부한 게임으로 만들 수도 있다. 구체적인 형태는 요구 사항과 타겟 플레이어에 따라 결정된다.

이 절에서는 플레이어가 영웅을 선택해서 상대방과 싸우는 간단한 게임을 만드는 방법을 소개한다.

6장에 나온 예제를 테스트하려면 이더리움(geth, Parity, ganache 등)을 설치하거나 리믹스 IDE를 설치해야 한다.

이 절에서 소개하는 계약은 어디까지나 데모용으 만든 것이므로, 실전에 적용하면 안 된다.

1. 타겟 컴파일러 버전을 지정해서 게임 계약을 작성한다. 여기서 소개할 예제는 0.4.23 버전을 사용한다. 이 계약은 일종의 데이터베이스 역할을 해서 영웅과 영웅이 싸울 경기장에 대한 세부 사항을 저장한다.

```
pragma solidity ^0.4.23;

contract HeroBattle {
    //...
}
```

2. 영웅에 대한 데이터 구조를 정의한다. 이름, DNA, 레벨, 우승 횟수, 패배 횟수 등을 필드로 정의한다. 영웅마다 DNA 번호가 있다. 사람의 DNA처럼 이 번호의 부분마다 영웅의 특징을 표현한다. 예를 들어 첫 두 자리는 영웅의 외관을, 그 다음 두 자리는 날 수 있는 능력을 표현한다. 여러분이 작성하는 게임 UI에 맞게 적절히 설정한다.

```
struct Hero {
    string name;
    uint dna;
    uint32 level;
    uint16 winCount;
    uint16 lossCount;
}
Hero[] public heroes;
```

3. 영웅의 소유자를 구분하도록 heroId를 키로 가지고, 소유자 주소를 값으로 가지는 매핑을 정의한다.

```
mapping (uint => address) public heroToOwner;
```

4. 이 매핑은 영웅에 대한 접근을 제한하는 제한자 함수에서도 사용한다.

```
modifier ownerOf(uint _heroId) {
    require(msg.sender == heroToOwner[_heroId]);
    _;
}
```

5. 영웅을 새로 생성하는 함수도 선언한다. 이 함수는 이름과 DNA를 입력 받아서 영웅을 생성한다.

```
function _createHero(string _name, uint _dna) external {
    //...
}
```

6. 주어진 입력 값으로 영웅을 생성해서 영웅 배열에 저장^{push}한다. 솔리디티에서 push 연산을 수행하면 새로운 배열 인덱스를 리턴한다. 이 인덱스를 heroId로 사용한다. 새로 생성된 영웅 ID를 소유자 매핑에 저장한다.

```
uint id = heroes.push(Hero(_name, _dna, 0, 0, 0)) - 1;
heroToOwner[id] = msg.sender;
```

7. 영웅 생성 과정을 수행할 때마다 해당 영웅의 ID와 소유자 주소를 담은 이벤트를 발생시킨다.

```
// 선언
event NewHero(uint heroId, string name, uint dna);
// 로깅
emit NewHero(id, _name, _dna);
```

 createHero 함수를 이용하면 누구나 영웅을 새로 만들 수 있다. 각 영웅마다 일정한 비용을 부과하거나, 관리자만 영웅을 생성하도록 기능을 좀 더 제한할 수 있다. 구체적인 조건은 타겟 사용자에 따라 결정한다.

8. 이렇게 해도 이더리움에서 영웅을 생성해서 관리하는 데 충분하다. 하지만 좀 더 재미있게 만들기 위해 영웅이 상대방을 공격할 때마다 레벨이 상승되도록 전투 시스템을 추가한다. 전투에 적용할 함수를 따로 정의한다. 이 함수는 영웅 소유 자만 사용할 수 있도록 제한자를 설정한다.

```
function attack(uint _heroId, uint _targetId)
    external
    ownerOf(_heroId) {
    //...
}
```

9. 공격자가 상대방 영웅을 이길 확률이 60%가 되도록 전투 시스템을 설계한다. 이를 위해 0부터 100 사이의 무작위 수를 생성한다. 무작위성을 충분히 주도록 블록 시간이나, 송신자 주소나, 논스^{nonce} 등을 활용할 수 있다. 매개변수는 언제든지 추가하거나 삭제할 수 있고, 필요에 따라 로직을 완전히 변경할 수 있다.

```
nonce++;
uint rand = uint(keccak256(now, msg.sender, nonce)) % 100;
```

10. 무작위 수와 우승 확률을 비교하는 방식으로 우승자를 결정한다. 결과에 따라 우승/패배 횟수와 영웅의 레벨도 변경한다.

```
if (rand <= 60) { // 60%
    myHero.winCount++;
    myHero.level++;
    enemyHero.lossCount++;
} else {
    myHero.lossCount++;
    enemyHero.winCount++;
}
```

11. 마지막으로 이벤트를 발생시킨다.

```
emit attackWon(_heroId, _targetId, winnerId)
```

12. 지금까지 작성한 계약은 다음과 같다. 이 계약을 통해 누구나 전투를 시작해서 그 결과에 따라 레벨이 올라간다.

```solidity
pragma solidity ^0.4.23;

contract HeroBattle {

    struct Hero {
        string name;
        uint dna;
        uint32 level;
        uint16 winCount;
        uint16 lossCount;
    }

    Hero[] public heroes;

    mapping (uint => address) public heroToOwner;

    uint nonce = 0;
    uint attackerProbability = 75;

    event NewHero(uint heroId, string name, uint dna);
    event attackWon(uint attackerId, uint targetId, uint winnerId);

    modifier ownerOf(uint _heroId) {
        require(msg.sender == heroToOwner[_heroId]);
        _;
    }

    /**
     * @dev 영웅을 새로 생성한다.
     * @param _name 영웅의 이름
     * @param _dna 영웅의 DNA
     */
    function _createHero(string _name, uint _dna) external {
        uint id = heroes.push(Hero(_name, _dna, 0, 0, 0)) - 1;
        heroToOwner[id] = msg.sender;
        emit NewHero(id, _name, _dna);
```

```
    }

    /**
     * @dev 화이트리스트에 주소 하나를 추가한다.
     * @param _heroId 공격자 영웅 ID
     * @param _targetId 상대방 영웅 ID
     */
    function attack(uint _heroId, uint _targetId)
        external ownerOf(_heroId) {
        Hero storage myHero = heroes[_heroId];
        Hero storage enemyHero = heroes[_targetId];

        uint winnerId;

        nonce++;
        uint rand = uint(keccak256(now, msg.sender, nonce)) % 100;

        if (rand <= attackerProbability) {
            myHero.winCount++;
            myHero.level++;
            enemyHero.lossCount++;
            winnerId = _heroId;
        } else {
            myHero.lossCount++;
            enemyHero.winCount++;
            winnerId = _targetId;
        }

        emit attackWon(_heroId, _targetId, winnerId);
    }
}
```

이더리움에서 탈중앙화 복권 만들기

탈중앙화 조직을 운영하는 플랫폼은 분산 기술로 구현하는 것이 가장 좋다. DAO^{Decentralized} Autonomous Organization란, 스마트 계약에 정해진 규칙에 따라 운영되는 조직이다. 이더리움을 통해 계약에 몇 가지 규칙을 작성하는 방식으로 DAO를 직접 만들 수 있다.

이 절에서는 이더리움 블록체인으로 복권 시스템을 운영하는 탈중앙화 조직을 만드는 방법을 소개한다.

준비

6장에 나온 예제를 테스트하려면 (geth, Parity, ganache 등으로) 이더리움을 설치하거나 리믹스 IDE를 설치해야 한다.

이 절에서 소개하는 계약은 어디까지나 예제 용도로 만든 것이므로, 실제 시스템에 적용하면 안 된다.

방법

1. 먼저 미래의 블록 해시를 기반으로 당첨 번호를 선정하는 복권 시스템에 대해 생각해보자. 티켓을 구매할 때, 사용자는 무작위 숫자를 입력해서 미래 블록에 대해 검증해야 한다. 상금은 예측이 얼마나 정확한가에 따라 결정된다.
2. 다음과 같이 솔리디티 버전과 이름을 지정해서 계약을 생성한다.

```
pragma solidity ^0.4.23;

// 탈중앙화 자율 복권
contract DAL {
    // ...
}
```

3. 각 사용자가 예측한 값을 저장할 데이터 구조를 정의한다. 여기에 베팅 액수, 추측한 번호, 검증에 사용할 미래 블록 번호에 대한 필드를 추가한다. 또한 사용자 주소와 각각의 복권에 대한 매핑도 생성한다.

```
struct Bet {
    // 베팅 액수
    uint256 value;

    // 예측한 수
    uint32 betHash;

    // 베팅을 검증할 미래 블록
    uint32 validateBlock;
}

// 베팅과 사용자에 대한 매핑
mapping(address => Bet) bets;
```

4. 미래 블록 번호를 세 번째 블록으로 간주한다. 복권을 뽑을 때마다 네 번째 미래 블록에 대해 예측 값을 검사한다. 예제에서는 굉장히 간단히 구현했는데, 무작위 성을 높이도록 다른 기법을 적용해도 된다.

5. 사용자가 복권을 뽑을 때 사용할 play 함수를 정의한다. 이 함수는 추측한 번호를 입력 받으며 payable로 정의한다.

```
function play(uint _hash) payable public {
    //...
}
```

6. 함수 안에 복권 뽑기에 필요한 금액을 충분히 보냈는지 확인하는 기능을 추가한다. 여기서는 최소 비용을 0.1 이더로, 최대 비용을 1 이더로 정의했다.

```
require(msg.value <= 1 ether && msg.value >= 0.1 ether);
```

7. 입력 값과 현재 상태에 따라 bethash와 미래 블록 번호를 계산한다.

```
uint24 bethash = uint24(_hash);

uint256 blockNumber = block.number + 3;
```

8. 계산된 베팅 값을 나중에 참고하도록 매핑에 저장한다.

```
bets[msg.sender] = Bet({
    value: msg.value,
    betHash: uint32(bethash),
    validateBlock: uint32(blockNumber)
});
```

9. 마지막으로 복권을 시행할 때마다 이벤트를 발생시키는 코드를 작성한다. 그러면 이 이벤트를 수신하는 애플리케이션에서 추적하고 업데이트하는 작업을 처리하기 쉽다.

```
// 이벤트 선언
event LogBet(
    address indexed player,
    uint256 bethash,
    uint256 blocknumber,
    uint256 betsize
);

// 이벤트 로그
emit LogBet(
    msg.sender,
    uint(bethash),
    blockNumber,
    msg.value
);
```

10. 편의를 위해 계약의 폴백 함수에서 play 함수를 호출하도록 작성한다. 사용자 편의를 위해 기본으로 제공되는 해시 함수를 이용하여 입력할 숫자를 무작위로 생성한다.

```
function () payable external {
    play(uint(keccak256(msg.sender, block.number)));
}
```

11. 지금까지 설명한 내용을 모두 합친 계약 코드는 다음과 같다.

```solidity
pragma solidity^0.4.23;

contract DAL {

    // 베팅 세부 사항을 저장하는 데이터 구조
    struct Bet {
        uint256 value;
        uint32 betHash;
        uint32 validateBlock;
    }

    // 사용자와 베팅에 대한 매핑
    mapping(address => Bet) bets;

    // 각 베팅을 추적하는 데 사용할 이벤트
    event LogBet(
        address indexed player,
        uint256 bethash,
        uint256 blocknumber,
        uint256 betsize
    );

    /**
     * @dev 베팅을 시작하는 함수
     * @param _hash 추측한 숫자
     */
    function play(uint _hash) payable public {
        require(msg.value <= 1 ether &&
                msg.value >= 0.1 ether);

        uint24 bethash = uint24(_hash);
        uint256 blockNumber = block.number + 3;

        bets[msg.sender] = Bet({
            value: msg.value,
            betHash: uint32(bethash),
            validateBlock: uint32(blockNumber)
```

```
                });

            emit LogBet(
                msg.sender,
                uint(bethash),
                blockNumber,
                msg.value
            );
        }

        /**
         * @dev 토큰 구매 프로세스를 단축시키는 폴백 함수
         */
        function () payable external {
            play(uint(keccak256(msg.sender, block.number)));
        }
    }
```

지금까지 살펴본 예제는 사용자로부터 베팅 값을 받는 굉장히 간단한 복권 계약이다. 당첨자를 선정하는 메커니즘은 아직 구현하지 않았다. 이 내용은 다음 절에서 소개한다.

이 계약에 배당금과 제휴 프로그램을 추가해서 좀 더 확장할 수 있다. 그러면 투자자는 잭팟 금액을 높일 수 있고, 티켓 판매 수익의 일정 비율을 배당금으로 받을 수 있다. 이렇게 하면 투자금을 더 많이 유치할 수 있고, 복권에 대한 관심을 높일 수 있다.

제휴 프로그램은 일종의 추천 보상 시스템이다. 이 시스템을 홍보하는 사람은 티켓 판매 수익에 비례해서 보상을 받는다.

티켓 번호로 당첨자 선정하기

앞 절에서는 기본적인 탈중앙화 토큰을 생성하고 베팅 내용을 기록하는 절차를 구현했다. 복권에 상금이 걸려 있다면 좀 더 흥미를 끌 수 있다. 당첨자를 선정하는 로직은 미래 블록 해시나 번호에 대해 추측한 값을 검증하는 방식으로 처리한다. 예측의 정확도에 따라 당첨금을 결정하는 기능도 추가할 수 있다.

이 절에서는 스마트 계약에 구현한 로직에 따라 당첨자를 선정하는 방법을 소개한다. 또한 당첨금을 계산해서 참여자에게 전달하는 방법도 살펴본다.

준비

여기서 나온 예제를 테스트하려면 (geth, Parity, ganache 등으로) 이더리움을 설치하거나 리믹스 IDE를 설치해야 한다. 이 절에서 소개하는 계약은 앞 절에서 만든 기본 복권 계약 DAL을 상속하는 방식으로 작성한다. 따라서 이 절에 들어가기 전에 앞 절의 내용을 확실히 이해한다.

이 절에서 소개하는 계약은 어디까지나 예제 용도로 만든 것이므로, 실제 시스템에 적용하면 안 된다.

방법

1. 앞 절에서 작성한 DAL 계약을 상속하도록 계약을 작성한다.

```
pragma solidity^0.4.23;

import "./DAL.sol";

contract WinnableDAL is DAL {
    //...
}
```

2. 먼저 당첨 프로세스부터 생각해보자. 사용자가 여섯 개의 숫자를 선택하도록 물어본다. 숫자는 0에서 15 사이에서 선택한다. 블록 해시의 16진수 값도 0–15(0–F)이기 때문에 예측 값을 검증하는 작업을 쉽게 처리할 수 있다.

3. 미래 블록이 마이닝되면 사용자는 예측한 숫자를 생성된 블록 해시를 기준으로 검사할 수 있다. 예를 들어, 미래 블록이 501232고 예측한 숫자가 314721이라고 하자. 미래 블록이 마이닝된 후에 이 숫자는 블록 해시의 마지막 다섯 자리를 기준으로 검증한다.

4. 사용자가 예측한 값이 얼마나 정확한지에 따라 당첨금을 계산한다.

5. 미래 블록 해시를 검증하는 함수를 작성한다. 이 함수는 베팅 오브젝트와 실제 미래 블록 해시를 입력 받아서 당첨금을 리턴한다. 해시를 검증하는 읽기 전용 함수이므로 pure 함수로 지정한다.

```
function verifyBet(Bet _bet, uint24 _result) pure
    internal returns(uint) {
    //..
}
```

6. 검증에 사용할 최종 블록 해시와 베팅 해시를 계산한다.

```
uint24 userBet = uint24(_bet.betHash);
uint24 actualValue = userBet ^ _result;
```

7. 각각의 숫자를 하나씩 검증하면서 정확히 예측한 횟수를 점차 증가시킨다.

```
uint24 predictions =
    ((actualValue & 0xF) == 0 ? 1 : 0) +
    ((actualValue & 0xF0) == 0 ? 1 : 0) +
    ((actualValue & 0xF00) == 0 ? 1 : 0) +
    ((actualValue & 0xF000) == 0 ? 1 : 0) +
    ((actualValue & 0xF0000) == 0 ? 1 : 0);
```

8. 정확히 예측한 횟수에 따른 당첨금을 리턴한다. 당첨금은 예측 횟수에 따른 배수를 티켓 가격과 곱한 값으로 결정한다. 정확히 예측한 숫자가 두 개 미만이면 당첨금으로 0을 리턴한다.

```
if (predictions == 5)
    return _bet.value * 10000;
if (predictions == 4)
    return _bet.value * 1000;
if (predictions == 3)
    return _bet.value * 100;
if (predictions == 2)
    return _bet.value * 10;
return 0;
```

9. 사용자가 정확히 예측해서 획득한 당첨금을 사용자 주소로 보낸다.

```
function pay(address _winner, uint _amount) internal {
    // 계약에 잔고가 충분한지 확인한다.
    require(address(this).balance > _amount);

    // 지정한 양만큼 사용자에게 전송한다.
    _winner.transfer(_amount);
}
```

10. 사용자는 isWon 함수로 당첨금을 수령한다. 이 함수는 사용자 주소를 입력 받아서, verifyBet과 pay 함수로 당첨금을 확인해서 전송한다.

```
function isWon(address _user) public {
    //...
}
```

11. 미래 블록이 마이닝됐는지 여부를 검사한다.

```
Bet storage userBet = bets[_user];
require(userBet.validateBlock >= block.number);
```

12. 미래 블록의 blockhash를 계산해서 그 결과를 예측한 숫자와 비교한다.

```
uint24 futureHash =
    uint24(blockhash(userBet.validateBlock));

uint prize = verifyBet(userBet, futureHash);
```

13. 사용자가 운 좋게 당첨금을 획득했다면 이를 사용자 주소로 전송한다.

```
if(prize > 0) {
    pay(_user, prize);
}
```

14. 중복 인출을 방지하도록 당첨된 복권은 폐기한다.

```
delete bets[_user];
```

15. 지금까지 설명한 내용을 합쳐서 작성한 복권 계약 코드는 다음과 같다.

```solidity
pragma solidity^0.4.23;

import "./DAL.sol";
contract WinnableDAL is DAL {

    /**
     * @dev 복권 당첨을 검사하는 함수
     * @param _bet 복권 오브젝트
     * @param _result 미래 블록 해시
     * @returns 당첨금을 표시하는 uint 값
     */
    function verifyBet(Bet _bet, uint24 _result) pure internal
        returns(uint) {
        uint24 userBet = uint24(_bet.betHash);
        uint24 actualValue = userBet ^ _result;

        uint24 predictions =
            ((actualValue & 0xF) == 0 ? 1 : 0) +
            ((actualValue & 0xF0) == 0 ? 1 : 0) +
            ((actualValue & 0xF00) == 0 ? 1 : 0) +
            ((actualValue & 0xF000) == 0 ? 1 : 0) +
            ((actualValue & 0xF0000) == 0 ? 1 : 0);

        if (predictions == 5)
            return _bet.value * 10000;
        if (predictions == 4)
            return _bet.value * 1000;
        if (predictions == 3)
            return _bet.value * 100;
        if (predictions == 2)
            return _bet.value * 10;
        return 0;
    }

    /**
     * @dev 사용자에게 당첨금을 지급하는 함수
     * @param _winner 수령자 주소
```

```
 * @param _amount 전송할 액수
 */
function pay(address _winner, uint _amount) internal {
    require(address(this).balance > _amount);
    _winner.transfer(_amount);
}

/**
 * @dev 당첨 상태를 확인하는 함수
 * @param _user 사용자 주소
 */
function isWon(address _user) public {
    Bet storage userBet = bets[_user];
    require(userBet.validateBlock >= block.number);

    uint24 futureHash =
        uint24(blockhash(userBet.validateBlock));
    uint prize = verifyBet(userBet, futureHash);

    if(prize > 0) {
        pay(_user, prize);
    }
    delete bets[_user];
}
}
```

투자자에게 배당금 나누기

앞에서 만든 시스템을 완전히 자동화하려면, 투자자에게 이익을 배당하는 기능을 구현해야 한다. 복권 시스템에서 수익은 티켓 판매량에서 나온다. 티켓 한 장이 팔릴 때마다 투자자에게 일정한 몫이 전달된다. 이렇게 하면 복권 시스템에 대한 관심을 높일 수 있다.

이 절에서는 탈중앙화 조직에서 투자금을 관리하고 이익을 배당하는 방법을 소개한다.

6장에 나온 예제를 테스트하려면 이더리움(geth, Parity, ganache 등)을 설치하거나 리믹스 IDE를 설치해야 한다. 이 절에서 소개하는 계약은 앞 절에서 만든 WinnableDAL을 상속하는 방식으로 작성한다. 따라서 이 절에 들어가기 전에 앞 절의 내용을 확실히 이해한다.

이 절에서 소개하는 계약은 어디까지나 예제 용도로 만든 것이므로, 실제 시스템에 적용하면 안 된다. 또한 산술 연산은 SafeMath로 구현하는 것이 좋다.

방법

1. 앞 절에서 작성한 WinnableDAL 계약을 상속해서 계약을 작성한다. 투자금은 주로 ERC20 토큰으로 처리하므로, 오픈제플린(openzeppelin) 라이브러리에 있는 StandardToken 계약도 불러온다.

```solidity
pragma solidity^0.4.23;

import "./WinnableDAL.sol";
import "./StandardToken.sol";

contract InvestableDAL is WinnableDAL, StandardToken {
    //...
}
```

2. 사용자로부터 투자를 받아서 토큰을 할당하는 invest 함수를 작성한다.

```solidity
function invest() public {
    //...
}
```

3. 간단히 구현하기 위해 각 투자자는 1 이더를 투자할 때마다 토큰을 하나씩 받는다고 가정한다. 토큰을 발행해서 할당하는 작업은 표준 토큰 함수로 처리한다.

```
address investor = msg.sender;
uint tokens = msg.value;

mint(investor, tokens);
```

4. 배당금을 저장할 상태 변수를 생성한다. 이 값은 티켓이 팔릴 때마다 변경된다.

```
uint dividendAmount = 0;
```

5. 예를 들어 총 티켓 판매 수익의 5%를 배당금에 할당한다. 이 기능을 추가하도록 play 함수를 수정한다.

```
function play(uint _hash) payable public {
    uint dividend = msg.value * (5/100);
    dividendAmount+= dividend;
    uint ticketValue = msg.value - dividend;

    //...
}
```

6. 중복 배당을 방지하도록 투자자에 대한 배당 현황을 저장하는 매핑을 생성한다.

```
mapping(address => bool) payoutStatus;
```

7. 사용자는 payout 함수를 호출해서 배당급을 지급받는다.

```
function getPayout() {
    require(!payoutStatus[msg.sender]);

    uint percentage = balance[msg.sender]/totalSupply;
    uint dividend = dividendAmount * (percentage/100);

    msg.sender.transfer(dividend);

    payoutStatus[msg.sender] = true;
}
```

8. 이 함수는 투자자가 배당금을 단 한 번만 받도록 제한한다. 하지만 배당금을 받은 후에도 토큰을 구매할 수 있기 때문에 완벽한 방법은 아니다. 이를 보완하는 한 가지 방법은 배당금 지급 기간을 여러 개 설정해서 효율적인 분배하는 것이다.

9. 지금까지 설명한 내용을 합치면 다음과 같다.

```solidity
pragma solidity^0.4.23;

import "./WinnableDAL.sol";
import "./StandardToken.sol";

contract InvestableDAL is WinnableDAL, StandardToken {

    uint dividendAmount = 0;

    mapping(address => bool) payoutStatus;

    /**
     * @dev 투자 함수
     */
    function invest() public {
        address investor = msg.sender;
        uint tokens = msg.value;

        mint(investor, tokens);
    }

    /**
     * @dev 배당하도록 수정한 play 함수
     * @param _hash Guessed number
     */
    function play(uint _hash) payable public {
        uint dividend = msg.value * (5/100);
        dividendAmount+= dividend;
        uint ticketValue = msg.value - dividend;

        //...
    }

    /**
     * @dev 당첨금을 지급하는 함수
     */
    function getPayout() {
```

```
            require(!payoutStatus[msg.sender]);

            uint percentage = balances[msg.sender] / totalSupply;
            uint dividend = dividendAmount * (percentage / 100);

            msg.sender.transfer(dividend);

            payoutStatus[msg.sender] = true;
        }
    }
```

더 많은 사용자를 끌어들이기 위한 제휴 프로그램 운영하기

사용자를 유치하기 위해 가장 흔히 사용하는 방법은 제휴 프로그램^{affiliate program}을 운영하는 것이다. 즉, 사용자를 유치할 때마다 보상금을 지급한다. 이 기능은 다양한 요인을 고려해서 소개료를 지급하도록 스마트 계약의 코드에 직접 작성해도 된다.

이 절에서는 사용자를 한 명씩 유치할 때마다 보상금을 지급하는 제휴 프로그램을 구현하는 방법을 소개한다. 지급할 소개료는 트랜잭션에 대한 토큰이나 코인의 일정 비율로 결정한다. 보상금을 결정하는 규칙은 시스템을 더욱 투명하고 안전하게 유지하도록 스마트 계약 코드 안에 작성한다.

준비

6장에 나온 예제를 테스트하려면 이더리움(geth, Parity, ganache 등)을 설치하거나 리믹스 IDE를 설치해야 한다. 이 절에서 소개하는 계약은 앞 절에서 만든 InvestableDAL을 상속하는 방식으로 작성한다. 따라서 이 절에 들어가기 전에 앞 절의 내용을 확실히 이해한다.

이 절에서 소개하는 계약은 어디까지나 예제 용도로 만든 것이므로 실제 시스템에 적용하면 안 된다. 또한 산술 연산은 SafeMath로 구현하는 것이 좋다.

1. 여기서 새로 만들 제휴 프로그램에 대한 계약은 앞 절에서 작성한 InvestableDAL 을 상속하는 방식으로 구현한다.

```
pragma solidity^0.4.23;

import "./InvestableDAL.sol";

contract AffiliateDAL is InvestableDAL {
    //...
}
```

2. 제휴 프로그램에 따라 각 사용자마다 받을 보상액을 저장할 매핑을 생성한다.

```
mapping(address => uint) affiliate;
```

3. 소개비를 수령할 때 호출할 함수를 정의한다.

```
function getAffiliatePay() public {
    //...
}
```

4. 지정된 주소로 보상금을 보낸 뒤에 보상금 정보를 담은 매핑을 초기화한다.

```
uint amount = affiliate[msg.sender];
require(amount > 0);

msg.senser.transfer(amount);
affiliate[msg.sender] = 0;
```

5. 보상금을 수령할 주소 를 입력 받도록 play 함수를 수정한다.

```
function play(uint _hash, address _affiliate)
    payable public {
    //...
}
```

6. 각각의 유효한 주소에 대한 보상금을 계산한다.

```solidity
uint ticketValue = msg.value;

if(_affiliate != address(0)) {
    uint affiliateAmount = msg.value * (1/100);
    affiliate[msg.sender] += affiliateAmount;
    ticketValue = msg.value - affiliateAmount;
}

//...
```

7. 지금까지 설명한 내용을 합치면 다음과 같다.

```solidity
pragma solidity^0.4.23;

import "./InvestableDAL.sol";

contract AffiliateDAL is InvestableDAL {

    mapping(address => uint) affiliate;

    /**
     * @dev 보상금을 조회하는 함수
     */
    function getAffiliatePay() public {
        uint amount = affiliate[msg.sender];
        require(amount > 0);

        msg.senser.transfer(amount);
        affiliate[msg.sender] = 0;
    }

    /**
     * @dev 보상 프로그램을 적용하도록 수정한 play 함수
     * @param _hash 예측한 숫자
     * @param _affiliate 보상금을 수령할 주소
     */
    function play(uint _hash, address _affiliate) payable public {
```

```solidity
        uint ticketValue = msg.value;

        if(_affiliate != address(0)) {
            uint affiliateAmount = msg.value * (1/100);
            affiliate[msg.sender] += affiliateAmount;
            ticketValue = msg.value - affiliateAmount;
        }

        //...
    }
}
```

07

솔리디티의 고급 기능

7장에서 다룰 주제는 다음과 같다.

- 솔리디티 코드에서 에러를 처리하는 방법
- 추상 및 인터페이스 계약
- 다른 계약에서 계약을 관리하는 방법
- 솔리디티의 계약 상속 기능
- 솔리디티에서 라이브러리를 생성하는 방법
- 솔리디티에서 제공하는 수학 및 암호화 함수
- 업그레이드 가능한 스마트 계약 생성 방법
- 솔리디티에서 API로부터 데이터를 가져오는 방법
- 솔리디티에서 함수를 타입으로 사용하는 방법

- 솔리디티 어셈블리
- 솔리디티로 멀티시그 지갑 구현 방법

들어가며

솔리디티로 스마트 계약을 작성하는 기본 방법에 대해 2장, '스마트 계약 작성법'에서 살펴 봤다. 이 장에서는 그때 미처 설명하지 못한 고급 주제를 소개한다.

솔리디티에서 에러를 잘 처리하는 방법

에러 처리error handling는 모든 프로그래밍 언어의 핵심 기능 중 하나다. 흔히 try, catch, throw 구문으로 표현하지만, 솔리디티는 계약에서 발생한 예외를 require, revert, assert 메서드로 처리한다. 이더리움은 일종의 상태 기계state machine이기 때문에 예외가 발생하면 현재 호출하면서 변경한 상태를 모두 되돌려야 한다.

이 절에서는 require, revert, assert 메서드를 이용해 예외를 처리하는 방법을 소개한다.

준비

이 절에서 소개하는 스마트 계약 코드를 배치해서 테스트하려면 이더리움이 설치돼 있어 야 한다. 리믹스 IDE를 이용해 솔리디티 코드를 작성해서 테스트해도 된다.

방법

솔리디티는 스마트 계약에서 예외를 처리하고 검증하기 위해 require, revert, assert 함 수를 제공한다. 이러한 함수의 사용법과 솔리디티 컴파일러가 이를 처리하는 과정을 하 나씩 살펴보자.

require()

1. require()는 조건을 검사해서 맞지 않으면 예외를 발생시키는 데 사용하는 일종의 편의 함수convenience function다.

2. 솔리디티 초기 버전(0.4.13 이전 버전)에서는 예외가 발생해서 상태를 되돌리는 작업을 throw로 작성했다. 이 방식은 현재 폐기됐으며deprecated, 향후 버전에서 완전히 삭제될 예정이다.

```
// 현재는 폐기된 기존 방법
if (msg.sender != owner) {
    throw;
}
```

3. 입력 값이 정확한지 등과 같은 조건을 검사하거나 외부 계약으로 리턴할 값을 검사하는 작업은 require() 메서드로 처리한다.

```
require(toAddress != address(0));
require(targetContract.send(amountInWei));
require(balances[msg.sender] >= amount);
```

4. 에러 메시지나 에러 타입에 대한 번호는 require()를 통해 리턴한다.

```
require(condition, "Error Message");
```

5. 이 함수는 예외가 발생할 경우, 호출한 측으로 남은 가스를 반환한다.

6. require()는 0xfd 옵코드opcode를 사용해 에러 상태를 발생시킨다. 0xfd 옵코드는 현재 REVERT 인스트럭션에 매핑된다(EIP-140).

> ℹ️ EIP(Ethereum Improvement Proposal) 140은 REVERT란 새로운 옵코드를 도입했다. 이 규격은 호출한 측으로부터 할당된 가스를 모두 버리지 않고 예외를 발생하지 않도록 REVERT 옵코드를 제안했다. 자세한 사항은 https://github.com/ethereum/EIPs/issues/140을 참조한다.

revert( )

1. revert( )는 require( ) 함수와 작동 방식이 비슷하지만 좀 더 복잡한 조건에 사용한다.

```
if (msg.sender != owner) {
    revert();
}
```

2. revert 역시 0xfd 옵코드로 예외를 발생시키며, 리턴 메시지와 가스 반환 기능을 제공한다.

```
if (!condition) {
    revert("Error Message");
}
```

3. 복잡하게 중첩된 if-else 제어문에서는 require( ) 보다는 revert( ) 메서드를 사용한다.

4. require와 revert 함수는 둘 다 자주 사용하는 것이 좋다. 주로 함수의 시작 부분에서 많이 사용한다.

assert( )

1. assert( )는 나쁜 일이 발생하지 않게 할 때 사용한다.

```
assert(condition);
```

2. 이 함수는 정수 오버플로우/언더플로우와 같은 상태를 검사할 때 사용한다.

```
pragma solidity ^0.4.24;

contract TestException {
    function add(uint _a, uint _b) returns (uint) {
        uint x = _a + _b;
        assert(x > _b);
        returns x;
    }
}
```

3. 이 함수는 계약에서 불변 속성invariant을 검사할 때 사용한다. 예를 들어, 계약 잔고를 총 공급량과 비교할 때를 들 수 있다.

   ```
   assert(address(this).balance >= totalSupply);
   ```

4. assert는 주로 상태를 변경한 후 검사하는 데 사용된다. 이 함수를 이용하면 절대 발생하면 안 되는 상태를 막을 수 있다. 가장 이상적인 것은 계약에 있는 assert 구문이 하나도 실패하지 않아야 한다. 실패한 assert문이 있다는 말은 그 계약에 당장 수정해야 할 버그가 있다는 말이다.

5. 일반적으로 함수가 끝나는 지점에 assert문을 작성하고 이를 너무 자주 사용하지 않는 것이 좋다.

6. assert( )는 문제가 발생할 때 0xfe 옵코드로 에러 상태를 발생한다.

7. 이 옵코드는 현재 호출에 대해 남은 가스를 모두 소비한 뒤, 예외가 발생하기 전까지 변경한 상태를 되돌린다.

추상 계약과 인터페이스 계약

솔리디티는 인터페이스 계약interface contract과 추상 계약abstract contract을 모두 지원한다. 이 기능을 활용하면 솔리디티로 계약의 골격을 구성하기 쉽다. 이 절에서는 인터페이스 계약과 추상 계약을 작성하는 방법을 소개한다.

준비

이 절에서 소개하는 스마트 계약 코드를 배치해서 테스트하려면 이더리움이 설치돼 있어야 한다. 리믹스 IDE를 이용해 솔리디티 코드를 작성해서 테스트해도 된다.

지금부터 설명하는 내용을 이해하려면 솔리디티에 대한 기초가 있어야 한다. 자세한 사항은 2장, '스마트 계약 작성법'을 참고한다.

방법

인터페이스 계약과 추상 계약은 서로 비슷하다. 하지만 단순히 함수 구현을 가질 수 없다는 점 외에 몇 가지 차이가 더 있다. 그럼 하나씩 자세히 살펴보자.

추상 계약

1. 추상 계약도 일반 계약처럼 작성한다. 단, 구현하지 않은 함수가 최소한 한 개가 있다.

```solidity
pragma solidity ^0.4.24;

contract AbstractContrct {
    // 구현하지 않은 함수
    function f() public returns (uint);

    // 구현한 함수
    function c() public returns (uint) {
        return 0;
    }
}
```

2. 추상 계약을 곧바로 컴파일할 수 없다. 다른 계약에서 이를 기반(베이스 계약)으로 상속하는 방식으로만 사용할 수 있다. 이때 추상 계약에서 구현하지 않은 함수를 오버라이딩해서 구현해야 한다.

```solidity
pragma solidity ^0.4.24;

// 추상 계약
contract AbstractContrct {
    function f() public returns (uint);
}
```

```
// 함수를 구현한 계약
contract InheritedContract is AbstractContrct {
    function f() public returns (uint) {
        return 11;
    }
}
```

3. 추상 계약을 이용하면 계약의 정의 부분과 구현 부분을 분리할 수 있다. 그래서 계약의 확장성을 높일 수 있다.

인터페이스 계약

1. 인터페이스 계약은 interface란 키워드로 시작한다.

```
interface InterfaceContract {
    // ...
}
```

2. 인터페이스 계약은 추상 계약과 비슷하지만, 구현한 함수가 하나도 없어야 한다.

```
interface ERC20 {

    function transfer(
        address target,
        uint amount) public;

    function transferFrom(
        address source,
        address target,
        uint amount) public;

    ...
}
```

3. 인터페이스는 다른 계약이나 인터페이스를 상속할 수는 없지만, 다른 계약이 인터페이스를 상속할 수는 있다.

```
interface ERC20 {
    function transfer(address target, uint amount) public;
}

contract Token is ERC20 {
    function transfer(address target, uint amount) public {
        //...
    }
}
```

4. 인터페이스 계약은 Contract ABI에서 표현할 수 있는 범위에서만 사용할 수 있다. 주소로 계약 인스턴스를 생성할 때 이렇게 활용한다.

```
interface ERC20 {
    function transfer(address target, uint amount) public;
}

contract Token {
    constructor(address _token) public {
        ERC20 token = ERC20(_token);
    }
}
```

5. 인터페이스 계약은 생성자, 변수, 구조체, 열거형을 정의할 수 없다.

 현재 인터페이스에 적용되는 이러한 제약 사항은 향후 버전에서 좀 더 완화될 예정이다. 이러한 변경 사항으로 인해 충돌이 발생하지 않도록 항상 컴파일러 버전을 확인한다.

다른 계약에서 계약 관리하기

솔리디티는 네트워크에 배치된 스마트 계약끼리 통신하는 기능을 제공한다. 이를 통해 새로운 계약을 생성하거나 기존 계약과 상호작용하는 일을 모두 할 수 있다. 이렇게 하면 다양한 기능을 구현할 수도 있지만 보안 취약점도 늘어난다.

이 절에서는 다른 계약에서 계약을 관리하는 방법을 소개한다.

준비

이 절에서 소개하는 스마트 계약 코드를 배치해서 테스트하려면 이더리움이 설치돼 있어야 한다. 리믹스 IDE를 이용해 솔리디티 코드를 작성해서 테스트해도 된다.

지금부터 설명하는 내용을 이해하려면 솔리디티에 대한 기초가 있어야 한다. 자세한 사항은 2장, '스마트 계약 작성법'을 참고한다.

방법

1. 솔리디티는 다른 계약에서 계약을 생성하는 기능을 제공한다. 이 작업은 함수를 실행하는 동안이나 부모 계약을 배치하는 동안 수행된다.
2. 재귀적으로 생성되지 않게 하려면, 새로 배치할 계약의 소스 코드를 미리 알고 있어야 한다.
3. 다른 계약에서 계약을 생성할 때는 new 키워드를 사용한다.

```
pragma solidity ^0.4.23;

contract Storage {
    ...
}

contract Parent {
    // 계약 새로 생성하기
```

```
        Address storeAddress = new Storage();
        ...
    }
```

4. 계약을 생성하면 새로 배치된 계약의 주소가 리턴된다. 이 계약에 있는 함수에 직접 접근하도록 오브젝트로 변환한다.

```
Storage store = new Storage();
```

5. 새로 배치한 계약은 이 오브젝트로 다룬다. 계약에 있는 public 함수와 상태 변수를 모두 접근할 수 있다.

```
pragma solidity ^0.4.23;

contract Storage {

    uint public num;

    function changeNum(uint _num) public {
        num = _num;
    }
}

contract Parent {

    Storage store = new Storage();

    function interact() public {
        store.changeNum(10);
    }
}
```

6. 계약에 생성자가 있다면 생성 과정에 생성사 매개변수를 전달한다.

```
pragma solidity ^0.4.23;

contract Storage {

    uint public num;
```

```
        constructor(uint _num) public {
            num = _num;
        }
    }

contract Parent {

    Storage store = new Storage(10);

}
```

7. new 키워드로 계약을 생성하는 동안 이더를 포워딩한다. 가스 사용량을 제한하는 기능은 아직 지원하지 않는다.

```
pragma solidity ^0.4.23;

contract Storage {

    uint public num;

    constructor(uint _num) payable public {
        num = _num;
    }
}

contract Parent {
    function createStore() public payable {
        Storage store = (new Storage).value(msg.value)(10);
    }
}
```

8. 문제가 발생해서 계약 생성에 실패하면 예외가 발생한다.

9. 솔리디티는 계약을 새로 생성하는 기능뿐만 아니라, 기존 계약과 상호작용하는 기능도 제공한다. 배치된 주소로 계약 오브젝트를 생성해서 사용하면 된다.

```
pragma solidity ^0.4.23;

contract Storage {
```

```
    uint public num;

    constructor(uint _num) payable public {
        num = _num;
    }
}

contract Parent {

    Storage store;

    function changeStore(address _storeAddress) public payable {
        store = Storage(_storeAddress);
    }
}
```

10. 계약에서 주소를 매개변수로 받으면 더 간단히 처리할 수 있다. 그러면 명시적으로 변환할 필요가 없다.

```
pragma solidity ^0.4.23;

contract Storage {

    uint public num;

    constructor(uint _num) payable public {
        num = _num;
    }
}

contract Parent {

    Storage store;

    function changeStore(Storage _store) public payable {
        store = _store;
    }
}
```

11. 외부 계약에 있는 함수는 계약 오브젝트에서 제공하는 call이나 delegatecall 메서드로 호출한다.

12. call 메서드는 다른 계약 코드를 실행한다. 이 메서드는 다른 계약의 상태를 변경할 때 사용한다.

13. call 메서드를 실행할 때 첫 번째 매개변수로 호출할 함수의 시그니처를 지정하고, 그 뒤에 그 함수에 전달할 매개변수를 지정한다.

```
<주소>.call(<함수_시그니처>, 매개변수...);
```

14. 이 함수를 사용할 때 gas와 value를 적절히 변경한다. 이 작업은 value( )와 gas( ) 함수로 처리한다.

```solidity
pragma solidity ^0.4.23;

contract Storage {

    uint public num;

    function changeValue(uint _num) payable public {
        num = _num;
    }
}

contract Parent {

    function changeStoreValue(address _store, uint _value)
        public payable {
        _store.call
            .gas(100000)
            .value(1 ether)
            (bytes4(keccak256("changeValue(uint256)")), _value);
    }
}
```

15. delegatecall 함수는 호출하는 계약의 코드로 현재 계약의 상태를 변경할 때 사용한다.

16. 이 함수의 사용법은 call 함수와 비슷하며, 가스와 value를 지정하는 옵션도 제공한다.

```solidity
pragma solidity ^0.4.23;

contract Storage {

    uint public num;

    function changeValue(uint _num) payable public {
        num = _num;
    }
}

contract Parent {
    uint public num;

    function changeStoreValue(address _store, uint _value)
        public payable {
        _store.delegatecall
            .gas(100000)
            (bytes4(keccak256("changeValue(uint256)")), _value);
    }
}
```

17. 예전에는 callcode 메서드로 delegatecall에 해당하는 기능을 제공했다. callcode 메서드에서는 msg.owner나 msg.value와 같은 정보를 유지하지 않는다. 현재 이 함수는 폐기됐으며, 조만간 삭제될 예정이다.

 로우 레벨 call과 delegatecall을 호출할 때 예외가 발생하면 false를 리턴한다. 이 메서드를 사용할 때 항상 리턴 타입을 보고 예외가 발생하지 않았는지 확인하는 것이 좋다.

신뢰할 수 없는 외부 계약을 호출하면 굉장히 위험하다. `delegatecall`과 같은 메서드를 사용할 때, 상대방 계약에서 상태 변수를 변경하거나 여러분이 가진 돈을 모두 빼갈 수 있다. 신뢰할 수 없는 서드파티 계약은 절대 사용하지 말기 바란다.

더 심한 경우, 악의적인 외부 계약에서 예외를 지속적으로 발생시킬 수 있다. 그러면 호출한 계약이 뻗어버린다. 이는 일종의 서비스 거부 공격[DoS, Denial-of-Service]에 해당하며, 여러분이 작성한 계약을 영원히 사용할 수 없도록 만들어버릴 수 있다.

솔리디티의 계약 상속 기능

스마트 계약은 상속을 통해 기능을 확장할 수 있다. 솔리디티는 다중 상속과 다형성[polymorphism](폴리모피즘)을 지원한다. 이 절에서는 각각에 대해 자세히 소개한다.

준비

이 절에서 소개하는 스마트 계약 코드를 배치해서 테스트하려면 이더리움이 설치돼 있어야 한다. 리믹스 IDE를 이용해 솔리디티 코드를 작성해서 테스트해도 된다.

지금부터 설명하는 내용을 이해하려면 솔리디티에 대한 기초가 있어야 한다. 자세한 사항은 2장, '스마트 계약 작성법'을 참고한다.

방법

1. 계약을 상속하려면 `is` 키워드를 사용한다. 상속하기 전에 반드시 부모 계약을 불러오거나(임포트[import]하거나) 코드에 복사해야 한다.

    ```
    contract A {
        ...
    ```

```
}

contract B is A {
    ...
}
```

2. 여러 계약을 상속해도 블록체인에 생성되는 계약은 하나다. 상속한 코드는 모두 생성된 계약에 복사된다.

3. 상속한 코드에서 함수를 이름으로 호출하면 최종 자식 함수가 호출된다. 부모 계약에 있는 함수를 호출하려면 그 이름을 구체적으로 지정해야 한다.

```
pragma solidity ^0.4.23;

contract A {
    uint public value;

    function changeValue() public {
        value = 1;
    }
}

contract B is A {

    function changeValue() public {
        value = 2;
    }
}
```

4. 부모 계약(베이스 계약)에 있는 함수에 접근할 때는 super 키워드를 사용한다.

```
pragma solidity ^0.4.23;

/**
 * 첫 번째 부모 계약
 */
contract A {

    uint public value;
```

```
    function changeValue() public {
        value = 1;
    }
}

/**
 * 두 번째 부모 계약
 */
contract B {

    uint public value;

    function changeValue() public {
        value = 2;
    }
}

/**
 * 두 개의 부모 계약을 상속하는 계약
 */
contract C is A, B {

    function changeValue() public {
        value = 3;
        super.changeValue();[1]
    }
}
```

5. 상속할 때 베이스 계약의 생성자 매개변수를 지정한다. 이 작업은 자식 계약의
   생성자에서 처리할 수도 있다. 생성자 인수가 상수 값이면 전자의 방법을 적용하
   는 것이 바람직하다. 후자의 방법은 부모의 생성자 인수가 자식 계약의 입력 값에
   따라 결정될 때만 사용한다. 두 방법을 동시에 사용하면 후자가 먼저 적용된다.

```
pragma solidity ^0.4.23;
```

---

1 다중 상속이지만 다음에 나온 6단계에서 설명하듯이 나열한 순서대로 상속된다. 여기서는 A 다음 B를 적었기 때문에 super.
  changeValue()는 B.changeValue()와 같다. 명확하게 표현하고 싶다면 super 대신 A나 B를 표기해도 좋다. – 옮긴이

```
/**
 * 부모 계약
 */
contract A {
    uint public value;
    constructor(uint _value) public {
        value = _value;
    }
}

/**
 * 상속할 때 생성자 매개변수를 지정하는 경우
 */
contract B is A(1) {
    constructor() public {
        // ...
    }
}

/**
 * 생성자에 부모 생성자 매개변수를 지정하는 경우
 */
contract C is A {
    constructor() A(10) public {
        // ...
    }
}
```

6. 상속 순서는 부모 코드를 나열하는 순서를 따른다. 이를 통해 다이아몬드 문제를 방지할 수 있다. 가장 기본적인 것부터 구체적인 순서로 상속하는 것이 바람직하다.

> ⓘ 다이아몬드 문제(diamond problem)란, A를 상속하는 두 계약 B와 C에서 A에 있는 메서드를 오버라이드할 때 발생하는 모호함을 말한다. D라는 계약이 A의 메서드를 오버라이드하지 않고 B와 C를 동시에 상속하면 D는 그 메서드가 B에서 온 건지, 아니면 C에서 온 건지 알 수 없다.

솔리디티에서 라이브러리 만드는 방법

솔리디티에서 라이브러리는 싱글턴singleton으로 구성돼서, 한번 배치하고 나면 다른 모든 계약에서 호출할 수 있다. 솔리디티의 라이브러리는 스토리지가 없어서 이더를 보유할 수 없다. 이러한 속성으로 인해 이더리움 블록체인에 코드가 중복되는 현상을 피할 수 있으며, 같은 코드를 중복해서 배치하지 않기 때문에 가스를 상당히 절약할 수 있다.

이 절에서는 솔리디티에서 라이브러리를 생성하고 배치해서 사용하는 방법을 소개한다.

준비

이 절에서 소개하는 스마트 계약 코드를 배치해서 테스트하려면 이더리움이 설치돼 있어야 한다. 리믹스 IDE를 이용해 솔리디티 코드를 작성해서 테스트해도 된다.

지금부터 설명하는 내용을 이해하려면 솔리디티에 대한 기초가 있어야 한다. 자세한 사항은 2장, '스마트 계약 작성법'을 참고한다.

방법

1. 라이브러리를 만드는 방법은 계약을 정의하는 방법과 같다. 단지 library란 키워드로 시작할 뿐이다.

```
library libName {
    //...
}
```

2. 라이브러리와 계약의 차이를 몇 가지 정리하면 다음과 같다.

   - 라이브러리는 상태 변수를 가질 수 없다.
   - 라이브러리는 상속하거나 상속될 수 없다.
   - 라이브러리는 이더를 수신하는 폴백 함수나 페이어블payable 함수를 가질 수 없다.

3. library 함수를 호출하는 방법은 외부 계약을 호출하는 방법과 같다.

```
<라이브러리>.<함수>( );
```

4. 라이브러리에 있는 함수를 호출할 때는 delegatecall 인스트럭션을 사용한다.
   그러면 호출한 측의 문맥에서 코드를 실행할 수 있다.

```
library lib {
    function getBal() returns (uint) {
        return address(this).balance;
    }
}

contract Sample {
    function getBalance() returns (uint) {
        return lib.getBal();
    }

    function() payable {}
}
```

5. 계약에서 라이브러리를 사용하는 예는 다음과 같다.

```
pragma solidity ^0.4.23;

/**
 * 덧셈과 뺄셈을 제공하는 Calc 라이브러리
 * 이 라이브러리는 예제용으로만 사용한다.
 * 실제 계약에서는 절대 사용하면 안 된다.
 */
library calc {

    /**
     * @dev 두 숫자를 더하는 함수
     * @param a 더할 첫 번째 숫자 (uint 값)
     * @param b 더할 두 번째 숫자 (uint 값)
     */
    function add(uint a, uint b) public
        returns (uint) {
```

```solidity
        return a + b;
    }
    /**
     * @dev 두 수의 차를 구하는 함수
     * @param a 뺄셈의 첫 번째 수 (uint 값)
     * @param b 뺄셈의 두 번째 수 (uint 값)
     */
    function sub(uint a, uint b) public
        returns (uint) {
        return a - b;
    }
}


/**
 * calc 라이브러리를 사용하는 계약
 */
contract Sample {

    /**
     * @dev 덧셈 테스트 함수
     * @return 성공/실패를 표현하는 불리언 값
     */
    function testAdd() public returns (bool) {
        uint result = calc.add(5, 1);
        return (result == 5 + 1);
    }

    /**
     * @dev 뺄셈 테스트 함수
     * @return 성공/실패를 표현하는 불리언 값
     */
    function testSub() public returns (bool) {
        uint result = calc.sub(5, 1);
        return (result == 5 - 1);
    }
}
```

6. using-for 디렉티브^{directive}로 라이브러리에 구체적인 데이터 타입을 지정한다.

```
library Lib {
    // ...
}

contract A {
    // 여기서 Lib은 라이브러리고, B는 그 라이브러리의 타입이다.
    using Lib for B;
    // ...
}
```

7. 라이브러리에 있는 함수는 호출 대상이 되는 오브젝트를 첫 번째 매개변수로 받는다.

```
uint a = 10;
uint b = 5;
a.add(b); // add(a,b);와 같다.
```

8. 라이브러리를 모든 데이터 타입에 적용하려면 타입 자리에 *을 지정한다.

```
using Lib for *;
```

9. 5단계에서 사용한 라이브러리를 using-for 구문으로 작성한다. 이 과정에서 정수 오버플로우/언더플로우를 검사하는 코드를 몇 줄 추가했다.

```
pragma solidity ^0.4.23;

/**
 * 덧셈과 뺄셈을 제공하는 Calc 라이브러리
 * 이 라이브러리는 예제용으로만 사용한다.
 * 실제 계약에서는 절대 사용하면 안 된다.
 */
library calc {

    /**
     * @dev 두 숫자를 더하는 함수
     * @param a 더할 첫 번째 숫자 (uint 값)
     * @param b 더할 두 번째 숫자 (uint 값)
```

```
    */
    function add(uint a, uint b) public
        returns (uint c) {
        c = a + b;
        assert(c >= a);
        return c;
    }

    /**
     * @dev 두 수의 차를 구하는 함수
     * @param a 뺄셈의 첫 번째 수 (uint 값)
     * @param b 뺄셈의 두 번째 수 (uint 값)
     */
    function sub(uint a, uint b) public
        returns (uint) {
        assert(b <= a);
        return a - b;
    }
}

/**
 * calc 라이브러리를 사용하는 계약
 */
contract Sample {
    using calc for uint;

    /**
     * @dev 덧셈 테스트 함수
     * @return 성공/실패를 표현하는 불리언 값
     */
    function testAdd() public returns (bool) {
        return (uint(5).add(1) == 5 + 1);
    }

    /**
     * @dev 뺄셈 테스트 함수
     * @return 성공/실패를 표현하는 불리언 값
     */
```

```
function testSub() public returns (bool) {
    return (uint(5).sub(1) == 5 - 1;
}
}
```

원리

라이브러리는 코드를 재활용하기 위한 수단으로 널리 사용된다. 계약과 비슷하며, 라이브러리에 있는 함수는 delegatecall로 호출한다. 이를 통해 호출한 문맥에서 코드를 실행하고 저장할 수 있다. 상태를 변경하지 않는다면 라이브러리 함수를 직접 호출해도 된다.

라이브러리 함수를 호출하는 방법은 외부 계약을 호출하는 것과 비슷하다(delegatecall). 단 라이브러리 함수 중에서 internal로 지정된 것은 예외다. 이런 함수는 EVM에서 내부 호출 관례(JUMP)에 따라 호출된다.

보충

계약을 컴파일할 때 솔리디티 컴파일러는 바이트코드에 사용한 라이브러리가 들어갈 공간을 마련한다. 이 공간은 40 바이트 크기의 서브스트링(__LibraryName__)으로 표현하며, 그 안에 라이브러리 이름을 넣는다. 이러한 40개 기호 대신 라이브러리 계약이 있는 주소를 표현하는 16진수 값을 넣어도 된다.

solc 컴파일러는 컴파일하는 동안 이렇게 16진수로 표현한 대상을 연결(링크link)하는 옵션을 제공한다. 컴파일할 때 --libraries 옵션을 지정하면 된다.

--libraries 속성에 지정할 값은 스트링으로 표현한다.

--libraries "SafeMath:0x.. StringUtils:0x..."

또는 라이브러리와 주소를 각각 별도 라인에 입력한 파일을 지정해도 된다.

--libraries <파일이름>

솔리디티에서 제공하는 수학 및 암호화 함수

솔리디티는 수학 및 암호화 연산을 수행하기 위한 함수를 기본으로 제공한다. 이러한 함수로 해시 연산이나 공개키 조회와 같은 다양한 작업을 처리할 수 있다.

이 절에서는 솔리디티에서 제공하는 수학 및 암호화 함수 중에서 자주 사용하는 몇 가지 함수의 사용법을 소개한다.

준비

이 절에서 소개하는 스마트 계약 코드를 배치해서 테스트하려면 이더리움이 설치돼 있어야 한다. 리믹스 IDE를 이용해 솔리디티 코드를 작성해서 테스트해도 된다.

지금부터 설명하는 내용을 이해하려면 솔리디티에 대한 기초가 있어야 한다. 자세한 사항은 2장, '스마트 계약 작성법'을 참고한다.

방법

1. keccak256/sha3 함수를 이용하면 SHA−3(keccak-256) 해시를 계산할 수 있다.

```
keccak256(...)
// 또는
sha3(...) // keccak256에 대한 앨리어스
```

2. 이 함수는 bytes32 포맷의 해시를 리턴한다.

```
keccak256(...) returns (bytes32);
```

3. 이 함수의 인수는 패딩padding없이 연결할 수 있기 때문에, 다음과 같이 호출한 결과가 모두 같다.

```
keccak256("hello", "world")
keccak256("helloworld")
```

```
keccak256(0x68656c6c6f776f726c64)
keccak256(68656c6c6f776f726c64)
```

4. 솔리디티에서 제공하는 sha256 함수는 입력에 대한 SHA-256 해시를 계산한다. keccak256 함수와 방식은 같다.

```
sha256(...) returns (bytes32);
```

5. ecrecover 함수를 이용하면 공개키에 지정된 주소를 검증할 수 있다. 이 함수는 서명된 해시 메시지와 v, r, s 값을 인수로 받아서 주소를 계산한다. 입력 값이 잘못되면 0을 리턴한다.

```
ecrecover(bytes32 hash, uint8 v, bytes32 r, bytes32 s) returns
(address);
```

6. 이 코드를 계약에서 실시간으로 실행해보자. 다음 계약 코드를 보면 서명된 메시지로부터 주소를 리턴한다.

```
pragma solidity ^0.4.23;

contract VerificationContract {
    function verifyAddress(
        bytes32 h,
        uint8 v,
        bytes32 r,
        bytes32 s) public pure returns (address) {
        return ecrecover(h, v, r, s);
    }
}
```

7. 이 함수에 메시지와 주소를 입력해서 호출해보자. 먼저 web3JS로 입력 메시지에 대한 해시를 생성한다.

```
var message = "Hello World!";
var prefix = "\x19Ethereum Signed Message:\n";
var hash = web3.utils.sha3(prefix + message.length + message);
```

8. 주어진 주소로 메시지를 서명한다.

```
var address = "0x...";
var signature = await web3.eth.sign(message, address);
```

9. 서명된 signature로부터 v, r, s를 계산한다.

```
var r = signature.slice(0, 66);
var s = '0x' + signature.slice(66, 130);
var v = '0x' + web3.toDecimal(signature.slice(130, 132));
```

10. 이렇게 생성한 값으로 주소를 검증한다.

```
var result =
    await VerificationContract.verifyAddress
        .call(hash, v, r, s);
```

11. 리턴된 결과는 8단계에서 사용한 주소와 같아야 한다.

12. 솔리디티는 keccak과 SHA 뿐만 아니라 ripemod-160 해시도 제공한다.

```
ripemd160(...) returns (bytes20);
```

13. 솔리디티는 uint256 데이터 타입으로 감싸지 않은 값에 대해 모듈로^{modulo}(나머지) 연산을 수행하는 함수도 제공한다. 덧셈이나 곱셈 후에 모듈로 연산을 수행하는 데 사용된다.

14. 0이 아닌 x에 대해 $(a + b) \% x$를 계산하려면 솔리디티에서 제공하는 addmod 함수를 호출한다.

```
addmod(uint x, uint y, uint k) returns (uint);
```

15. 0이 아닌 x에 대해 $(a * b) \% x$를 계산하려면 솔리디티에서 제공하는 mulmod 함수를 호출한다.

```
mulmod(uint x, uint y, uint k) returns (uint);
```

보충

솔리디티는 이러한 수학 및 암호화에 대한 내장 함수와 더불어, ABI 인코딩 함수도 제공한다. 이를 통해 함수를 실제로 호출하지 않고도 시그니처를 생성할 수 있다. 여기서 지원되는 연산은 다음과 같다.

- abi.encode(...): 주어진 매개변수를 ABI로 인코딩한다.
- abi.encodePacked(...): 주어진 매개변수를 묶음 인코딩packed encoding한다.
- abi.encodeWithSelector(bytes4 selector, ...): 주어진 매개변수를 인코딩할 때 두 번째 인수부터 시작하며, 매개변수로 지정된 4바이트 셀렉터를 앞에 붙인다.
- abi.encodeWithSignature(string signature, ...): encodeWithSelector와 비슷하지만 첫 번째 매개변수로 시그니처를 받는다.

업그레이드 가능한 스마트 계약 작성법

이더리움 네트워크에 스마트 계약을 배치하고 나면 계약 코드를 더 이상 변경할 수 없다. 코드에서 허용한다면 상태 값은 변경할 수 있다. 이러한 속성으로 인해 불변성과 신뢰성이란 장점이 있지만 단점도 있다. 이더리움 설계 특성상, 기능을 추가할 수 없고, 심지어 버그도 수정할 수 없다.

이 절에서는 애플리케이션의 관리를 쉽게 할 수 있도록 스마트 계약을 업그레이드할 수 있는 형태로 설계하고 구현하는 방법을 소개한다.

준비

이 절에서 소개하는 스마트 계약 코드를 배치해서 테스트하려면 이더리움이 설치돼 있어야 한다. 리믹스 IDE를 이용해 솔리디티 코드를 작성해서 테스트해도 된다.

지금부터 설명하는 내용을 이해하려면 솔리디티에 대한 기초가 있어야 한다. 자세한 사항은 2장, '스마트 계약 작성법'을 참고한다.

방법

1. 계약을 업그레이드할 수 있게 만드는 방법은 여러 가지가 있다. 그 중 대표적인 방법은 로직을 구현하는 계약을 관리하는 프록시 계약을 구현하는 것이다. 프록시 계약은 주어진 호출을 가장 최근에 업그레이드한 계약으로 전달한다.
2. 업그레이드 가능한 스마트 계약을 작성하려면 기본적으로 다음과 같은 세 가지 계약이 필요하다.

   - 스토리지 계약
   - 프록시 계약
   - 로직 계약

3. 업그레이드할 수 있는 코드는 로직 계약에 작성하고, 모든 계약 상태는 스토리지 계약에서 관리한다. 프록시 계약은 로직 계약에서 가장 최근에 업그레이드한 코드를 이용해 스토리지 계약의 상태를 업데이트한다.
4. 최대한 간단하고 이해하기 쉽도록 다음과 같이 스토리지 계약에 상태 변수를 하나만 갖도록 작성한다.

```
pragma solidity^0.4.24;

/**
 * 간단한 스토리지 계약
 */
contract State {
    uint public result;
}
```

5. 이 상태 변수의 값을 변경하는 로직 계약도 간단히 작성한다. 예를 들어, 현재 상태 변수 값에 1을 더하도록 작성한다. 이를 위해 로직 계약에 상태 변수와 같은 타입과 이름을 갖는 로컬 변수를 하나 만든다.

```
pragma solidity^0.4.24;

/**
 * 간단한 로직 계약
 * 상태 변수의 값을 1만큼 증가시킨다.
 */
contract AddOne {

    uint result;

    function increment() public {
        result = result + 1;
    }
}
```

6. 가장 흥미로운 부분은 프록시 계약에 있다. 다음과 같이 앞에서 작성한 스토리지 계약을 상속하도록 간단히 작성한다.

```
pragma solidity^0.4.24;

contract Proxy is State {
    ...
}
```

7. 로직 계약의 주소를 저장할 상태 변수와 이 값을 변경할 함수를 추가한다. 이 함수로 업그레이드 메커니즘을 구현한다.

```
address logicContract;

function upgrade(address _newLogicContract) public {
    logicContract = _newLogicContract;
}
```

8. 프록시 계약 안에 fallback 함수를 이용해 리디렉션을 처리한다. 로직 호출은 로우 레벨 delegatecall 메서드로 처리한다.

9. delegatecall 메서드는 구체적인 함수 시그니처와 매개변수를 받아서 함수를 호출한다. 프록시 계약은 이러한 세부 사항을 calldata를 통해 받는다.

10. delegatecall 메서드를 사용하기 때문에 로직 계약은 호출한 계약의 문맥과 스토리지를 사용해서 실행된다. 그래서 타겟 계약에 작성된 로직으로 호출한 계약의 상태를 변경하기 쉽다.

11. 프록시 계약에 대해 지금까지 설명한 내용을 합치면 다음과 같다.

```
pragma solidity^0.4.24;

/**
 * 상태와 로직을 처리하는 프록시 계약
 * 로직을 업데이트하는 기능도 있다.
 */
contract Proxy is State {
    address logicContract;

    /**
     * @dev 로직 계약을 변경하는 함수
     * @param _newLogicContract 새로운 로직 계약의 주소
     */
    function changeLogic(address _newLogicContract) public {
        logicContract = _newLogicContract;
    }

    /**
```

```
 * @dev 호출을 리디렉션하는 폴백 함수
 */
function fallback() public {
    require(logicContract.delegatecall(msg.data));
}
}
```

12. 앞에서 작성한 계약을 테스트하도록 프록시 계약과 로직 계약을 각각 따로 배치한다. 그런 다음, 프록시 계약의 changeLogic 함수를 이용해 logicContract 주소를 업데이트해보자.

```
proxyContract.changeLogic(<logic_contract_address>);
```

13. 로직 계약을 업데이트한 뒤에, 로직 계약의 함수 시그니처를 이용해 프록시 계약을 호출한다. 이때 시그니처는 함수 이름에 대한 keccak256 해시의 첫 네 바이트가 된다.

```
proxyContract.sendTransaction({
    input: <function_signature>
    ...
});
```

 함수 시그니처는 함수에 대한 keccak256 해시의 첫 네 바이트로 계산한다. 예를 들어 increment 함수를 호출하려면 솔리디티에서 bytes4(keccak256("increment()"))로 시그니처를 계산한다.

14. 프록시 계약에는 increment와 일치하는 함수가 없기 때문에 fallback 함수가 호출된다. 앞에서 작성한 fallback 함수 로직에서는 msg.data 값을 이용해 주어진 호출을 로직 계약으로 전달한다.

15. 이번에는 호출할 때마다 2만큼 증가시키도록 수정하는 경우를 생각해보자. 이를 위해 수정된 로직을 반영한 로직 계약을 배치한다.

```
/**
 * 로직 계약
```

```
 * 상태 변수의 값을 2만큼 증가시킨다.
 */
contract AddTwo {

    uint result;

    /**
     * @dev
     */
    function increment() public {
        result = result + 2;
    }
}
```

16. 이제 프록시 계약에서 로직 주소를 변경한다. 그러면 다음부터 호출할 때는 새로 배치한 계약에 있는 함수를 실행한다.

17. 지금까지 작성한 계약을 기반으로 좀 더 복잡한 작업을 처리하도록 확장할 수 있다. 예를 들어, 특정한 표준을 따르도록 로직 계약에 대한 인터페이스를 만들 수도 있고, 프록시 계약 위에 버전 관리 시스템을 추가할 수도 있다. 구체적인 형태는 활용 사례나 요구 사항에 따라 크게 달라진다.

원리

이 절에서 소개한 업그레이드 가능한 계약^{upgradable contract}의 구조는 다음과 그림과 같다. 프록시 계약은 업그레이드 가능한 로직 계약과의 관계를 지속적으로 유지하면서 상태를 관리한다. 트랜잭션이 발생하면 프록시는 업데이트된 로직 계약으로 작업을 처리하고, 그 결과를 상태 계약(예제의 스토리지 계약)에 저장한다.

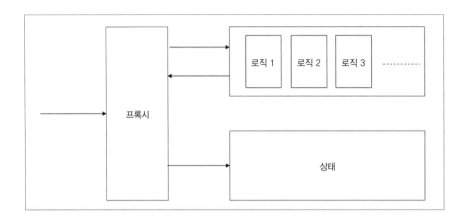

이 절에서 소개한 예제는 이더리움에서 업그레이드 가능한 스마트 계약을 작성하기 위한 가장 기본적인 설계 방법을 보여준다. 핵심은 프록시 계약이 트랜잭션을 가장 최근에 업데이트된 코드로 전달(리디렉션)하는 데 있다. 이 구조를 기반으로 구체적인 요구 사항에 따라 수정해서 사용하면 된다.

앞에서 본 예제에서는 사용자에 대한 신뢰 문제를 보완하기 위한 기능도 추가했다. 사용자는 이렇게 작성된 계약을 실제로 사용하기 전에 일정 수준의 검증 과정을 거쳐서 이러한 신뢰 문제가 발생하지 않도록 방지할 수 있다. 스마트 계약을 이보다 복잡하게 구성하면 당연히 계약 사용 및 관리에 대한 전반적인 가스 소비는 늘어난다. 하지만 무조건 단점이라기 보다는, 업그레이드할 수 있다는 장점과 트레이드오프 관계를 고려해서 판단할 문제다.

솔리디티에서 API로 데이터 가져오기

EVM^Ethereum Virtual Machine은 원래 외부에서 데이터를 읽지 못하도록 설계됐다. 이러한 제약으로 인해 이더리움 블록체인에서 특정한 기능을 구현할 수 없다. 노드마다 나름대로 계산을 수행하고 있기 때문에 이더리움 계약으로부터 네트워크 요청을 임의로 보내는 것은 그리 효율적이지 않다.

이러한 제약은 오라클Oracle을 통해 극복할 수 있다. 오라클을 사용하면 외부로부터 지능적인 방식으로 데이터를 읽도록 스마트 계약을 작성할 수 있다. 이 절에서는 오라클 서비스를 생성해서 외부 API를 통해 데이터를 읽는 방법을 소개한다.

준비

이 절에서 소개하는 스마트 계약 코드를 배치해서 테스트하려면 이더리움이 설치돼 있어야 한다. 리믹스 IDE를 이용해 솔리디티 코드를 작성해서 테스트해도 된다.

지금부터 설명하는 내용을 이해하려면 솔리디티에 대한 기초가 있어야 한다. 자세한 사항은 2장, '스마트 계약 작성법'을 참고한다.

방법

1. 솔리디티는 외부 API로부터 데이터를 가져오지 못하게 막고 있다. 하지만 오라클 서비스를 이용하면 가능하다.
2. 오라클oracle이란, 일종의 이벤트 리스너로서, 이벤트를 수신하고 있다가 요청한 결과를 다시 계약에 전송하는 방식으로 응답한다. 계약은 외부 세계와 이런 식으로 통신한다.
3. 예를 들어, 외부 데이터 서비스를 통해 무작위 숫자를 받는 스마트 계약을 커스텀 오라클 서비스로 구현하는 방법에 대해 살펴보자.
4. 무작위 숫자를 저장하는 상태 변수 하나를 가진 스마트 계약을 작성한다.

```
pragma solidity ^0.4.24;

contract OracleRng {
    uint public random;
    ...
}
```

5. 오라클 서비스는 계약에 기록된 이벤트 로그를 보고 있다가, 로그에 기록된 세부 사항을 이용해 블록체인에 데이터를 요청한다. 이 서비스에 대한 관찰할 이벤트 와 생성된 무작위 숫자를 로그에 기록할 이벤트를 정의한다.

```
event LogOracle();
event LogNewRandom(uint random);
```

6. 오라클 호출 메서드 역할을 하는 함수를 작성한다. 이 함수는 오라클 구동 이벤 트를 생성한다.

```
function setRandom() public {
    emit LogOracle();
}
```

7. 마지막으로 오라클 서비스에서 이 값을 업데이트할 때 호출할 콜백 함수도 반드 시 정의한다.

```
function _callback(uint _random) public {
    random = _random;
    emit LogNewRandom(_random);
}
```

8. 지금까지 설명한 내용을 종합하면 다음과 같이 아주 간단한 오라클 계약이 완성 된다. 이를 통해 외부에서 데이터를 읽을 수 있다.

```
pragma solidity ^0.4.24;

/**
 * 오라클을 이용해 무작위 숫자를 생성하는 계약
 */
contract OracleRng {

    uint public random;

    event LogOracle();
    event LogNewRandom(uint random);

    /**
     * 오라클 이벤트를 생성하는 함수
```

```
 */
function setRandom() public {
    emit LogOracle();
}


/**
 * 오라클 서비스에서 호출하는 함수
 * @param _random 오라클에서 리턴하는 무작위 숫자
 */
function _callback(uint _random) public {
    random = _random;
    emit LogNewRandom(_random);
}
}
```

9. 사용자가 setRandom 함수를 호출하면 오라클 서비스가 본격적으로 시작된다. 이 때 발생할 이벤트를 듣고 적절히 반응할 서비스 워커가 있어야 한다.

10. 이 이벤트를 듣고 있다가 외부로 데이터를 요청할 이벤트 리스너를 작성한다.

```
var oracle = oracleRng.setRandom();

// 로그를 모니터링한다.
oracle.watch(function(error, result){
    ...
});
```

11. 이벤트가 발생하면, 특정한 로직을 적용하거나 외부 API를 이용해 무작위 수를 생성한다.

```
// 무작위 수를 생성하는 외부 API나 별도 로직을 실행한다.
var random = 1232;
```

12. 다시 원래 계약을 호출해서 생성된 무작위 수로 상태를 업데이트한다.

```
oracleRng._callback(random, {
    from: "0x.."
});
```

13. 지금까지 가장 기본적인 오라클 서비스의 작동 방식을 살펴봤다. 이 서비스는 기존 애플리케이션의 일부분으로 넣거나, 외부 오라클 서비스로 구동해서 계약에 필요한 데이터를 제공할 수 있다.

```
var oracle = oracleRng.setRandom();

// 로그를 모니터링한다.
oracle.watch(function(error, result) {
    // 무작위 수를 생성하는 API를 호출한다.
    var random = 1232;
    // 원래 계약을 다시 호출한다.
    oracleRng._callback(random, {
        from: "0x.."
    });
});
```

원리

원래 계약에는 외부와 직접 통신하는 기능이 없기 때문에 오라클을 구현해서 이 기능을 제공한다. 간단히 구현한 오라클 서버로 스마트 계약에서 발생한 특정한 계약을 모니터링하다가, 주어진 매개변수로 API를 호출한다. 이 서버는 콜백 트랜잭션을 통해 API 호출의 결과를 응답한다.

이를 그림으로 표현하면 다음과 같다.

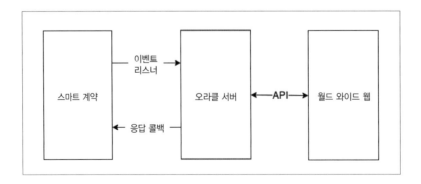

오라클 계약에 기능을 좀 더 추가할 수 있다. 보안을 위해 믿을 수 있는 오라클의 콜백만 받도록 제한자를 지정할 수 있다.

```solidity
pragma solidity ^0.4.24;

contract OracleRng {

    // 신뢰할 수 있는 오라클의 주소
    address trustedOracle;

    // 오라클 호출을 제한하는 제한자
    modifier onlyTrustedOracle() {
        require(msg.sender == trustedOracle);
        _;
    }

    // 신뢰할 수 있는 오라클을 변경하는 함수
    function setTrustedOracle(address _oracle) {
        trustedOracle = _oracle;
    }

    function _callback(uint _random) public
        onlyTrustedOracle {
        //...
    }
}
```

솔리디티에서 함수를 타입으로 사용하는 방법

솔리디티와 같은 정적 타입 언어는 변수의 타입을 컴파일 시간에 결정한다. 이를 위해 솔리디티는 기본 데이터 타입과 사용자 정의 데이터 타입을 제공한다. 기본 타입으로는 integer, Boolean, mapping, struct 등이 있다. 이러한 기본 타입과 함께 함수를 타입으로 정의하는 기능도 제공한다. 이 기능은 일정한 작업을 수행한 뒤에 콜백 함수를 동적으로 호출하도록 구현하는 데 활용된다.

이 절에서는 솔리디티에서 함수를 타입으로 사용하는 방법을 소개한다.

준비

이 절에서 소개하는 스마트 계약 코드를 배치해서 테스트하려면 이더리움이 설치되어 있어야 한다. 리믹스 IDE를 이용해 솔리디티 코드를 작성해서 테스트해도 된다.

지금부터 설명하는 내용을 이해하려면 솔리디티에 대한 기초가 있어야 한다. 자세한 사항은 2장, '스마트 계약 작성법'을 참고한다.

방법

1. 함수 타입을 외부 함수 또는 내부 함수로 정의한다. 이렇게 정의한 타입은 함수를 호출할 때나 함수에서 값을 리턴할 때 매개변수로 사용할 수 있다.

```
function function_name(<function_type_parameters>)
    <internal | external>
    <pure | view | payable>
    returns (<function_return_types>) {
    // ...
}
```

> ℹ️ 내부 함수는 현재 계약 안에서만 호출할 수 있다. 외부 함수는 외부 함수 호출로 전달하거나, 외부 함수에서 리턴 받을 수 있다. 이때 함수를 주소와 함수 시그니처로 표현한다.

2. uint 값인 num과 함수 타입 fun을 인수로 받는 함수를 생성한다. 예제에서 사용할 함수 타입은 uint 값을 받아서 uint 값을 리턴한다.

```
function calculate (
    uint num, // uint type
    function (uint) pure returns (uint) fun // function type
    ) { ... }
```

3. 수신한 함수 타입으로 결과를 계산해서 리턴한다.

```
function calculate (
    uint num,
    function (uint) pure returns (uint) fun
    ) internal pure returns (uint r) {
    r = fun(num);
}
```

4. 매개변수로 전달할 함수를 하나 더 만든다. 이 함수는 전달 받은 매개변수를 토대로 값을 리턴한다.

```
function square(uint x)
    internal pure returns (uint) {
    return x * x;
}
```

5. 이 함수를 calculate 함수의 매개변수로 사용한다. 이 연산을 호출하는 다른 함수를 작성한다.

```
pragma solidity ^0.4.16;

/**
 * 함수를 타입으로 사용하는 계약
 */
contract Sample {
    function calc(uint num)
        public pure returns (uint) {
        return calculate(num, square);
    }

    function square(uint x)
        internal pure returns (uint) {
        return x * x;
```

```
        }

        function calculate(
            uint self,
            function (uint) pure returns (uint) f)
            internal pure returns (uint r) {
            r = f(self);
        }
    }
```

솔리디티 어셈블리

이더리움은 EVM을 보다 세밀하게 제어할 수 있도록 어셈블리 언어도 제공한다. 이를 통해 EVM을 로우 레벨로 접근할 수 있다. 이때 솔리디티에서 제공하는 몇 가지 중요한 안전 기능을 무시한다. 어셈블리 언어는 솔리디티 코드 내부에 인라인 어셈블리inline assembly 형태로 작성할 수도 있고, 별도의 코드(스탠드얼론 어셈블리standalone assembly)로 실행할 수도 있다.

이 절에서는 어셈블리 코드로 EVM을 로우 레벨로 접근하는 방법을 소개한다.

준비

이 절에서 소개하는 스마트 계약 코드를 배치해서 테스트하려면 이더리움이 설치돼 있어야 한다. 리믹스 IDE를 이용해 솔리디티 코드를 작성해서 테스트해도 된다.

지금부터 설명하는 내용을 이해하려면 솔리디티에 대한 기초가 있어야 한다. 자세한 사항은 2장, '스마트 계약 작성법'을 참고한다.

1. 코드 안에 작성하는 어셈블리는 다음과 같이 **assembly** 키워드로 묶는다.

```
assembly {
    // 어셈블리 코드
}
```

2. 어셈블리에 사용할 로컬 변수는 **let** 키워드로 지정한다. 변수를 대입문 없이 작성하면, 디폴트 값이 할당된다.

```
let x
let y := 2
```

3. 어셈블리 외부에 정의된 변수는 직접 접근한다.

```
function f(uint x) public {
    assembly {
        x := sub(x, 1)
    }
}
```

 메모리나 스토리지를 가리키는 변수에 할당한 값은 솔리디티 어셈블리에서 처리되는 방식이 다르다. 할당한 값은 데이터가 아닌 포인터만 변경된다.

4. 어셈블리에서 for 루프를 작성하는 방식은 기존 코드와 같다.

```
assembly {
    for { let i := 0 } lt(i, 10) { i := add(i, 1) } {
        y := add(y, 1)
    }
}
```

5. 어셈블리 내부에서 조건을 검사하려면 if문을 작성한다. else 구문은 없기 때문에 여러 조건을 검사하려면 switch문으로 작성한다.

```
assembly {
    if lt(x, 0) {
        x := add(x, 1)
    }
}
```

6. 여러 조건에 따라 문장을 실행하려면 switch문을 작성한다.

```
assembly {
    switch x
        case 0 {
            y := add(x, 1)
        }
        case 1 {
            y := add(x, 2)
        }
        default {
            y := 0
        }
}
```

7. 어셈블리에서 함수를 호출하는 방법은 기존과 동일하다.

```
assembly {
    function power(x, y) -> result {
        switch y
            case 0 {
                result := 1
            }
            case 1 {
                result := x
            }
            default {
                result := power(mul(x, x), div(y, 2))
                switch mod(y, 2)
                    case 1 {
                        result := mul(x, result)
```

```
                }
            }
        }
    }
```

8. 어셈블리에 함수 스타일 옵코드^{functional style opcode}도 작성해보자.

```
assembly {
    let x := add(1, 2)
    let y := mul(x, 3)
}
```

9. 현재 지원되는 함수 스타일 옵코드를 몇 가지 소개하면 다음과 같다. 전체 목록
    은 이더리움 옐로우 페이퍼를 참고한다.

- stop: 실행을 멈춘다.
- add(x, y), sub(x, y), mul(x, y), div(x, y): 산술 연산
- mod(x, y): x % y
- exp(x, y): x의 y승
- not(x): x의 부정
- lt(x, y), gt(x, y): ~보다 작은, ~보다 큰. 참이면 1, 거짓이면 0이다.
- eq(x, y): 참이면 1, 거짓이면 0이다.
- and(x, y), or(x, y), xor(x, y): 비트 단위 AND, OR, XOR
- shl(x,y), shr(x,y): y를 x비트만큼 왼쪽/오른쪽으로 논리 시프트
- jump(label): 레이블/코드 위치로 점프한다.
- pc: 코드의 현재 실행 위치
- pop(x): x만큼 푸시된 원소를 제거한다.
- dup1...dup16: i번째 스택 항목을 탑으로 복사한다.
- swap1...swap16: 최상단 원소와 그 아래 i번째 원소를 바꿔치기한다.
- mload(p): mem[p..(p+32)]
- mstore(p,v): mem[p..(p+32)] := v
- sload(p): storage[p]
- sstore(p,v): storage[p] := v

- msize: 메모리 크기
- gas: 실행에 사용할 가스 잔량
- address: 현재 계약의 주소
- balance(a): a 주소의 잔고(단위는 웨이)
- caller: 트랜잭션/콜 송신자
- callvalue: 콜에 전달된 값
- calldatasize: 바이트 단위의 calldata 크기
- call, callcode, delegatecall, staticall: 주어진 주소에 대한 콜 계약
- log0...log4: 토픽과 데이터에 대한 로그
- timestamp: 에포크 이후 현재 블록에 대한 타임스탬프

10. 어셈블리에서 인스트럭션 스타일 옵코드instruction style opcode도 사용해보자. 인스트럭션 스타일 옵코드를 작성하는 방식은 바이트코드와 같다. 예를 들어 메모리의 *0x80* 지점에 *10*을 더하는 코드는 다음과 같다.

```
10 0x80 mload add 0x80 mstore
```

11. 함수 스타일과 인스트럭션 스타일의 표현식은 섞어 쓸 수 없다. 둘 중 한 가지 스타일로 작성해야 한다.

```
mstore(0x80, add(mload(0x80), 10))
```

> ℹ️ 함수 스타일의 표현식과 인스트럭션 스타일의 표현식에서 인수의 순서는 서로 반대다. 함수 스타일 표현식에서 첫 번째 인수는 스택의 최상단에 있다.

12. 지금까지 살펴본 어셈블리는 스탠드얼론 방식으로도 작성할 수 있다.

13. 일반 솔리디티 코드만으로 할 수 없는 작업을 처리할 때 어셈블리 코드를 사용한다. 대표적인 예로 어떤 주소가 계약에 속해 있는지 아니면 외부에서 가지고 있는 것인지 검사할 때를 들 수 있다.

```solidity
pragma solidity ^0.4.24;

/**
 * 어셈블리를 사용하는 라이브러리 계약
 */
library AddressValidator {

    /**
     * 계약 주소를 검증하는 함수
     * @param _address 검증할 주소
     * @returns isContract 검증 결과
     */
    function _isContract(address _address) public
        returns (bool isContract) {

        // Variable to store the code size
        uint codeSize;

        assembly {
            codeSize := extcodesize(_address)
        }

        isContract = codeSize > 0;
    }
}
```

보충

Yul(예전 JULIA)은 인라인 어셈블리 코드를 작성하기 위한 용도로 새로 만든 언어다. 일종의 중간 언어intermediate language로서, EVM, eWASM(출시 예정)과 같은 여러 백엔드로 컴파일하는 데 사용된다. Yul은 함수, 블록, 변수, 리터럴, for 루프, if 및 switch문, 대입문 등으로 구성된다.

7단계에서 본 지수 함수를 Yul로 작성하면 다음과 같다.

```
function power2(x:u256, y:u256) -> result:u256
{
    switch y
    case 0:u256 { result := 1:u256 }
    case 1:u256 { result := x }
    default:
    {
        result := power(mul(x, x), div(y, 2:u256))
        switch mod(y, 2:u256)
            case 1:u256 { result := mul(x, result) }
    }
}
```

Yul에서 지원하는 데이터 타입으로 bool, u8, s8, u32, s32, u64, s64, u128, s128, u256, s256 등이 있다. 또한 Yul은 연산자를 지원하지 않는다. 기본 내장된 함수로 제공되는 옵코드로 연산을 수행한다. 각각의 백엔드마다 백엔드의 이름을 접두어로 사용하는 함수를 제공한다. evm_과 ewasm_은 각각 EVM과 eWASM 백엔드를 위해 예약된 접두어다. 백엔드가 변경되면 이 기능도 다시 구현될 수 있다.

솔리디티에서 멀티시그 지갑 구현하기

멀티시그 지갑multisig wallet이란, 이더리움 블록체인에 존재하는 스마트 계약이다. 이 지갑은 자금을 관리하고 전송하는 규칙을 정의하고, 액션을 수행하기 전에 한 명 이상의 참여자로부터 승인 받아야 한다. 그래서 한 사람이 키를 잃어버리거나 정상적으로 작동할 수 없게 될 때의 위험을 줄일 수 있다.

이 절에서는 간단한 멀티시그 지갑을 생성해서 트랜잭션을 수행하는 방법을 소개한다.

지갑은 이더리움에서 솔리디티 언어로 만든다. 여기서 작성한 코드를 배치해서 테스트하려면 이더리움이 설치돼 있어야 한다. 또한 이 절에서 소개하는 예제를 이해하려면 스마트 계약을 작성하는 기본적인 방법은 알고 있어야 한다.

방법

멀티시그 지갑은 반드시 다음과 같은 요소로 구성돼야 한다.

- 뭔가 할 수 있는 권한을 가진 주소 리스트
- 승인 규칙
- 이더를 받을 옵션
- 요청을 제출/승인하는 수단

1. 멀티시그 지갑으로 사용할 계약을 작성한다. 승인자 리스트를 저장할 매핑도 생성한다.

```solidity
pragma solidity^0.4.24;

contract MultiSig {
    // 소유권 상태를 저장할 매핑
    mapping (address => bool) public isOwner;
    // 소유자 배열
    address[] public owners;

    // 소유자 리스트를 리턴한다.
    function getOwners() public view returns (address[]) {
        return owners;
    }

    // 접근을 제한하는 제한자
    modifier onlyOwner(address owner) {
        require(isOwner[owner]);
```

```
        _;
    }
}
```

2. 트랜잭션을 수행하기 전에 받아야 할 승인 횟수를 상태 변수에 저장한다.

```
uint public required;
```

3. 소유자와 승인에 대한 세부 사항을 생성자로 설정한다.

```
constructor(address[] _owners, uint _required) public {
    for (uint i = 0; i < _owners.length; i++) {
        require(!(isOwner[_owners[i]] || _owners[i] == 0));
        isOwner[_owners[i]] = true;
    }
    owners = _owners;
    required = _required;
}
```

4. 제출된 트랜잭션을 담을 트랜잭션 구조체를 생성한다.

```
struct Transaction {
    address destination;
    uint value;
    bytes data;
    bool executed;
}

mapping (uint => Transaction) public transactions;
// 각 주소에 대한 승인(확정) 여부를 저장한다.
mapping (uint => mapping (address => bool)) public confirmations;
// ID를 계산할 총 트랜잭션 수
uint public transactionCount;
```

5. 리스트에 트랜잭션을 추가하는 함수를 작성한다.

```
function addTransaction(
    address destination,
    uint value,
    bytes data)
    internal returns (uint transactionId)
```

```
{
    transactionId = transactionCount;
    transactions[transactionId] = Transaction({
        destination: destination,
        value: value,
        data: data,
        executed: false
    });
    transactionCount += 1;
    emit Submission(transactionId);
}
```

6. 필요한 수만큼 승인을 받았는지 확인하는 함수를 작성한다.

```
function isConfirmed(uint transactionId)
    public constant returns (bool)
{
    uint count = 0;
    for (uint i=0; i<owners.length; i++) {
        if (confirmations[transactionId][owners[i]])
            count += 1;
        if (count == required)
            return true;
    }
}
```

7. 충분히 승인 받았다면 executeTransaction 함수로 트랜잭션을 진행한다.

```
function executeTransaction(uint transactionId) public {
    if(isConfirmed(transactionId)) {
        Transaction storage trnx = transactions[transactionId];
        if (trnx.destination.call.value(trnx.value)(trnx.data)) {
            trnx.executed = true;
            emit Execution(transactionId);
        }
    }
}
```

8. 소유자로부터 승인을 받으려면 confirmTransaction 함수를 호출한다. 이 함수는 승인 횟수에 맞게 자동으로 executeTransaction을 호출한다.

```
function confirmTransaction(uint transactionId)
    public onlyOwner(msg.sender)
{
    require(!confirmations[transactionId][msg.sender]);
    confirmations[transactionId][msg.sender] = true;
    emit Confirmation(msg.sender, transactionId);
    executeTransaction(transactionId);
}
```

9. 지금까지 설명한 함수를 모두 구현하면 다음과 같이 간단히 쓸 만한 멀티시그 지갑 계약이 완성된다. 이 계약은 예제 용도로만 작성한 것이므로 실전 애플리케이션에서는 절대 사용하면 안 된다.

```
pragma solidity ^0.4.24;[2]

contract MultiSig {

    struct Transaction {
        address destination;
        uint value;
        bytes data;
        bool executed;
    }

    mapping (uint => Transaction) public transactions;
    mapping (uint => mapping (address => bool)) public confirmations;
    uint public transactionCount;

    mapping (address => bool) public isOwner;
    address[] public owners;

    uint public required;
```

---

2 0.4.23도 문제 없이 컴파일 된다. — 옮긴이

```solidity
event Confirmation(
    address indexed sender,
    uint indexed transactionId
);

event Submission(uint indexed transactionId);
event Execution(uint indexed transactionId);

modifier onlyOwner(address owner) {
    require(isOwner[owner]);
    _;
}

// 입금 받을 폴백 함수
function() public payable { }

// 생성자를 통해 소유자와 필요한 승인 수를 지정한다.
constructor(address[] _owners, uint _required) public {
    for (uint i=0; i<_owners.length; i++) {
        require(!(isOwner[_owners[i]] || _owners[i] == 0));
        isOwner[_owners[i]] = true;
    }
    owners = _owners;
    required = _required;
}

// 사용자가 트랜잭션을 제출해서 승인할 때 사용하는 함수
function submitTransaction(
    address destination,
    uint value,
    bytes data)
    public returns (uint transactionId)
{
    transactionId = addTransaction(destination, value, data);
    confirmTransaction(transactionId);
}

// 소유자가 트랜잭션을 승인할 때 사용할 함수
function confirmTransaction(uint transactionId)
```

```
        public onlyOwner(msg.sender)
    {
        require(!confirmations[transactionId][msg.sender]);
        confirmations[transactionId][msg.sender] = true;
        emit Confirmation(msg.sender, transactionId);
        executeTransaction(transactionId);
    }


    // 승인된 트랜잭션을 누구나 실행하게 해주는 함수
    function executeTransaction(uint transactionId) public {
        if(isConfirmed(transactionId)) {
            Transaction storage trnx = transactions[transactionId];
            if (trnx.destination.call.value(trnx.value)(trnx.data)){
                trnx.executed = true;
                emit Execution(transactionId);
            }
        }
    }


    // 트랜잭션의 승인 상태를 리턴한다.
    function isConfirmed(uint transactionId)
        public constant returns (bool)
    {
        uint count = 0;
        for (uint i=0; i<owners.length; i++) {
            if (confirmations[transactionId][owners[i]])
                count += 1;
            if (count == required)
                return true;
        }
    }


    // 트랜잭션 매핑에 새 트랜잭션을 추가한다.
    function addTransaction(
        address destination,
        uint value,
        bytes data)
        internal returns (uint transactionId)
    {
```

```
        transactionId = transactionCount;
        transactions[transactionId] = Transaction({
            destination: destination,
            value: value,
            data: data,
            executed: false
        });
        transactionCount += 1;
        emit Submission(transactionId);
    }

    // 소유자 리스트를 리턴한다.
    function getOwners() public view returns (address[]) {
        return owners;
    }
}
```

10. 실전에 사용할 수 있는 멀티시그 지갑 구현도 많이 나와 있다. 대표적인 예로 컨센시스^{Consensys}에서 만든 멀티시그 지갑이 있다. 자세한 사항은 https://github.com/ConsenSys/MultiSigWallet를 참고한다.

08

스마트 계약 보안

8장에서 다룰 주제는 다음과 같다.

- 정수 오버플로우와 언더플로우
- 재진입 공격
- 패리티 해킹
- 계약에 강제로 이더 전달하기
- 사설 변수 사용하기
- 트랜잭션 순서 의존성
- 모르는 대상 호출하기
- 루프를 이용한 DoS
- 솔리디티용 보안 분석 도구

- 솔리디티에서 초기화하지 않은 스토리지 포인터
- 솔리디티 코드의 올바른 작성 방법

들어가며

이더리움과 스마트 계약은 나온 지 얼마 되지 않아서 실험적인 면이 강하다. 스마트 계약을 작성하는 과정은 기존 애플리케이션 개발 과정과 상당히 다르기 때문에 각별히 주의를 기울여 정확하게 만들어야 한다. 스마트 계약에서 발생한 오류로 인한 피해는 매우 크기 때문이다.

스마트 계약을 일단 배치한 뒤에는 변경할 수 없다. 이러한 점으로 인해 신뢰성과 투명성을 보장할 수 있지만, 배치한 뒤에 발견된 버그를 변경할 수 없다는 문제도 있다. 계약을 배치하기 전에 계약에 버그가 없는지, 오류가 발생해도 자금을 지켜줄 안전 장치가 있는지 반드시 확인하는 것이 중요하다.

8장에서는 스마트 계약 작성 과정에서 흔히 발생하는 버그의 종류와 이를 방지하는 기법을 소개한다.

정수 오버플로우와 언더플로우

오버플로우overflow나 언더플로우underflow는 변수에 할당된 값이 그 변수의 데이터 타입에서 허용하는 범위를 넘어갈 때 발생한다. 솔리디티에서 정수 데이터 타입을 다룰 때 흔히 발생하기 때문에, 변수에 값을 대입하는 부분을 면밀히 살펴봐야 한다.

이 절에서는 정수 오버플로우/언더플로우가 발생하는 상황과 이를 방지하는 방법을 소개한다.

이 절은 솔리디티로 작성된 스마트 계약만 다룬다. 리믹스 IDE(https://remix.ethereum. org)를 사용하면 계약을 좀 더 빠르게 테스트하고 배치할 수 있다. 물론 geth, parity과 같은 이더리움 클라이언트와 solc 컴파일러를 이용해도 좋다.

1. 다음과 같이 간단히 작성된 토큰 계약을 살펴보자.

```solidity
pragma solidity ^0.4.23;

contract TokenContract {
    mapping (address => uint) balances;

    event Transfer(
        address indexed _from,
        address indexed _to,
        uint256 _value
    );

    function sendToken(address receiver, uint amount)
        public returns(bool) {
        require(balances[msg.sender] >= amount);

        balances[msg.sender] -= amount;
        balances[receiver] += amount;

        emit Transfer(msg.sender, receiver, amount);
        return true;
    }

    function getBalance(address addr) public view returns(uint) {
        return balances[addr];
    }
}
```

2. 흔히 볼 수 있는 형태로 간단히 작성한 토큰 계약이다. 토큰을 전송하는 함수와 계정의 잔고를 확인하는 함수로 구성했다.

3. 얼핏 보면 이 계약에서 문제가 없는 것 같다. 그런데 변수의 값이 증가할수록 uint256(2^256)에 담을 수 있는 최대 값에 도달해서 다시 0으로 돌아오게 된다. 이를 정수 오버플로우^{integer overflow}라 부른다.

```
balances[receiver] += amount;
```

4. 값이 0보다 작아질 때도 마찬가지로 uint256의 최댓값으로 다시 돌아온다. 이를 정수 언더플로우^{integer underflow}라 부른다.

```
balances[msg.sender] -= amount;
```

5. 이런 문제가 발생하는 상황은 구체적인 활용 사례에 따라 다르다. 대부분의 경우는 총 공급량이 uint256의 최댓값에 미치지 않는다. 그렇더라도 이런 일이 발생하지 않도록 항상 검증하는 것이 바람직하다.

6. 이 원칙은 솔리디티의 다른 정수 타입(uint8, uint32, uint64)에도 똑같이 적용된다. 특히 범위가 작은 타입일수록 uint256보다 오버플로우나 언더플로우가 발생하기 쉽다.

7. 오버플로우나 언더플로우를 방지하려면 다음과 같이 산술 연산을 수행할 때마다 의도한 결과가 나왔는지 확인한다.

```
balances[receiver] + amount >= balances[receiver]
```

또는

```
balanceOf(receiver) + amount >= balanceOf(receiver)
```

8. 토큰 전송 과정에서 오버플로우가 발생하지 않도록 transfer 함수를 다음과 같이 수정한다.

```
function sendToken(address receiver, uint amount)
    public returns(bool) {
    require(balances[msg.sender] >= amount);
    require(balances[receiver] + amount >= balances[receiver]);
```

```
        balances[msg.sender] -= amount;
        balances[receiver] += amount;

        emit Transfer(msg.sender, receiver, amount);
        return true;
    }
```

보충

스마트 계약을 작성할 때 이런 버그를 방지하도록, 여러 가지 모범 작성 방법과 재활용 가능한 코드가 많이 나와 있다. 대표적인 예로 오픈제플린의 SafeMath 라이브러리가 있다. 이 라이브러리는 기존 산술 연산 대신 사용할 수 있는 함수를 다양하게 제공한다. 이 함수에는 오버플로우나 언더플로우를 방지하는 조건이 구현돼 있다.

```
pragma solidity ^0.4.24;

library SafeMath {
    /**
     * @dev Function to add two numbers
     */
    function add(uint256 a, uint256 b)
        internal pure returns (uint256 c) {
        c = a + b;
        assert(c >= a);
        return c;
    }

    function sub(...) { ... }
    function mul(...) { ... }
    function div(...) { ... }
}
```

SafeMath를 사용하려면 오픈제플린 깃허브 리포지터리(https://github.com/OpenZeppelin/openzeppelin-solidity)에서 다운로드한 뒤, 현재 작성 중인 코드에 불러와야 한다.

```
import "./contracts/math/SafeMath.sol";
```

코드에서 사용하려는 integer 타입으로 이 라이브러리를 지정한다.

using SafeMath for uint256;

이렇게 하면 SafeMath 라이브러리에서 제공하는 모든 함수가 코드의 부호 없는 정수에 적용되면서 함수에 직접 접근할 수 있다. transfer 함수에서 SafeMath 라이브러리를 사용하도록 수정하면 다음과 같다.

```
function sendToken(address receiver, uint amount)
    public returns(bool) {
    require(balances[msg.sender] >= amount);
    balances[msg.sender] = balances[msg.sender].sub(amount);
    balances[receiver] = balances[receiver].add(amount);
    emit Transfer(msg.sender, receiver, amount);
    return true;
}
```

재진입 공격

이더리움의 초창기에 발견된 버그 중 하나로 재진입 공격re-entrancy attack 버그가 있다. 이 버그는 어떤 함수를 처음 호출한 결과가 나오기 전에 여러 차례 반복해서 호출할 때 발생한다. 그래서 계약에 있는 자금을 모두 호출한 측으로 인출시킬 수 있다.

이 절에서는 스마트 계약에서 이런 문제가 발생하지 않게 하는 방법을 소개한다.

준비

이 절을 이해하려면 이더리움 블록체인과 솔리디티에 대한 기초가 필요하다.

리믹스 IDE(https://remix.ethereum.org)를 사용하면 계약을 좀 더 빠르게 테스트하고 배치할 수 있다. 물론 geth, parity과 같은 이더리움 클라이언트와 solc 컴파일러를 이용해도 된다.

1. 다음과 같이 작성된 계약을 살펴보자. 이 계약은 사용자가 일정한 액수를 예치하고 인출할 수 있는 기능만 간단히 구현했다.

```solidity
pragma solidity^0.4.24;

contract Victim {

    // 사용자의 예치금을 관리하는 매핑
    mapping (address => uint) private balances;

    // 계약 잔고에서 인출하는 함수
    function withdraw() public {
        uint amount = balances[msg.sender];
        msg.sender.call.value(amount)();
        balances[msg.sender] = 0;
    }

    // 이더를 예치하는 함수
    function deposit() public payable {
        balances[msg.sender] += msg.value;
    }
}
```

2. 여기서 호출자 주소로 자금을 전송할 때 로우 레벨 call 메서드를 사용했다. 타겟 주소가 계약이면 현재 남은 가스를 모두 그 계약에 전달한다. 그러면 호출하는 계약의 폴백 함수 코드가 실행된다.

3. 이러한 취약점을 악용하도록 계약의 잔고가 0이거나 가스가 다 닳을 때까지 withdraw 함수를 반복적으로 호출하는 폴백 함수를 작성한다.

4. 이렇게 호출하는 계약은 다음과 같이 작성한다.

```solidity
pragma solidity ^0.4.24;

contract Attacker {
```

```
// 공격 대상에 대한 계약 인스턴스
Victim victim;

constructor(address _victim) public {
    victim = Victim(_victim);
}

// 일정한 액수를 예치한 뒤 그만큼 즉시 인출한다.
// 공격을 시작한다.
function getJackpot() public payable {
    victim.deposit.value(msg.value)();
    victim.withdraw();
}

// 계약을 다시 호출하는 폴백 함수
function () public payable {
    if (address(victim).balance >= msg.value) {
        victim.withdraw();
    }
}

// 돈을 모두 빼내오는 함수
function withdrawJackpot() onlyOwner public {
    address(msg.sender).transfer(address(this).balance);
}
}
```

5. getJackpot 함수에 피해자 계약에 예치할 값을 지정해서 호출하자마자 곧바로 인출 요청을 보낸다. 그러면 공격자 계약의 폴백 함수를 호출하면서 withdraw 함수를 다시 호출한다.

6. 이 과정에서 발생하는 호출들은 모두 첫 번째 호출로 인해 잔고가 변경되기 전에 발생한다. 그래서 잔고를 확인하는 과정을 건너뛰고 현재 계약에 남아 있는 잔액 전체를 인출할 수 있다.

7. 이 문제를 방지하는 방법은 여러 가지가 있다. 가장 대표적으로 추천하는 방법은 전송할 때 로우 레벨 call 함수를 사용하지 않는 것이다. 계약에 자금을 보낼 때

는 <주소>.transfer 함수를 사용한다. 이렇게 하면 가스 제한이 2300인데, 이 값은 계약 안에서 실제로 실행하는 데 충분하지 않은 양이다.

```solidity
// 사용자 잔고를 인출하는 함수
// 로우 레벨 call 함수를 사용하지 않는다.
function withdraw() public {
    uint amount = balances[msg.sender];
    // 값을 전달하는 transfer 함수
    // 가스 제한은 2300
    msg.sender.transfer(amount);
    balances[msg.sender] = 0;
}
```

8. 로우 레벨 call을 계속 써야 할 이유가 있다면 다음과 같이 작업 후 진행checks-effects-interaction 패턴을 적용해서, 상태와 조건을 변경하는 작업을 모두 마친 뒤에야 외부로 호출하게 만든다. 이를 반영해 Victim 계약을 수정하면 다음과 같다.

```solidity
pragma solidity^0.4.24;

contract NotVictim {

    // 사용자의 예치금을 관리하는 매핑
    mapping (address => uint) private balances;

    // 계약 잔고에서 인출하는 함수
    // 작업 후 진행(checks-effects-interaction ) 패턴을 적용해서 구현한다.
    function withdraw() public {
        // 작업
        uint amount = balances[msg.sender];
        balances[msg.sender] = 0;
        // 진행
        msg.sender.call.value(amount)();
    }

    // 이더를 예치하는 함수
    function deposit() public payable {
        balances[msg.sender] += msg.value;
    }
}
```

패리티Parity는 이더리움 계약에서 자금을 관리하기 위한 멀티시그 지갑을 제공했었다. 그런데 여기에 있던 보안 허점을 악용해 계약에 저장된 자금을 훔쳐간 일이 발생했다.

패리티 지갑에 대한 공격은 두 차례 발생했다. 이 절에서는 두 사례를 살펴보고 이를 막는 방법을 소개한다.

준비

이 절에 들어가기 전에 이더리움 블록체인과 솔리디티에 대한 기본적인 이해가 필요하다.

리믹스 IDE(https://remix.ethereum.org)를 사용하면 계약을 좀 더 빠르게 테스트하고 배치할 수 있다. 또한 geth, parity과 같은 이더리움 클라이언트와 solc 컴파일러를 이용해도 좋다.

방법

1. 멀티시그 지갑multisig wallet도 일종의 스마트 계약이다. 자금을 전달하고 다른 계약과 상호작용하는 데 사용된다. 전송은 여러 주소로부터 승인approval 받는 방식으로 처리한다.

2. 패리티 스마트 계약과 패리티에서 제공하는 라이브러리를, 자금 관리용 멀티시그 지갑으로 사용할 수 있다.

3. 이 라이브러리는 initWallet 함수를 제공한다. 이 함수를 이용해 소유자 주소와 다른 기본 매개변수를 설정한다.

```
function initWallet(
    address[] _owners,
    uint _required,
    uint _daylimit)
{
```

```
        initDaylimit(_daylimit);
        initMultiowned(_owners, _required);
    }
```

4. 지갑 계약을 배치하면 지갑 계약의 constructor에서 initWallet 함수를 호출한다. 이러한 점을 볼 때 constructor의 코드를 재활용할 수 있다.

5. 이 지갑 계약에 정의된 폴백 함수로 이더를 예치한다. 이 함수는 로우 레벨 delegatecall 메서드를 이용해 calldata를 라이브러리 계약으로 전달한다.

```
function( ) payable {
    if (msg.value > 0)
        Deposit(msg.sender, msg.value);
    else if (msg.data.length > 0)
        _walletLibrary.delegatecall(msg.data);
}
```

6. 이 delegatecall 메서드를 지갑의 폴백 함수로 라이브러리의 public 함수를 호출하는 데 활용할 수도 있다.

7. 이러한 취약점을 악용하려면 delegatecall 메서드로 initWallet 함수를 호출해서 계약의 소유자를 변경한다. 공격자는 단순히 하나의 주소만 담아서 만든 소유자 배열을 인수로 지정해서 이 함수를 호출한다. 그러면 승인을 한 번만 받아도 무조건 전송하게 만들 수 있다.

8. wallet 라이브러리에 있는 kill 함수를 호출해서 계약을 제거하고 현재 계약에 있는 모든 자금을 전송한다.

```
function kill(address _to)
    onlymanyowners(sha3(msg.data))
    external {
    suicide(_to);
}
```

9. 또한 다음과 같이 execute 함수를 이용해 한 계정의 승인만으로 다른 주소에 자금을 전송하게 만들 수도 있다.

```
function execute(
    address _to,
```

```
        uint256 _value,
        bytes _data) {
        //...
    }
```

10. 이 버그는 두 가지 방식으로 막을 수 있다. 하나는 지갑 계약 안에 constructor 함수를 구현하는 것이고, 다른 하나는 지갑 계약에 들어오는 모든 요청을 delegatecall로 전달하지 않는 것이다.

11. 이러한 공격을 방지하려면 스마트 계약에서 delegatecall과 같은 로우 레벨 호출 코드를 작성할 때 각별히 주의해야 한다.

계약에 강제로 이더 전달하기

계약 코드를 작성할 때 함수 앞에 payable의 지정 여부에 따라 값을 받거나 받지 못하게 설정할 수 있다. 이렇게 payable로 지정하지 않아도 이더를 강제로 받게 만드는 방법도 있다.

이렇게 하면 기존에 작성된 계약의 로직에 영향을 미친다. 이 절에서는 스마트 계약에서 이러한 문제가 발생하는 원인을 찾아서 방지하는 방법을 소개한다.

준비

이 절에 들어가기 전에 이더리움 블록체인과 솔리디티에 대한 기본적인 이해가 필요하다.

리믹스 IDE(https://remix.ethereum.org)를 사용하면 계약을 좀 더 빠르게 테스트하고 배치할 수 있다. 또한 geth, parity과 같은 이더리움 클라이언트와 solc 컴파일러를 이용해도 좋다.

1. payable 함수를 구현하지 않고도 계약에 이더를 보내게 만들 수 있다. 일반적으로 payable로 지정하지 않은 함수로 이더를 보내면 트랜잭션이 실패한다.

2. 이러한 문제를 가볍게 여겨서 다음과 같이 잔고를 엄격히 검사하는 조건문을 계약에 추가하기 쉽다.

```
require(this.balance == 1 ether);
```

3. 조건을 이렇게 걸면 영구적인 DoS[Denial of Service](서비스 거부) 공격이 발생해서 계약을 쓸 수 없게 될 수 있다.

4. 계약에 이더를 강제로 보내는 방법은 여러 가지가 있다. 자기 파괴 함수로 보내거나, 향후에 생성될 가능성이 있는 계약 주소를 지정하는 방법도 있다.

5. 자기 파괴 함수[self-destruct]는 주로 계약에 있는 데이터를 블록체인에서 제거하는 용도로 사용한다. 또한 자기 파괴 계약에 남은 이더를 이 함수를 호출할 때 지정한 주소로 보낼 수도 있다.

```
contract SelfDestructable {

    function kill(address _target) public {
        selfdestrcut(_target);
    }

}
```

6. 타겟을 폴백 함수가 있는 계약 주소로 지정할 수도 있지만, 자기 파괴 함수로 이더를 전송할 때는 폴백 코드가 실행되지 않는다.

7. 이렇게 하면 결국 payable 폴백 함수가 없는 계약에 누구나 이더를 보낼 수 있게 된다.

8. 계약에 이더를 강제로 보내는 두 번째 방법은 계약 주소를 알아내는 것이다. 송신자 주소의 RLP 인코딩으로부터 계약 주소를 추측할 수 있다.

9. 계약 주소를 생성하려면 송신자 주소와 논스의 RLP 인코딩에서 keccak256 해시에서 오른쪽 끝의 160비트를 가져온다.

```
// 오른쪽 끝 160비트를 가져올 대상
sha3(rlp.encode([sender_address, nonce]))
```

10. 이렇게 하면 계약 작성자나 이 정보에 접근하는 이들이 주소를 알아내서 그곳으로 이더를 보낼 수 있다. 그러면 이 계약 잔고에 의존하는 다른 로직이 쓸모 없게 된다.

11. 이를 방지하려면 계약 잔고에 의존하는 로직을 절대로 작성하면 안 된다. 굉장히 불확실하고 언제든지 변경될 수 있기 때문이다.

보충

앞에서 설명한 속성을 이용해 이더 숨기기$^{hidden Ether}$라는 기법을 만들 수 있다. 그래서 누구나 이더를 숨겨뒀다가 나중에 회수할 수 있다.

송신자 주소와 논스로 계약 주소를 쉽게 알아낼 수 있기 때문에, 나중에 같은 주소로 생성될 계약 주소를 예측할 수 있다.

```
sha3(rlp.encode([0x1.., 10]))
```

이 주소로 이더를 보관해둔다. 저장된 이더를 회수하려면 다음과 같이 계약을 작성해서 이 주소로 배치한다.

```
pragma solidity^0.4.24;

/**
 * @dev 계약 주소에 숨겨진 돈 회수하기
 **/
contract GetEtherBack {

    // 계약을 폐기하고 이더를 생성자(creator)에게 보낸다.
    constructor() public {
```

```
        selfdestruct(msg.sender);
    }
}
```

이 계약을 배치하면 자신을 폐기시키면서 남아 있던 이더를 모두 송신자 주소로 리턴한다. 이때 반드시 계약을 배치할 때 지정한 주소와 논스 값으로 실행해야 한다. 지정한 논스로 배치하지 못하면 숨겨둔 이더를 영원히 찾을 수 없다.

사설 변수 사용하기

솔리디티는 사설 변수와 사설 함수를 지정하도록 private 키워드를 제공한다. 얼핏 보면 값을 사적으로 저장하는 공간인 것 같지만, 이더리움에 있는 데이터는 근본적으로 모두 공개되기 때문에 사설 변수에 저장된 값도 읽을 수 있다.

이 절에서는 계약의 사설 변수에 저장된 값을 읽고 이와 관련된 보안 취약점을 막는 방법을 소개한다.

준비

이 절에 들어가기 전에 이더리움 블록체인과 솔리디티에 대한 기본적인 이해가 필요하다.

리믹스 IDE(https://remix.ethereum.org)를 사용하면 계약을 좀 더 빠르게 테스트하고 배치할 수 있다. 또한 geth, parity과 같은 이더리움 클라이언트와 solc 컴파일러를 이용해도 좋다.

방법

1. 다음에 나온 OddEven 계약을 통해 사설 변수를 읽는 방법에 대해 살펴보자. 이 계약은 플레이어마다 숫자 하나를 골라서 합이 짝수면 첫 번째 플레이어가 이기고, 그렇지 않으면 두 번째 플레이어가 이기도록 작성했다.

```
pragma solidity ^0.4.24;

contract OddEven {
    struct Player {
        address addr;
        uint number;
    }

    Player[2] private players;
    uint8 count = 0;

    function play(uint number) payable public {
        require(msg.value == 1 ether);
        players[count] = Player(msg.sender, number);
        count++;
        if (count == 2) selectWinner();
    }

    function selectWinner() private {
        uint n = players[0].number + players[1].number;
        players[n%2].addr.transfer(address(this).balance);
        delete players;
        count = 0;
    }
}
```

2. 이 계약은 플레이어에 대한 매핑을 이용해 이전 베팅 값을 저장한다. 이 계약은
    private 제한자로 데이터 저장소를 "사설private"로 만들면 다른 이들이 볼 수 없
    다고 가정한다.

    ```
    Player[2] private players;
    ```

3. require 조건을 이용해 플레이어가 지정한 베팅 액수를 전송하기 전에 베팅할
    수 없게 만든다.

    ```
    require(msg.value == 1 ether);
    ```

4. 두 번째 플레이어가 베팅하면 계약 로직에 따라 우승자가 결정된다. 우승자는 두 플레이어가 베팅한 금액 전체를 가져간다.

5. 여기에 있는 결함을 이용해서 항상 게임을 이기게 만들 수 있다. 누군가 먼저 베팅할 때까지 기다렸다가 두 번째 플레이어로 참가한다.

6. 이때 변수를 private로 설정했더라도 이더리움 트랜잭션을 디코딩해서 첫 번째 플레이어의 베팅 액수를 알아낼 수 있다. 그래서 항상 승자가 되도록 베팅 액수를 결정할 수 있다.

> ⓘ 이더리움에서 주로 트랜잭션으로 상태를 변경한다. 트랜잭션의 수신 계정이 계약이면 EVM 은 그 계약 코드의 실행이 끝나거나 가스를 소진할 때까지 코드를 실행한다.

7. 호출할 메서드와 그 메서드에 입력할 매개변수를 트랜잭션의 데이터 필드에 지정할 수 있다. 예를 들어 계약에 있는 사설 상태 변수를 변경하려면, 트랜잭션을 통해 세터 메서드로 "사설로 사용할" 값을 전달한다. 모든 노드가 트랜잭션 데이터를 볼 수 있기 때문에 이 정보를 이용해 트랜잭션 데이터를 읽을 수 있다.

8. 사설 변수를 설정한 트랜잭션을 디코딩해서 그 변수에 저장된 값을 읽는다. 예를 들어 이 게임 계약의 play 함수를 살펴보자. 이 함수에 다음과 같이 데이터를 주고 호출해보자.

```
0x6587f6ec000000000000000000000000000000000000000000000000000000000000064
```

9. 트랜잭션 데이터의 첫 4바이트는 호출하는 메서드의 시그니처를 가리킨다. 이 값은 이 메서드에 대한 keccak 해시의 첫 4바이트를 가져와서 계산한다. 이 계약에서는 bytes4(keccak256('play(uint)'))에 해당하며, 값은 *0x6587f6ec*이다.

10. 나머지 문자는 호출하는 메서드의 매개변수다. 각 매개변수는 입력에 32바이트로 패딩된 16진수 값이다. 예를 들어 play 메서드의 입력 매개변수 값이 100이면, 이 매개변수에 대한 트랜잭션 데이터는 다음과 같다.

```
0x0000000000000000000000000000000000000000000000000000000000000064
```

11. 고정 길이와 가변 길이로 된 매개변수가 여러 개 있으면 트랜잭션 데이터가 좀 더 복잡해진다.

12. 때에 따라 계약에 사설 변수를 저장해야 할 수도 있다. 그런데 이렇게 하려면 다소 복잡한 문제가 발생한다. 그 동안 정보를 사적으로 저장하는 방법이 수없이 제안됐는데, 그 중 하나로 커밋—리빌commit-reveal(제출 후 공개) 패턴을 활용한 방법이 있다.

13. 이 기법은 먼저 사용자에게 비밀 정보에 대한 해시를 요청한다. 모든 사용자가 자신의 해시를 제출했다면 각자 쓴 값을 공개해서 검증한다.

TOD

리소스가 충분하다면 메모리 풀(멤풀mempool)에 있는 트랜잭션의 순서를 바꿔서 원하는 결과를 받을 수 있다. 이 문제는 특히 공개 트랜잭션의 양이 엄청나게 많은 시스템에서 심각하게 여기는 문제다. 이러한 문제를 방지하려면 개별 계약마다 적절히 처리해야 하는데, 이를 다루기 위한 기법이 몇 가지 나와 있다.

이 절에서는 TOD 공격에 대해 자세히 소개하고, 이를 방지하기 위한 대표적인 기법을 소개한다.

준비

이 절에 들어가기 전에 이더리움 블록체인과 솔리디티에 대한 기본적인 이해가 필요하다.

리믹스 IDE(https://remix.ethereum.org)를 사용하면 계약을 좀 더 빠르게 테스트하고 배치할 수 있다. 또한 geth, parity와 같은 이더리움 클라이언트와 solc 컴파일러를 이용해도 좋다.

1. 멤풀에 있는 트랜잭션은 누구나 볼 수 있도록 공개돼 있다. 마이너와 시스템의 투명성을 위해서다.

2. 그런데 이러한 속성으로 인해 송신자가 특정한 트랜잭션에 대해 논스는 그대로 유지하고, 가스 가격은 더 높게 바꿀 수 있다. 단 송신자에게 적절한 권한이 있고 아직 그 트랜잭션이 마이닝되지 않았을 때만 가능하다.

3. 이 문제를 직접 시연하기 위해 다음과 같이 작성된 ERC20 계약을 예로 들어보자. 이 계약에 정의된 **approve** 함수는 소비 작업을 다른 주소로 위임하는 데 사용된다.

```
pragma solidity^0.4.24;

contract ERC20 {

    // ...

    function approve(address _spender, uint256 _value)
        public returns (bool) {
        allowed[msg.sender][_spender] = _value;
        emit Approval(msg.sender, _spender, _value);
        return true;
    }

    //...
}
```

4. 이 메서드로 사용자의 허용량^{allowance}을 변경하면 TOD 취약점이 발생한다. 누군가 변경 전과 변경 후의 allowance를 동시에 사용할 수 있다면 토큰 소유자가 원래 소비자가 전송하도록 허용한 것보다 더 많은 토큰을 전송할 수 있다.

5. 다른 주소로 토큰을 전송하도록 한 주소를 승인해보자. 예를 들어, X가 Y에게 A 토큰을 전송하도록 승인했다고 하자. 이때 전송 작업을 **transfer** 함수로 처리한다.

```
ERC20.approve(address(Y), A); // from: X
```

6. 일정한 시간이 지나서 X는 A에서 B로 보낼 수 있는 allowance를 줄였다고 하자. 이 작업 역시 approve 함수에 새 값을 지정하는 방식으로 처리한다.

```
ERC20.approve(address(Y), B); // from: X
```

7. 이때 Y가 X로부터 두 번째 승인 트랜잭션이 발생했다는 것을 눈치채고 재빨리 transferFrom 함수로 전송한다고 가정하자. 이 작업은 두 번째 승인 트랜잭션이 마이닝되기 전에 처리해야 한다.

```
ERC20.transferFrom(address(Z), A); // from: Y
```

8. Y의 트랜잭션이 X의 트랜잭션보다 먼저 실행되면, Y는 A 토큰뿐만 아니라 B 토큰을 전송하는 권한도 얻게 된다. 그러면 Y는 X가 눈치채기 전에 B 토큰을 다른 트랜잭션으로 전송할 수 있다.

```
ERC20.transferFrom(address(Z), B); // from: Y
```

9. approve 메서드의 구현 로직으로 인해 이런 공격의 여지가 발생한다. 이 문제를 방지하기 위한 가장 쉬운 방법은 allowance 값을 0으로 감소시켰다가 다른 값을 설정하는 것이다.

```
ERC20.approve(address(Y), 0); // from: X
ERC20.approve(address(Y), B); // from: X
```

10. 이렇게 하려면 사용자의 입장에서 좀 더 주의를 기울여야 한다. 또 다른 방법은 allowance 값을 증가시키는 함수와 이를 감소시키는 함수를 구현하는 것이다.

```
pragma solidity ^0.4.24;

contract ERC20 {

    function approve(address _spender, uint256 _value) { }

    // allowance를 증가시키는 함수
    function increaseApproval(
        address _spender,
        uint256 _addedValue)
        public returns (bool)
```

```solidity
{
    // safeMath.sol을 사용한다.
    allowed[msg.sender][_spender] =
        (allowed[msg.sender][_spender].add(_addedValue));
    emit Approval(
        msg.sender,
        _spender,
        allowed[msg.sender][_spender]
    );
    return true;
}

// allowance를 감소시키는 함수
function decreaseApproval(
    address _spender,
    uint256 _subtractedValue)
    public returns (bool)
{
    uint256 oldValue = allowed[msg.sender][_spender];
    if (_subtractedValue > oldValue) {
        allowed[msg.sender][_spender] = 0;
    } else {
        allowed[msg.sender][_spender] =
            oldValue.sub(_subtractedValue);
    }
    emit Approval(
        msg.sender,
        _spender,
        allowed[msg.sender][_spender]
    );
    return true;
}

// ...
}
```

모르는 대상 호출하기

DoS 공격은 이더리움에서 흔히 보는 문제로서, 계약이 다른 주소와 상호작용하는 과정에서 발생한다. 이때 주소는 외부에서 소유한 주소일 수도 있고 계약일 수도 있다. 따라서 이런 조건으로만 검증하면 상당히 위험하다.

이 절에서는 다른 주소와 상호작용할 때 발생할 수 있는 문제점과 이를 방지하는 방법을 소개한다. 또한 이 문제를 줄이는 데 도움되는 디자인 패턴도 소개한다.

준비

이 절에 들어가기 전에 이더리움 블록체인과 솔리디티에 대한 기본적인 이해가 필요하다.

리믹스 IDE(https://remix.ethereum.org)를 사용하면 계약을 좀 더 빠르게 테스트하고 배치할 수 있다. 또한 geth, parity과 같은 이더리움 클라이언트와 solc 컴파일러를 이용해도 좋다.

방법

1. 계약끼리 상호작용하는 방식은 다양하다. 이러한 상호작용 과정에 대한 검증하는 작업을 무조건 믿어서는 안 된다. 상대방 계약에서 얼마든지 조작할 수 있기 때문이다.

   require(<external_contract_call>);

2. 신뢰할 수 없는 서드파티 계약으로 검증하지 않는 것이 좋다. 외부 호출로 그 계약이 쓸모 없게 될 수 있다.

3. 특히 이더를 보낼 때 이러한 점을 간과하기 쉽다. 대상 주소가 외부에서 소유한 계정이라면 정상 전송된다. 그 주소가 계약이라면 전송 과정에서 그 계약의 폴백 함수가 호출되면서 그 안에 담긴 코드가 실행된다.

4. 이러한 트랜잭션을 항상 취소하는 폴백 함수를 작성해보자. 그러면 호출하는 계약의 조건이 항상 만족할 수 없어서 계약을 쓸 수 없게 된다.

5. 다음 계약 예제를 살펴보자. 이 계약은 누구나 왕이 돼서 이전 왕보다 높은 값을 보낼 수 있다. 새 왕이 등장하면 기존 왕은 투자한 금액을 돌려받는다.

```solidity
pragma solidity ^0.4.24;

contract BecomeTheKing {

    address currentKing;
    uint highestBid;

    function() payable {
        // 전송한 값을 검증한다.
        require(msg.value > highestBid);

        // 이전 액수를 돌려받는다.
        require(currentKing.send(highestBid));

        // 왕과 값을 교체한다.
        currentKing = msg.sender;
        highestBid = msg.value;
    }
}
```

6. 이 계약은 굉장히 단순하다. 왕이 되려면 이전보다 높은 금액을 쓰면 된다. 새 금액이 검증을 통과하면, 이전 왕은 제출한 금액을 돌려받는다.

7. 이전 금액을 돌려주는 데 사용한 send 함수의 대상은 외부 소유 계정이라고 가정한다.

8. 새로운 금액을 제시하는 계약을 생성한다. 이 계약에 항상 예외를 발생시키거나 트랜잭션을 되돌리는 폴백 함수를 작성한다.

```solidity
pragma solidity ^0.4.24;

// 공격자 계약
contract AlwaysTheKing {
```

```
// 왕이 되기 위해 호출하는 함수
function becomeKing(address _address) payable {
    _address.call.value(msg.value);
}

// 전달된 액수를 항상 되돌린다.
function() payable {
    revert();
}
}
```

9. 새 플레이어가 BecomeTheKing 계약에 더 높은 값을 제시하면 예전 금액을 전송 한다. 그런데 현재 왕이 이러한 전송을 허용하지 않도록 작성됐기 때문에 조건을 절대로 만족할 수 없다. 그래서 영원히 왕의 지위를 유지할 수 있다.

10. 이러한 DoS 공격을 방지하려면 인출(withdraw) 패턴으로 구현한다. 그러면 수신 자에게 금액을 보낼 때 transfer 함수로 전송하지 않고 인출(withdraw를 호출)하 는 방식으로 처리해야 한다.

11. 그러면 계약의 실행 과정에서 DoS가 발생할 위험을 줄일 수 있다. 수신자가 공 격을 시도하더라도 특정한 트랜잭션에만 영향을 미칠 뿐, 다른 사용자에게는 아 무런 영향을 주지 않는다.

12. BecomeTheKing 계약에 withdraw 패턴을 적용하도록 다음과 같이 수정한다.

```
pragma solidity ^0.4.24;

contract BecomeTheKing {

    address currentKing;
    uint highestBid;

    mapping(address => uint) balances;

    // 이전에 제출한 금액을 인출하는 함수
    function withdraw() public {
        uint balance = balances[msg.sender];
        require(balance > 0);
```

```
            balances[msg.sender] = 0;
            msg.sender.transfer(balance);
        }

        function() public payable {
            require(msg.value > highestBid);

            // 이전에 제시한 금액을 저장한다.
            balances[msg.sender] = highestBid;

            currentKing = msg.sender;
            highestBid = msg.value;
        }
    }
```

루프를 이용한 DoS

솔리디티는 다른 튜링 완전^{Turing-complete} 프로그래밍 언어와 마찬가지로 작업을 반복적으로 수행하도록 다양한 종류의 루프 구문을 제공한다. 루프는 굉장히 단순하지만 잘못 사용하면 DoS 공격과 비슷한 효과가 발생할 위험이 있다.

이 절에서는 외부로부터 DoS 공격이 들어오지 않더라도 이와 비슷한 효과를 내는 버그를 피하는 방법을 소개한다.

준비

이 절에 들어가기 전에 이더리움 블록체인과 솔리디티에 대한 기본적인 이해가 필요하다.

리믹스 IDE(https://remix.ethereum.org)를 사용하면 계약을 좀 더 빠르게 테스트하고 배치할 수 있다. 또한 geth, parity와 같은 이더리움 클라이언트와 solc 컴파일러를 이용해도 좋다.

1. 솔리디티에서 루프를 작성할 때 굉장히 조심해야 한다. 스마트 계약을 작성할 때 흔히 저지르기 쉬운 실수로 크게 두 가지가 있다.

2. 먼저 for 루프로 주소 배열을 순환하면서 금액을 전송하는 함수를 만들어보자.

```
pragma solidity ^0.4.24;

contract Payout {
    // 주소를 저장할 임의의 길이를 가진 배열
    address[] private addresses;
    // 지불 액수를 저장하는 매핑
    mapping (address => uint) public payouts;
    // 지불금을 전송하는 함수
    function payoutAll() public {
        for(uint8 i = 0; i < addresses.length; i++) {
            require(addresses[i].send(payouts[addresses[i]]));
        }
    }
}
```

3. 이 계약에서 배열의 길이가 일정한 한계를 넘어서면 두 가지 버그가 발생할 수 있다.

4. 첫 번째 버그부터 살펴보자. for 루프는 uint8 값으로 인덱스를 저장한다. uint8 은 상당히 작은 범위의 정수만 저장할 수 있기 때문에 배열의 길이가 255를 초 과하면 오버플로우가 발생한다. 그러면 인덱스가 0인 주소부터 지불액을 전송하 기 시작한다.

5. 이러한 문제를 방지하려면 항상 루프에서 사용하는 범위를 벗어나지 않는 데이 터 타입을 사용해야 한다. 이 문제를 해결하려면 함수를 다음과 같이 수정한다.

```
function payoutAll() public {
    for(uint256 i = 0; i < addresses.length; i++) {
        require(addresses[i].send(payouts[addresses[i]]));
    }
}
```

6. 데이터 타입을 바꾸는 방식으로 언더플로우 문제를 방지할 수 있지만, 블록의 가스 제한을 만족할 수 없다는 문제가 있다. 실행할 인스트럭션이 많을수록 가스 소비량도 높아지기 때문이다.

7. 배열의 길이에 제한이 없기 때문에 배열에 담긴 주소의 수가 많아지면 문제가 발생할 수 있다. 또한 지불액을 전송하는 함수에 DoS 취약점이 영구적으로 발생할 수 있다.

8. 이러한 문제를 방지하려면 처리할 인스트럭션이 많을 때는 배치 방식으로 처리하는 것이 좋다. 이를 적용하여 계약을 수정하면 다음과 같다.

```solidity
pragma solidity^0.4.24;

contract Payout {

    // 매핑 대신 사용할 구조체
    struct Recipient {
        address addr;
        uint256 value;
    }

    Recipient[] recipients;

    // State variable for batch operation
    uint256 nextIndex;

    // Function to transfer payout
    function payoutAll() public {
        uint256 i = nextIndex;

        while (i < recipients.length && gasleft() > 200000) {
            recipients[i].addr.send(recipients[i].value);
            i++;
        }

        nextIndex = i;
    }
}
```

9. 이 코드를 적용하기 전에 다른 조건도 검증하는 것이 좋다. 구체적인 방법은 이 코드의 활용 사례에 따라 달라진다.

솔리디티용 보안 분석 도구

스마트 계약에서 존재하는 보안 문제를 찾아서 해결하는 데 활용할 수 있는 도구가 많이 나와 있다. 이러한 도구를 활용하면 솔리디티와 관련해 지금까지 알려진 문제를 효과적으로 찾을 수 있다. 이 절에서는 유명한 보안 분석 도구를 살펴보고 사용법도 알아본다.

준비

이 절에 들어가기 전에 이더리움 블록체인과 솔리디티에 대한 기본적인 이해가 필요하다.

이 절에서 소개하는 예제를 실행하려면 사용할 도구에 따라 다양한 의존성 패키지를 설치해야 할 수도 있다. 구체적인 대상은 각 단계마다 소개한다.

방법

1. 이더리움에서 대표적으로 손꼽히는 정적 분석 도구로 미스릴Mythril이 있다. 일종의 보안 분석 도구로서 다양한 보안 취약점을 찾기 위해 콘콜릭concolic 분석, 테인트taint 분석, 제어 흐름 검사를 사용한다.
2. 마이스릴은 파이썬으로 구현했기 때문에 파이썬 3나 pip3가 설치돼 있어야 한다. 환경이 설정됐다면 다음과 같이 커맨드를 실행하여 마이스릴을 설치한다.

```
pip3 install mythril
```

ⓘ 콘콜릭 분석(concolic analysis)이란, 심볼릭 실행을 수행하는 하이브리드 방식 코드 분석 기법이다. 프로그램 변수를 구체적인 실행 경로에 따른 심볼릭 변수로 처리한다. 심볼릭 실행 (symbolic execution)의 코드 커버리지(code coverage)를 극대화하기 위해 새로운 테스트 케이스와 결합한다. 이 기법의 핵심은 코드의 정확성을 검증하는 것이 아니라, 실제 시나리오에서 발생하는 버그와 취약점을 찾는 데 있다.

테인트 분석(taint analysis)이란, 외부 사용자와의 상호작용을 통해 변경될 수 있는 변수를 검사하는 기법이다. 이렇게 하면 계약에서 발생하는 정보의 흐름을 쉽게 파악할 수 있다.

3. 마이스릴은 도커 이미지로도 제공된다. 다음과 같이 커맨드를 실행해서 도커 허브에서 마이스릴 이미지를 가져온다.

```
docker pull mythril/myth
```

4. 마이스릴을 설치했다면 원하는 파일을 분석해서 결과를 확인한다.

```
myth -x erc20.sol
```

5. 리믹스 IDE(https://remix.ethereum.org/)에도 보안 허점과 모범 활용 사례를 분석하는 기능을 제공한다. 검증 작업을 수행하려면 analysis 탭에서 Run을 클릭한다. 그러면 주어진 계약에 존재하는 문제점을 나열해준다.

6. 보안 기능을 강화한 오옌테^{Oyente}(https://github.com/melonproject/oyente)란 리믹스 기반 IDE도 있다. 이 도구는 스마트 계약을 분석을 위해 UI와 커맨드라인 옵션을 모두 제공한다.

7. DOT 그래프를 생성하면 계약을 시각적으로 표현할 수 있다. 솔그래프^{Solgraph}란 도구는 이러한 기능을 제공한다. 다음과 같이 커맨드를 실행하여 npm으로 solgraph를 설치한다. 이를 위해 Node.js가 먼저 설치돼 있어야 한다.

```
npm install --save -g solgraph
```

8. solgraph를 설치했다면 스마트 계약 파일을 입력해서 DOT 그래프를 생성한다. 그러면 계약의 제어 흐름을 시각적으로 표현한 파일이 생성된다.

```
solgraph contract.sol > contract.dot
```

9. 그 외에도 솔리디티용 린팅^{linting} 도구가 많이 나와 있다. 다음과 같은 도구로 코드가 모범 사례를 따르는지 검증할 수 있다.

```
npm install -g solium
// 또는
npm install -g solhint
```

솔리디티에서 초기화하지 않은 스토리지 포인터

솔리디티로 메모리와 스토리지 변수를 다루는 작업을 처리할 때 좀 헷갈릴 수 있다. 함수 안에서 스토리지 변수를 다루다 보면 예측하지 못한 동작이 나타날 수도 있다.

이 절에서는 스토리지 변수를 선언할 때 반드시 초기화해야 하는 이유에 대해 알아보자.

준비

이 절에 들어가기 전에 이더리움 블록체인과 솔리디티에 대한 기본적인 이해가 필요하다.

리믹스 IDE(https://remix.ethereum.org)를 사용하면 계약을 좀 더 빠르게 테스트하고 배치할 수 있다. 또한 geth, parity와 같은 이더리움 클라이언트와 solc 컴파일러를 이용해도 좋다.

방법

1. 솔리디티에서는 storage와 memory란 키워드로 스토리지의 종류를 지정할 수 있다. storage 변수는 값을 영구적으로 저장한다. 반면 memory 변수는 트랜잭션이 있는 동안에만 존재한다.

2. 함수 안에서 구조체^{struct}, 배열^{array}, 매핑^{mapping} 타입의 로컬 변수를 사용할 때 별도로 지정하지 않으면 기본적으로 스토리지를 참조한다. 함수의 인수로 전달되

는 값은 항상 로컬 변수로 메모리에 저장되고, 배열이나 구조체, 매핑은 스택에 저장된다.

3. 다음과 같은 함수를 한 번 살펴보자. 여기서 _a란 변수는 메모리 타입이고 x는 스토리지 타입이다.

```
function fun(uint _a) {
    uint[] x;
}
```

4. 이때 스토리지 변수를 초기화하지 않으면 문제가 발생할 수 있다. 초기화하지 않은 스토리지 변수는 뭔가 데이터를 담고 있던 메모리의 첫 지점을 가리킬 수 있다. 이 상태에서 본의 아니게 스토리지 값을 변경시킬 위험이 있다.

5. 다음과 같이 작성된 계약을 살펴보자. 여기서는 초기화하지 않은 스토리지 변수를 생성한다.

```
pragma solidity ^0.4.24;

// 초기화하지 않은 스토리지 포인터로 인한 버그를 보여주는 계약
contract StorageContract {
    // 0번 지점의 스토리지 변수
    uint stateVaribale;

    // 1번 지점의 스토리지 변수
    uint[] arrayData;

    // 초기화하지 않은 스토리지 변수가 있는 함수
    function fun() public {
        // 0번 지점을 가리키는 스토리지 변수
        uint[] x;
        // 0번 지점의 값을 변경한다.
        x.push(0);
        // 1번 지점의 값을 변경한다.
        arrayData = x;
    }
}
```

6. 처음에는 단순하게 보인다. 이 함수에서 선언한 배열을 초기화하지 않았기 때문에 메모리에서 0번 지점을 가리키는 스토리지 변수로 생성된다.

7. 스토리지 변수는 선언된 순서대로 메모리에 할당된다. 이 계약에서 stateVariable은 스토리지의 0번 지점에, arrayData는 스토리지의 1번 지점에 할당된다.

8. 스토리지 변수를 하나 더 정의하고 초기화하지 않으면, 첫 번째 스토리지 변수의 지점을 가리킨다. 실질적으로 두 변수가 하나의 스토리지 지점을 공유하는 셈이다.

9. 그러면 의도와 달리 스토리지 값이 변경될 위험이 있다. 직접 접근하지 않고도 상태 변수의 값을 변경하는 데 이 기법을 활용하는 개발자도 있다.

10. 솔리디티 컴파일러는 기본적으로 스토리지 변수를 초기화하지 않으면 경고 메시지를 출력한다. 이를 통해 버그가 발생할 수 있는 지점을 쉽게 찾을 수 있다.

11. 이렇게 의도하지 않은 스토리지 값의 변경이 발생하지 않게 하려면, 컴파일러에서 경고하는 지점에 활용 사례에 맞는 타입을 정확히 지정한다.

솔리디티 코드의 올바른 작성 방법

솔리디티는 최근 등장한 언어로 하루 단위로 급격한 변화를 겪고 있다. 하루에도 여러 건의 모범 작성 방법과 버그가 올라오고 있으며, 이를 통해 플랫폼도 전반적으로 향상되고 있다. 솔리디티로 코드를 작성할 때 적용할 만한 바람직한 작성 방법과 소프트웨어 공학기법들이 몇 가지가 있다. 이를 따르면 버그 없는 최적화된 이더리움용 스마트 계약을 작성할 수 있다. 이런 내용을 소개한다.

방법

1. 가장 중요한 원칙은 계약을 최대한 간결하게 작성하는 것이다. 계약 코드가 복잡할수록 버그가 발생할 가능성이 높다. 계약의 로직도 간결하고 모듈화를 잘 해야 한다.

2. 흔히 구현하는 기능은 이미 충분한 테스트를 거치고 당장 사용할 수 있는 유명한 라이브러리를 사용한다. 그러면 버그도 줄이고 성능도 높일 수 있다.

3. 애플리케이션에서 반드시 탈중앙화해야 하는 부분만 블록체인을 사용한다. 나머지는 기존 중앙화된 데이터베이스에 저장해도 된다. 모든 것을 블록체인에 넣지 않는다.

4. 항상 계약과 라이브러리를 최신 버전으로 유지한다. 그러면 최근 발견된 버그를 피할 수 있다.

5. 블록체인용 코드를 작성할 때 고려해야 할 이더리움만의 속성이 몇 가지 있다. 예를 들어, 가스 제한, 투명성, 신뢰 등이 있다.

6. 인스트럭션을 실행할 때마다 일정한 비용을 지불해야 한다. 블록마다 정해진 상한선이 있다. 트랜잭션은 블록에 허용된 가스의 최댓값까지 사용할 수 있다. 트랜잭션을 구현할 때 반드시 향후에도 이 값을 넘지 않도록 코드를 작성해야 한다.

7. 이더리움에는 진정한 사설private 값이란 없다. 누구나 계약 데이터를 읽을 수 있다. 상태 변수에 대해 사적 접근만 허용하는 private 제한자가 있긴 하지만, 다른 방식으로 얼마든지 읽을 수 있다. 계약을 작성할 때 이 점을 명심한다.

8. 신뢰할 수 없는 외부 계약을 사용하면 위험하다. 악의적인 코드가 실행돼 좋지 않은 일이 발생할 수 있으니, 신뢰할 수 없는 외부 계약에 의존하지 않는 것이 좋다.

09

설계 고려사항

9장에서 다룰 주제는 다음과 같다.

- 댑을 위한 서버리스 아키텍처
- 지갑 직접 구현하는 방법
- 배치 후 발견된 버그에 대처하는 방법
- 솔리디티로 무작위수 생성하기
- 계약을 간결하고, 모듈화된 형태로, 최신 상태로 유지하는 방법
- 이더리움에 사용자 인증 구현 방법

들어가며

지금까지는 네트워크를 직접 설정하고 스마트 계약을 작성하는 방법부터, 스마트 계약에서 버그가 발생할 가능성을 줄이는 방법에 이르기까지, 안전한 분산 애플리케이션 개발에 관련된 다양한 주제를 살펴봤다. 블록체인 애플리케이션을 개발하다 보면 서로 다른 접근 방식 중 하나를 잘 생각해서 결정해야 할 때가 있다. 예를 들어 지갑을 직접 구현할지, 메타마스크와 같은 별도 지갑을 사용할지도 결정해야 한다.

9장에서는 이렇게 잘 설계하는 방법에 대해 집중적으로 소개한다. 각 절에서 소개하는 내용을 읽고 나면 구체적인 결정 기준을 확립할 수 있을 것이다. 또한 이러한 결정에 따라 작성할 탈중앙화 애플리케이션에 보다 적합한 아키텍처를 설계하는 방법도 소개한다. 스마트 계약과 댑DApp에 대한 기본 지식을 갖추고 있다면 9장에서 소개하는 내용을 최대한 활용할 수 있다.

댑을 위한 서버리스 아키텍처

기존 클라이언트-서버 모델에 따라 만든 애플리케이션은 대부분 직접 구축하거나 클라우드 서비스에서 제공하는 중앙화된 서버를 구축해서 관리한다. 이렇게 구축한 서버는 여러 클라이언트로부터 받은 요청에 대해 서비스를 제공한다.

블록체인에서는 이렇게 중앙화된 서버가 필요 없으며, 사용자에게 보다 높은 투명성을 제공할 수 있다. 이렇게 할 수 있는 이유는 스마트 계약끼리 상호작용하는 작업을 노드에서 직접 처리하거나 메타마스크와 같은 서드파티 지갑을 통해 처리하기 때문이다. 이 절에서는 여러분이 작성할 이더리움 댑을 클라이언트-서버 모델과 서버리스 모델 중 어느 것으로 선택해야 할지 결정하는 방법을 소개한다.

이 절에서 설명하는 내용을 이해하기 위해서는 스마트 계약을 작성하고 Web3JS로 댑을 만드는 방법을 기본적으로 알고 있어야 한다. 이 절에서는 탈중앙화 애플리케이션의 아키텍처라는 다소 고급 주제에 대해 설명한다. 이 절에서 설명하는 내용을 제대로 이해하기 위해서는 기본적인 댑 구현 방법을 알고 있어야 한다.

처음 접하는 독자는 이 책의 1장부터 3장까지 설명한 내용을 제대로 읽고 환경 설정 방법과 스마트 계약 및 댑 제작 방법에 대한 기초부터 다지고 넘어가기 바란다.

방법

1. 서버리스 이더리움 댑의 전반적인 비즈니스 흐름은 주로 **클라이언트**와 **블록체인** 사이에서 발생한다. 비즈니스 요구 사항에 따라 중앙화된 요소와 탈중앙화 요소가 섞인 여러 계층으로 구성된, 좀 더 복잡한 댑을 생성할 수도 있다.

2. 클라이언트를 HTTP 호출로 **블록체인**과 직접 통신하는 정적 HTML 파일을 만드는 비교적 간단한 방법도 있고, 복잡한 아키텍처를 적용해서 기능이 풍부한 애플리케이션으로 만들 수도 있다. 이렇게 만든 클라이언트를 스탠드얼론 애플리케이션으로 배포하거나 SWARM(스웜)이나 **IPFS**InterPlanetary File System와 같은 프로토콜을 통해 제공할 수도 있다.

> ℹ️ IPFS나 SWARM은 탈중앙화 파일 배포 프로토콜(file distribution protocol)이다. 이미지나 HTML/CSS, JS 등과 같은 정적 파일을 저장해서 여러 사람과 공유할 수 있다.

3. 이렇게 구성한 아키텍처를 그림으로 표현하면 다음과 같다. 여기서 **블록체인** 모듈은 이더리움 네트워크에 있는 한 개 이상의 노드로 구성되고, 클라이언트는 여기에 연결해서 상호작용한다. **트랜잭션**은 이러한 블록체인 상태를 업데이트하거나 조회(질의, 쿼리query)한다.

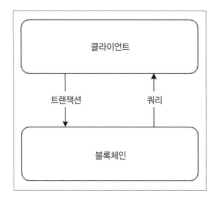

4. **클라이언트**에서 트랜잭션을 직접 보내면 중간 단계를 거치지 않고 **블록체인**의 세부 사항을 조회한다.

5. 이더리움에 저장된 데이터는 누구나 아무런 제약 없이 읽을 수 있기 때문에 Web3JS나 다른 RPC 수단으로 데이터에 대한 **질의**(쿼리)를 직접 보낼 수 있다.

```
// 솔리디티 계약
contract Test {
    function getData() returns(string data) {
        return "Hello world!";
    }
}

// Web3JS
var TestContract = new web3.eth.contract(<abi>, <address>);
TestContract.methods
    .getData()
    .call()
    .then(console.log);
```

6. 트랜잭션을 보내는 과정은 좀 복잡하다. 사용자 계정의 사설 키를 별도로 관리해야 하기 때문이다. 가장 간편하면서 흔히 사용하는 방법은 메타마스크와 같은 지갑을 사용하는 것이다. 이런 지갑을 사용하면 사용자가 보유한 사설 키를 서드파티 서비스에 의존하지 않고도 로컬에서 직접 관리할 수 있다.

7. 메타마스크를 이용해 사용자의 사설키로 트랜잭션을 서명해서 블록체인 네트워크로 브로드캐스트한다. 이때 댑의 메타매시에서 제공하는 주입 가능한injectable web3 인스턴스를 활용한다.

```
if (typeof web3 !== 'undefined') {
    // Mist/MetaMask의 프로바이더를 사용한다.
    web3 = new Web3(web3.currentProvider);
} else {
// 사용할 프로바이더가 없을 경우
    web3 = new Web3(new
    Web3.providers.HttpProvider("http://localhost:8545"));
}
```

8. 클라이언트가 로그에 기록한 이벤트를 기다리다가 실시간으로 업데이트한다. 그러면 사용자에게 이더리움 블록체인에서 발생한 상태 변경을 쉽게 알려줄 수 있다.

```
TestContract.events.TestEvent({
    filter: { ... },
    fromBlock: 0
}, function(error, event){
    console.log(event);
})
```

9. 애플리케이션에서 Mist/MetaMask와 같은 프로바이더나 지갑을 사용하지 않는다면, 기존에 알려진 이더리움 노드에 연결하거나 INFURA와 같은 서비스를 사용한다. 노드 연결 방법에 대한 자세한 사항은 1장, '이더리움 시작하기'를 참고한다.

10. 애플리케이션이 복잡하게 구성됐다면 특정한 작업을 수행하는 서버를 활용해야 한다. 가령 서버리스 방식만으로 다른 서비스와 상호작용하기가 좀 번거로울 수도 있다.

11. 서버를 도입하면 기능면에서 훨씬 유리하다. 하지만 전체 모델이 어느 정도 중앙화된 방식으로 구성된다. 구현하려는 애플리케이션의 요구 사항에 따라 적절히 판단한다.

12. 엄청난 양의 트랜잭션이 발생하는 게임이나 소셜 네트워크와 같은 애플리케이션은 이더리움의 처리량에 발목 잡힐 수 있다. 이러한 애플리케이션을 설계할 때 이점을 반드시 고려해야 한다. 한 가지 권장하는 방법은 트랜잭션을 블록체인에서 멀리 떨어뜨려 다른 서비스로 옮기는 것이다. 이러한 처리 작업과 스토리지가 블록체인 외부에서 발생하기 때문에 오프체인off-chain 트랜잭션 및 스토리지라 부른다.

13. 여기서 핵심은 요구 사항을 잘 고려해서 탈중앙화와 애플리케이션 기능 사이의 균형을 맞추는 데 있다.

애플리케이션에 특화된 지갑 구현하기

댑은 트랜잭션을 서명하기 위해 사설 키를 다루는 작업을 메타마스크와 같은 지갑을 활용하거나 직접 처리한다. 얼핏 생각하면 사설 키를 직접 처리하는 방식이 사용자 입장에서 편하고 최적의 솔루션인 것 같지만, 사용자가 댑에서 사설 키를 직접 처리하는 방식을 무조건 신뢰할 수 없다는 문제가 있다.

이 절에서는 애플리케이션에 특화된 지갑을 구현하거나 서드파티 솔루션을 사용할 때 반드시 고려해야 할 사항을 소개한다.

준비

이 절에서는 기능을 제대로 갖춘 댑을 개발하는 과정에서 발생하는 설계 고려사항에 대해 소개한다. 다소 고급 주제에 해당하며 이더리움과 댑에 대한 전반적인 지식을 갖춰야 이 절에서 설명하는 내용을 제대로 이해할 수 있다.

이 주제를 처음 접하는 독자는 이 책의 1장부터 3장까지 잘 읽어보기 바란다.

1. 애플리케이션에 특화된 지갑을 직접 설계해서 구현하면 사용자에게 여러모로 유리한 점이 많다. 가령 사용자가 지갑 소프트웨어를 따로 설치하지 않고도 사설 키를 관리하고 트랜잭션을 서명할 수 있다.

2. 애플리케이션에 특화된 지갑을 이용하면 사용자의 사설 키를 생성/관리하고 트랜잭션을 네트워크로 서명/브로드캐스트하는 것을 비롯한 다양한 작업을 직접 처리할 수 있다. 그래서 메타마스크 같은 서드파티 지갑이 필요 없다.

3. 이더리움 지갑 기능을 처음부터 직접 구현해도 되고, ethereumjs-wallet(https://github.com/ethereumjs/ethereumjs-wallet)과 같은 라이브러리를 활용해 구현해도 된다.

4. ethereumjs 라이브러리를 이용하면 사설 키를 새로 생성하고, 기존에 갖고 있던 사설 키를 불러오고, HD 지갑을 생성하는 것과 같은 기능을 쉽게 구현할 수 있다. 트랜잭션 서명 기능은 ethereumjs-tx로 구현하면 된다.

 다른 지갑이나 거래소로부터 가져온 이더를 보내서 새로 생성된 계정에 시드를 제공할 수 있다. 또한 셰이프시프트(Shapeshift)(https://shapeshift.io/) API를 추가해서 다른 암호화폐를 이더로 변환하는 기능도 추가로 제공할 수 있다.

5. 사설 키로 트랜잭션을 서명하는 작업은 백그라운드에서 처리한다. 인증은 트랜잭션 단위로 할 수도 있고 댑 마스터 로그인으로 처리할 수도 있다.

6. 전용 지갑을 직접 구현하려면 메타마스크처럼 이미 구현된 서드파티 지갑을 사용할 때에 비해 상당한 노력이 든다. 사설 키나 다른 계정의 자격 증명[credential]은 보안에 안전하게 저장해야 한다. 보안 허점으로 인한 피해는 엄청나기 때문이다.

7. 이렇게 지갑을 직접 구현하면 사용자 입장에서 발생하는 상호작용을 엄청나게 간단하게 만들 수 있고, 서드파티 소프트웨어를 따로 설치하지 않고도 애플리케이션과 쉽게 상호작용할 수 있다.

8. 지갑을 직접 구현하면 신뢰 문제가 발생할 수 있다. 여러분이 만든 댑을 사용자가 신뢰해야 그 사용자의 계정과 사설 키를 처리할 수 있는데, 모든 부분을 이렇게 만드는 것은 바람직하지 않다.

9. 어떤 방식으로 적용하는 것이 좋은 지는 전적으로 애플리케이션 사용자의 특성과 만들려는 애플리케이션의 용도에 달렸다. 트랜잭션의 빈도도 지갑 구현에 중요하게 고려할 사항이다.

배치 후 발견된 버그에 대처하는 방법

8장, '스마트 계약 보안'에서 설명한 것처럼, 배치 후에 발견된 버그는 수정할 수 없다. 이 외에도 스마트 계약의 불변성으로 인한 한계가 몇 가지 더 있다. 하지만 배치 후 발견된 버그의 효과를 최소화하는 방식으로 설계하면 이러한 문제를 어느 정도 보완할 수 있다.

여기서는 배치 후 발견된 버그의 피해를 최소화하는 여러 가지 설계 기법에 대해 소개한다.

준비

이 절에서 설명하는 내용을 이해하기 위해서는 스마트 계약을 작성하고 Web3JS로 댑을 만드는 방법에 대한 기본적인 지식을 갖춰야 한다. 이 절에서는 다소 고급 주제에 해당하는 탈중앙화 애플리케이션의 아키텍처에 대해 설명한다. 이 절에서 설명하는 내용을 제대로 이해하기 위해서는 기본적인 댑 구현 방법을 알고 있어야 한다.

처음 해보는 독자는 이 책의 1장부터 3장까지를 꼼꼼하게 읽어보기를 바란다. 또한 스마트 계약을 작성할 때 흔히 발생하는 버그에 대한 자세한 사항은 8장, '스마트 계약 보안'을 참고하기 바란다.

1. 이더리움 스마트 계약이 본질적으로 가지는 불변성으로 인해, 이미 배치된 스마트 계약을 업데이트하는 방식으로 버그를 수정할 수는 없다. 이럴 때는 완벽하지는 않지만 스마트 계약을 업그레이드할 수 있게 구성하면 어느 정도 문제를 보완할 수 있다. 그 대신 스마트 계약에 대한 사용자의 신뢰도는 좀 떨어진다.

2. 나중에 발생한 버그로 인한 피해를 최소화하도록 스마트 계약을 작성할 때 적용할 수 있는 설계 기법은 여러 가지가 있다.

3. 예를 들어 이더를 예치하고 인출하는 간단한 계약 코드를 살펴보자. 이 코드를 통해 자금을 일정 수준 이상으로 잃지 않도록 설계하는 몇 가지 기법을 살펴본다.

```solidity
pragma solidity ^0.4.24;

contract VulnerableContract {

    function deposit() public {
        // 이더를 받는 코드
    }

    function withdraw() public {
        // 이더를 보내는 코드
    }
}
```

4. 계약에 처리량 제한rate limiting 기능을 추가한다. 그러면 일정 기간 동안 작업 수행이 제한된다. 예를 들어 사용자가 하루에 인출할 수 있는 이더/토큰의 양을 제한할 수 있다. 그 이상 인출하는 것을 완전히 막을 수도 있고, 다단계 서명 승인 절차를 거치게 만들 수도 있다. 이렇게 하면 손실을 최소화하고 사용자나 소유자가 해결책을 모색할 시간을 벌 수 있다.

5. 이 기능을 구현하도록 계약을 다음과 같이 구성한다. 제한자를 통해 현재 시각과 최종 인출 시각을 검사한다.

```solidity
pragma solidity ^0.4.24;

contract ControlledContract {

    // 간략한 인출 추적기
    // 보다 정확한 추적을 위해 구체적인 양을 지정할 수 있다.
    mapping(address => uint) lastWithdraw;

    // 인출 금액을 제한하는 제한자
    modifier verifyWithdraw() {
        require(lastWithdraw[msg.sender] + 1 days > now);
        _;
    }

    function deposit() public {
        // 이더를 받는 코드
    }

    function withdraw(uint _value) verifyWithdraw public {
        // 이더를 보내는 코드
        require(_value < 1 ether);
        lastWithdraw[msg.sender] = now;
    }
}
```

6. 또 다른 방법은 버그가 발견되자마자 계약 기능을 일시적으로 중단하거나 정지시
   키는 것이다. 이렇게 하면 이 계약에 대해 악의적인 공격을 수행하지 못하게 막을
   수 있다. 일시 정지 기능을 구현하도록 앞에 나온 계약을 수정하면 다음과 같다.

```solidity
pragma solidity ^0.4.24;

contract ControlledContract {
    bool pause;
    address owner;

    modifier onlyOwner() {
        require(msg.sender == owner);
        _;
```

```
    }

    modifier whenNotPaused {
        require(!pause);
        _;
    }

    function pauseContract() onlyOwner public {
        pause = true;
    }

    function unPauseContract() onlyOwner public {
        pause = true;
    }

    function deposit() whenNotPaused public {
        // 원하는 작업을 수행한다.
    }

    function withdraw() whenNotPaused public {
        // 원하는 작업을 수행한다.
    }
}
```

7. 공격의 피해를 최소화하기 위한 방법으로 계약의 동작을 지연시키는 방법도 있다. 계약의 동작을 일정 시간이 지난 후에 실행할 수도 있고, 승인을 거쳐 실행하게 만들 수도 있다. 이런 기법을 적용하도록 앞에 나온 계약을 수정하면 다음과 같다.

```
pragma solidity ^0.4.24;

contract ControlledContract {

    struct WithdrawalReq {
        uint value;
        uint time;
    }
```

```
        mapping (address => uint) balances;

        mapping (address => WithdrawalReq) requests;

        uint constant delay = 7 days;

        function requestWithdrawal() public {
            require(balances[msg.sender] > 0);
            uint amountToWithdraw = balances[msg.sender];
            balances[msg.sender] = 0;
            requests[msg.sender] = WithdrawalReq(
                amountToWithdraw,
                now
            );
        }

        function withdraw() public {
            require(now > requests[msg.sender].time + delay);
            uint amountToWithdraw = requests[msg.sender].value;
            requests[msg.sender].value = 0;
            msg.sender.transfer(amountToWithdraw);
        }
    }
```

8. 어떤 설계 방식을 적용할 지는 전적으로 타겟 사용자와 요구 사항에 따라 결정한
   다. 안전 장치를 구현하거나 앞서 소개한 기법을 모두 적용할 수도 있다. 요구 사
   항에 따라 안전 장치를 직접 고안할 수도 있지만, 이렇게 작성한 코드는 엄격한
   검토를 거쳐 버그가 없다는 확신이 들 때만 실전에 배치한다.

솔리디티로 무작위수 생성하기

간혹 애플리케이션에서 특정한 작업을 수행하기 위해 **무작위수**(난수) **생성기**^{RNG, Random Number}
^{Generator}가 필요할 때가 있다. 무작위성^{randomness}이 핵심인 작업은 다양하다. 예를 들어, 탈
중앙화 복권을 구현하려면 당첨 번호를 무작위로 결정해야 한다. 또한 애플리케이션 사용

자에게 추천하는 기능을 구현할 때도 무작위성이 필요하다.

이더리움과 같은 탈중앙화 시스템은 몇 가지 이유로 인해 무작위수를 생성하기가 좀 까다롭다. 이를 구현하려면 간접적인 방식을 적용해야 한다. 이 절에서는 댑에서 RNG를 구현하는 방법을 소개한다.

준비

이 절에서 설명하는 내용을 이해하기 위해서는 스마트 계약을 작성하고 Web3JS로 댑을 만드는 방법에 대한 기본적인 지식을 갖춰야 한다. 이 절에서 설명하는 내용을 제대로 이해하기 위해서는 기본적인 댑 구현 방법을 알고 있어야 한다.

처음 접하는 독자는 이 책의 1장부터 3장까지 제대로 읽기 바란다.

방법

1. 이더리움 프로그램은 여러 노드에서 각각의 EVM에서 구동해도 결과가 똑같이 나와야 하기 때문에 반드시 결정적인^{deterministic} 방식으로 작동해야 한다. 이로 인해 이더리움 기반의 댑에서 진정한 무작위수를 생성할 수는 없고 무작위수처럼 보이게 만드는 수밖에 없다.

2. 무작위수 생성기를 구현하는 데 흔히 사용하는 방법은 난이도나 타임스탬프^{timestamp}처럼 결정적인 값이나 마이너가 정의한 매개변수를 활용하는 것이다.

```
pragma solidity^0.4.24;

// 무작위수를 생성하는 계약
// 타임스탬프와 난이도를 활용한다.
// 바람직한 방법은 아니다.
contract RNG {
    function generateRandom() view returns (uint) {
        return uint256(keccak256(
            abi.encodePacked(block.timestamp, block.difficulty)
```

```
        ));
    }
}
```

3. 향후 생성될 블록의 해시로 무작위수를 생성하면 값을 예측하기 더 어렵게 만들 수 있다. 이더리움 댑에서 흔히 사용하는 방식이기도 하다.

4. 향후 생성될 블록을 기반으로 당첨 번호를 결정하는 탈중앙화 복권 예제를 살펴 보자. 당첨된 복권 번호는 다음과 같이 결정한다.

```solidity
pragma solidity^0.4.24;

contract Lottery {

    // 복권을 표현하는 구조체
    struct Bid {
        uint num;
        uint blockNum;
    }

    // 복권을 저장하는 매핑
    mapping(address => Bid) bids;

    // 미래 블록 해시를 기반으로 당첨 번호를 결정하는 함수
    function isWon() public view returns (bool) {
        uint bid = bids[msg.sender].num;
        uint blockNum = bids[msg.sender].blockNum;

        require(blockNum >= block.number);

        uint winner = uint(keccak256(
            abi.encodePacked(blockhash(blockNum + 3))
        ));

        return (bid == winner);
    }
}
```

5. 무작위수를 생성하는 외부 서비스를 활용해서 무작위성을 높일 수도 있다. 오라클 서비스를 이용하면 이 값을 계약 코드에서 읽어올 수 있다.

> ℹ️ 오라클 서비스(Oracle service)는 이더리움 스마트 계약에서 웹(www) 있는 데이터를 쉽게 읽을 수 있도록 제공되는 서비스다. 예를 들어 API를 호출한 결과를 받을 수 있다. 당연히 오라클 데이터베이스와는 전혀 별개다. 자세한 사항은 7장, '솔리디티 고급 기능'의 '솔리디티에서 API로부터 데이터 가져오기' 절을 참고한다.

6. 항상 정확한 결과를 제공하려면 서드파티 서비스를 신뢰할만해야 한다. 이 서비스가 공격당하면, 계약에 무작위수 생성기를 직접 구현하는 것보다 더 위험할 수 있다.

7. 무작위수 생성에 대해 다양한 연구 결과와 기법이 나와 있다. 그 중에서도 이더리움 커뮤니티에 최근 제안된 것으로 'RANDAO : A DAO working as the RNG of Ethereum'이 있다.

8. RANDAO란, 누구나 참여할 수 있는 DAO로서, 모든 참여자가 함께 무작위수를 생성한다. 이 과정은 세 단계로 구성된다.

9. 첫 번째 단계는 참여자가 일정한 액수의 이더를 특정한 기간(예, 약 72초에 해당하는 여섯 블록 기간)에 대한 담보pledge로 제공하고, sha3(s)의 결과도 함께 담아서 이 계약으로 트랜잭션을 보내도록 요청한다. 여기서 참여자는 s를 공개하지 않는다.

10. 두 번째 단계는 sha3(s)의 결과를 제출한 사람이라면 누구나 계약 C에 숫자 s를 담은 트랜잭션을 주어진 기간 안에 보내도록 요청한다. 이 계약으로 sha3(s)의 결과와 이전에 제출된 데이터를 비교해서 s가 유효한지 검사한다. s가 유효한 값이라면 이를 무작위수를 생성하는 데 사용할 s 값 목록에 저장한다.

11. 이 계약을 이용하여, 수집된 시드 s 값으로부터 무작위수를 생성해서 스토리지에 쓴다. 그런 다음 이 결과를 무작위수를 요청한 모든 계약에 전달한다.

12. 마지막으로 담보로 제공한 이더와 이 계약으로부터 얻은 이익profit을 참여자에게 돌려준다. 이때 이익은 생성된 무작위수를 사용한 계약으로부터 받은 수수료 총액을 참여자의 수로 나눈 값으로 계산한다.

13. 구체적인 방법은 전적으로 타겟 사용자와 용도에 따라 달라진다. 이때 반드시 각 방법 사이의 트레이드오프 관계를 고려해서 결정한다.

계약을 간결하고, 모듈화된 형태로, 최신 상태로 유지하기

스마트 계약과 솔리디티는 최근에 등장한 기술이다. 그래서 바람직한 작성 방법이나 도구들이 아직도 새롭게 등장하고 있으며, 구현도 아직 초기 상태다. 버그나 보안 취약점도 여전히 많아서 플랫폼이 좀 더 진화할 여지가 많다. 그래서 나중에 버그가 발생하지 않도록 방지하려면 기존에 나와 있는 가이드라인이나 소프트웨어 전반에 적용되는 설계 원칙을 적용하는 것이 바람직하다.

이 절에서는 계약을 간결하고, 모듈화된 형태로, 최신 버전으로 유지하는 방법이 얼마나 중요한지 알아보자.

준비

이 절에서 설명하는 내용을 제대로 이해하려면 기본적인 스마트 계약 작성법을 알고 있어야 한다. 여기서 소개하는 가이드라인은 스마트 계약을 좀 더 잘 작성하기 위해 반드시 고려할 만한 것이다. 개발 환경을 잘 구축하고 싶다면 이 책의 1장에서 소개하는 도구와 라이브러리의 사용법을 참고하기 바란다.

방법

1. 코드의 복잡도가 증가할수록 에러가 발생할 가능성도 높아진다. 에러를 최소화하려면 항상 핵심 기능만 집중해서 코드를 최소한으로 유지한다.
2. 계약의 로직을 간결하고 이해하기 쉬운 형태로 유지한다. 계약 코드를 읽기 쉽게 유지하는 것이 중요하다.

3. 전통적인 소프트웨어 공학 원칙에 따르면 코드를 재활용할 수 있고, 모듈화되고, 업그레이드할 수 있도록 작성해야 한다. 블록체인 시스템에서 스마트 계약을 작성할 때 이 원칙을 완벽히 따르기 힘들 수 있다. 바람직한 작성 원칙을 따르되 신뢰성과 불변성도 함께 고려해 균형을 잘 맞춰서 계약을 작성한다.

4. 전통적인 소프트웨어 공학 원칙에 따르면, 계약을 업그레이드할 수 있는 형태로 만들어야 사용성도 높고, 가장 이상적인 형태라고 생각하기 쉽다. 하지만 계약이 복잡해질수록 버그도 발생하기 쉬워진다. 복잡하고, 에러 발생 가능성도 있고, 업그레이드도 용이한 계약과, 단순하지만 버그가 없는 계약 사이의 트레이드오프 관계를 잘 고려해서 결정한다.

5. 계약을 여러 모듈로 나눠서 구성할 수도 있고, 모든 계약 코드를 한 곳에 모아서 함수 사이의 제어 흐름을 최소화하도록 작성할 수도 있다. 항상 주어진 요구 사항에 따라 가독성이 높고 검토하기 쉬운 방식을 따른다.

6. 계약 코드를 모듈화하면 코드를 재활용하기 좋고, 네트워크에 중복이 발생하는 것을 피할 수 있다. 여러 계약이 같은 기능을 수행할 때 네트워크에 배치된 하나의 라이브러리를 참조하는 방식으로 구성할 수 있다. 기존에 배치된 계약 코드를 여러 계약이 활용할 수 있도록 만들 때는, 반드시 그 코드가 안전한지부터 검증한다.

7. 자주 쓰는 기능을 제공하면서 엄격한 테스트와 검토를 거친 스마트 계약 라이브러리가 많이 나와 있다. 대표적인 예가 오픈제플린 계약이다. 이를 사용하면 계약에서 버그가 발생할 가능성을 최소화할 수 있다.

8. 오픈제플린^{OpenZeppelin}은 ERC20/ERC721 토큰 표준, ICO, 산술 연산 등을 비롯한, 흔히 사용되는 기능을 다른 계약에서 사용할 수 있게 제공한다. 이 라이브러리에 대한 자세한 사항은 https://github.com/OpenZeppelin/openzeppelin-solidity를 참고한다.

9. 솔리디티 언어의 규격과 솔리디티 코드의 모범 작성법은 하루 단위로 급격히 변하고 있다. 따라서 가능하면 조기에 도입하는 것이 좋다. 자주 사용하는 라이브러리에서 새로 발생한 버그를 제거하도록 라이브러리를 수시로 업데이트한다.

이더리움에 사용자 인증 구현하기

애플리케이션마다 허가 받지 않은 사용자가 접근하지 못하도록 일정한 인증^{authetication} 및 권한 검증^{authorization} 기능이 필요하다. 이더리움에서는 대부분 **EOA**^{Externally Owned Account}(외부 소유 계정)에서 오는 트랜잭션을 처리할 때 필요하다. EOA는 사설 키에 직접 접근하지 않고서는 해킹하기 힘든 강력한 암호화 알고리즘으로 생성한다.

이 절에서는 이더리움 댑을 구현하는 데 적용할 수 있는 여러 가지 인증 및 권한 검증 기법을 소개한다.

준비

이 절에서 설명하는 내용을 이해하기 위해서는 스마트 계약을 작성하고 Web3JS로 댑을 만드는 방법에 대한 기본적인 지식을 갖춰야 한다. 이 절에서 설명하는 내용을 제대로 이해하기 위해서는 기본적인 댑 구현 방법을 알고 있어야 한다.

처음 해보는 독자는 이 책의 1장부터 3장까지를 꼼꼼하게 읽어보기를 바란다.

방법

1. 댑은 항상 사용자 주소로 인증과 권한 검증을 처리한다. 주소는 이더리움의 탈중앙화 애플리케이션에 접근하는 데 가장 핵심적인 요소다.
2. 대표적인 암호화폐 수집 게임인 크립토키티를 예를 들어 살펴보자. 이 애플리케이션은 이더리움 주소로 사용자를 식별한다. 사용자는 자신의 주소로 고양이를 구매하면 보유한 자산이 전송된다.
3. 이 애플리케이션은 현재 여러 페이지에 로그인 된 주소에서 소유한 모든 고양이에 대한 목록을 보여준다. 이 주소를 이용하면 자산을 쉽게 추적할 수 있다.

```
mapping(address => uint[]) kitties;

function getKitties(address _owner) returns(uint[]) {
    return kitties[_owner];
}
```

4. 고양이에 관련된 작업은 모두 그 소유자를 통해 처리한다. 그래서 적절한 인증 기능이 필요하다.

```
mapping(uint => address) kittyToOwner;

modifier onlyOwner(uint _id) {
    require(kittyToOwner[_id] == msg.sender);
    _;
}

function transfer(uint _id, address _to) onlyOwner(_id) {
    // 고양이를 전송하는 코드
}
```

5. 다른 계약에서도 이더리움 댑에서 인증과 권한 권증을 처리할 때 이와 비슷한 방식으로 처리한다.

6. 별도의 트랜잭션을 거치지 않고도 이 주소로 외부에서 트랜잭션을 서명할 수 있기 때문에, 다른 인증 기법도 이렇게 처리할 수 있다.

7. 예를 들어 ecrecover 함수로 서명된 트랜잭션에서 주소를 추출할 수 있다. 그러면 누구나 트랜잭션의 출처를 검증할 수 있어서 그 주소를 인증할 수 있다.

```
ecrecover(hash, v, r, s);
```

8. 계정마다 생성된 키 파일로 인증할 수 있다. 성공적으로 언락된 것을 정상적인 인증으로 간주하고, 사용하는 주소를 로그인된 사용자에게 할당하면 된다.

9. 이더리움 댑에서 수행한 동작에 대한 권한 검증 작업은 주로 스마트 계약에서 많이 사용한다. 이때 사설 키가 인증자authenticator 역할을 한다. 애플리케이션의 요구 사항에 따라 보안 계층을 더 추가할 수도 있다. 모든 결정 사항은 타겟 사용자와 애플리케이션에서 수행할 작업의 성격에 따라 판단한다.

10

다양한 프로토콜과 애플리케이션

10장에서 다룰 주제는 다음과 같다.

- 이더리움 네임 서비스에 등록하는 방법
- 댑용 통신 프로토콜인 위스퍼
- 분산 스토리지 플랫폼인 스웜
- BTCRelay를 이용한 비트코인 트랜잭션 모니터링하는 방법
- 알람 클락으로 이더리움 트랜잭션 스케줄링하는 방법
- 오픈제플린 라이브러리 사용 방법

들어가며

이더리움 생태계는 아직 초기 단계로서 상당히 빠른 속도로 진화하고 있으며, 하루가 다르게 새로운 서비스와 플랫폼이 등장하고 있다. 이렇게 개발된 시스템은 여러 가지 문제가 있다. 어떤 것은 플랫폼의 성숙도가 낮기 때문에 발생하고, 또 어떤 것은 분산 시스템을 설계하는 방법으로 인해 발생한다. 이러한 문제를 극복하기 위한 방법이 다양하게 나와 있는데, 그 중 하나가 바로 외부 데이터 소스와 상호작용하기 위한 오라클 서비스다.

이더리움 커뮤니티에서는 사용자와 개발자가 이더리움으로 더 많은 일을 할 수 있도록 새로운 애플리케이션과 프로토콜을 만들고 있다. 이 장에서는 다양한 시나리오에 적용할 수 있는 여러 가지 이더리움 프로토콜과, 이더리움 생태계에서 제공되는 재사용 가능한 애플리케이션을 몇 가지 소개한다. 이를 활용하면 이더리움에서 풍부한 기능을 갖춘 분산 애플리케이션을 만드는 데 도움될 것이다.

이더리움 네임 서비스에 등록하기

ENS^{Ethereum Name Service}(이더리움 네임 서비스)란, 탈중앙화 방식의 네이밍 서비스로서 이더리움 블록체인 위에 구축한 것이다. 이 서비스를 이용하면 기계가 읽기 쉽게 된 이더리움 주소를 사람이 쉽게 읽을 수 있도록 이름을 붙일 수 있다.

이 절에서는 자신이 보유한 ENS 도메인을 직접 등록하는 방법과, 내부 작동 방식을 소개한다. 또한 이렇게 구축한 ENS 서비스를 여러분이 작성한 지갑 애플리케이션에 연동하는 방법도 소개한다.

준비

이 절에 들어가기 앞서 이더리움 노드를 구축하고 web3 자바스크립트 콘솔을 다루는 기본적인 방법을 갖춰야 한다. 노드를 설정해서 다루는 방법은 이 책의 1장을 참고한다.

1. 예제를 위해 ENS에 이름을 하나 등록해보자. 먼저 초기 부팅 프로세스에 필요한 테스트 헬퍼 파일(https://github.com/ensdomains/ens/blob/master/ensutils-testnet.js)을 다운로드한다. 이 파일에는 쉽게 사용할 수 있도록 계약 정의와 롭스텐Ropsten 테스트넷 주소가 담겨 있다. 이 파일은 테스트 용도로만 활용한다.

> ENS는 이미 이더리움 메인 및 테스트 네트워크에 배치돼 있다. 주소는 다음과 같다.
> ```
> Mainnet:  0x314159265dd8dbb310642f98f50c066173c1259b
> Ropsten:  0x112234455c3a32fd11230c42e7bccd4a84e02010
> Rinkeby:  0xe7410170f87102df0055eb195163a03b7f2bff4a
> ```

2. 다운로드가 끝나면 롭스텐 테스트 네트워크에 연결된 geth 콘솔을 열고 다운로드한 자바스크립트 파일을 불러온다. 그러면 사용할 ENS 계약 인스턴스가 생성된다.

   ```
   > loadScript('../ensutils-testnet.js');
   ```

3. ENS에 이름을 등록하기 전에 다른 주소에서 이미 사용하고 있는 것은 아닌지 확인한다. 이를 확인하려면 그 이름의 만료 일자를 검사하면 된다. 리턴된 날짜가 현재보다 이전이면 그 이름을 사용하도록 요청할 수 있다.

   ```
   > var time = testRegistrar.expiryTimes(web3.sha3('packt'));
   > new Date(time.toNumber() * 1000);
   ```

> 만료 시각(expiry time)이 현재 날짜보다 이전이면, 그 이름을 아직 사용하는 사람이 없거나, 예전에 사용했지만 유효 기간이 지난 것이다.

4. 이 이름을 처리할 퍼블릭 리졸버public resolver를 설정한다. 상태 변경 함수를 실행하기 전에는 항상 계정을 열어unlock둬야 한다.

```
> ens.setResolver(
    namehash('packt.test'),
    publicResolver.address,
    { from: eth.accounts[0] }
);
```

5. 리졸버가 성공적으로 할당되면 원하는 주소에 매핑하도록 업데이트한다.

```
> publicResolver.setAddr(
    namehash('packt.test'),
    '0x111...', // Or any other address
    { from: eth.accounts[0] }
);
```

6. 서브도메인을 생성해서 앞에서와 비슷한 방식으로 주소를 매핑할 수도 있다.

7. 마지막으로 지정한 ENS 네임이 의도한 주소를 가리키는지 확인한다.

```
> var address = ens.resolver(namehash('packt.test'));
> resolverContract.at(address).addr(namehash('packt.test'));
```

8. 테스트 네트워크에 있는 .test TLD^{Top-Level Domain, 최상위 도메인}은 FIFS^{First In First Server} 등록자^{registrar}로 처리한다. 이렇게 설정된 도메인은 요청한 날로부터 28일이 지나면 만료하도록 설정된다. 메인 네트워크는 경매 기반으로 등록한다. 그래서 사용자는 각 이름에 대한 호가를 제출해야 한다.

9. 경매는 보통 5일 동안 진행된다. 비딩에 3일이 걸리고 각자 제출한 호가를 공개하는 데 2일이 걸린다. 호가와 이름의 상태는 다음과 같은 커맨드로 확인할 수 있다.

```
> ethRegistrar.entries(web3.sha3('packt'))[0]
```

10. 0에서 5 사이의 상태 ID를 리턴한다. 각 ID의 의미는 다음과 같다.

- 0: 이름을 사용할 수 있고 경매가 시작되지 않은 상태
- 1: 이름을 사용할 수 있고 경매가 시작된 상태
- 2: 이름이 할당됐고 현재 누군가 소유한 상태
- 3: 이름이 금지된 상태
- 4: 이름이 현재 경매의 공개^{reveal} 단계에 있는 상태
- 5. 이름의 소프트 런치^{soft launch}로 인해 사용할 수 없는 상태

11. 이러한 상태에 따라 경매를 시작하거나, 호가를 제시하거나, 호가를 공개하거나, 경매를 종료할 수 있다. 전반적인 경매 절차에 대한 자세한 사항은 ENS 공식 문서(http://docs.ens.domains)를 참조한다.

원리

ENS는 이더리움 주소와 같은 복잡한 형태의 식별자와 acorn.co.kr처럼 사람이 읽기 쉬운 형태의 이름을 매핑한다. ENS의 목적과 원리는 IP 주소를 사람이 읽기 쉬운 스트링으로 매핑하는 인터넷의 **DNS**Domain Name Service와 비슷하다. ENS에서 가장 중요한 요소는 레지스트리와 리졸버다. 레지스트리registry는 일종의 스마트 계약으로서, 도메인을 소유하고 있다가 그 도메인의 서브도메인을 사용자에게 발행한다. 사용자는 이 계약에 정의된 규칙에 따라 도메인을 등록한다.

레지스트리는 모든 도메인/서브도메인에 대한 리스트와 각각에 대해 다음과 같은 정보를 관리한다.

- 소유자 – 외부에서 소유한 계정이거나 계약 주소
- 리졸버
- 해당 도메인에 저장된 모든 레코드의 수명

각 도메인의 소유자는 그 도메인에 대한 **TTL**time-to-live과 리졸버를 설정할 권한이 있다. 각 도메인/서브도메인에 대한 소유권을 다른 주소로 넘길 수도 있다. 리졸버resolver는 이름을 주소로 변환하는 작업을 처리한다. 관련 표준을 따르는 계약은 모두 ENS에서 리졸버 계약으로 사용할 수 있다.

이더리움 메인 네트워크에서는 .ens TLD 아래에 이름을 등록한다. 여기서는 경매 기반 등록자registrar를 이용해 이름을 소유자에게 할당한다. 롭스텐 테스트 네트워크에서는 .eth와 .test TLD를 모두 사용한다. .test 도메인은 현재 사용하지 않은 이름을 테스트 용도로 누구나 요청할 수 있다. 신청한 이름은 28일 후 만료된다. 링크비^{Rinkeby} 네트워크도 ENS 를 지원하지만 .test TLD만 사용할 수 있다.

댑용 통신 프로토콜, 위스퍼

위스퍼^{Whisper}는 댑끼리 통신하는 데 사용되는 통신 프로토콜이다. 위스퍼와 같은 통신 프 로토콜이 핵심적인 역할을 하는 활용 사례는 다양하다. 이러한 프로토콜을 이용하면 채팅 방과 같은 애플리케이션을 이더리움에서 구현할 수 있다.

이 절에서는 위스퍼 프로토콜에 대해 자세히 소개한다.

준비

이 절에서 설명하는 내용을 제대로 이해하려면 이더리움 네트워크를 설정해서 사용하는 방법을 알아야 한다. 초기 설정에 관련된 자세한 사항은 1장, '이더리움 시작하기'를 참고 한다.

위스퍼는 아직 개발 단계에 있어서 실전 애플리케이션에 활용하기엔 좀 불안하다.

방법

1. 위스퍼는 shh 프로토콜로 댑끼리 메시지를 주고받는다. Web3JS에서 이 오브젝트 에 직접 접근할 수 있다.

    web3.shh

2. 이 shh 오브젝트로 ID를 새로 만든다. 이 작업은 newIdentity 함수를 호출해서 처리한다.

    var identity = web3.shh.newIdentity();

3. post 메소드를 사용하여 메시지를 브로드캐스팅한다.

```
web3.shh.post({
    // ...
});
```

4. post 메소드는 다음과 같은 매개변수를 담은 JSON 오브젝트를 받는다.

- topics: 이 메시지의 추상 토픽을 인코딩하는 데 사용되는 한 개 이상의 임의의 데이터 항목이다. 요구 사항에 맞게 메시지를 필터링하는 데 사용할 수 있다.
- payload: 포맷을 적용하지 않은 바이트 배열로서 보낼 데이터를 제공한다. 토픽과 비슷하다.
- TTL: 메시지가 네트워크에 존재할 수 있는 초 단위 시간. 기본값은 50이다.
- priority: 네트워크에서 패킷이 가질 우선순위. 현재 머신의 처리 시간을 ms(밀리초) 단위로 지정한다. 기본값은 50이다.
- from: 메시지 송신자. 옵션이다.
- to: 메시지 수신자. 옵션이다.

5. 이러한 매개변수를 shh post 메소드에 다음과 같이 지정한다.

```
shh.post({
    "from": identity,
    "topics": [ web3.fromAscii("whisper app") ],
    "payload": [
        web3.fromAscii("Ethereum"),
        web3.fromAscii("Whisper")
    ],
    "ttl": 100,
    "priority": 1000
});
```

6. watch 메소드로 메시지를 기다린다.

```
var listener = shh.watch({
    "topics": [
        web3.fromAscii("whisper app"),
        identity
    ],
    "to": identity
});
```

7. 메시지가 새로 들어올 때 실행할 로직을 콜백 함수에 표현한다.

```
listener.arrived(function(message) {
    // 메시지가 새로 들어올 때 실행한다.
    console.log(web3.toAscii(message.payload))
    console.log(message.from);
});
```

8. 애플리케이션의 요구 사항과 용도에 따라 *1-1* 또는 *1-N* 통신을 수행하도록 커스터마이즈할 수 있다.

분산 스토리지 플랫폼, 스웜

스웜Swarm은 이더리움을 위한 네이티브 베이스 레이어로서, 분산 스토리지 플랫폼과 콘텐츠 배포 서비스를 제공한다. 스웜의 목적은 이더리움의 퍼블릭 레코드에 대한 탈중앙화된 저장소(스토어)를 제공하는 것이다. 댑 코드와 데이터뿐만 아니라 블록체인 데이터까지 저장할 수 있다.

사용자 입장에서 스웜은 인터넷과 굉장히 비슷하다. 하지만 파일을 특정 서버로 업로드할 수 없다는 점이 다르다. 이렇게 하는 이유는 P2P 스토리지를 제공하고, DDoS 공격에 대응하고, 다운타임이 없고, 장애에 대응할 수 있는 솔루션을 제공하기 위해서다. 이 시스템은 P2P 회계accounting를 이용하고 트레이딩 리소스로 지불하는 인센티브 시스템을 기본으로 갖추고 있어서 자가 유지self-sustain가 가능하다.

446

이 절에서는 스웜을 이용해 데이터를 저장하고 조회하는 방법을 소개한다.

준비

이 절에서 소개하는 예제를 실행하려면 현재 시스템에 이더리움을 설치해야 한다. 또한 git과 golang도 설치해야 한다. 초기 설정 방법에 대해서는 1장, '이더리움 시작하기'를 참고한다.

스웜은 한창 개발 중인 상태이므로, 실전 애플리케이션에서는 사용하지 않는 것이 좋다.

방법

1. 아직 이더리움을 설치하지 않았다면 다음과 같이 커맨드를 실행해서 이더리움을 다운로드해서 설정한다.

```
$ sudo add-apt-repository -y ppa:ethereum/ethereum
```

2. 이더리움을 설치했다면 스웜 안정 버전을 다운로드해서 설치한다.

```
$ sudo apt-get update
$ sudo apt-get install ethereum-swarm
```

3. 다음과 같이 version 커맨드로 스웜이 제대로 설치됐는지 확인한다. 문제 없다면 현재 설치된 스웜 버전이 나온다.

```
$ swarm version
```

4. 이제 스웜에 접속해서 구동한다. 이때 이더리움 주소가 필요하다. 다음과 같이 커맨드를 실행해서 계정을 생성하고 이를 스웜에서 사용하도록 설정한다.

```
// 패스워드를 물어보고, 주소를 리턴한다.
$ geth account new

$ swarm --bzzaccount <account_address>
```

5. 노드를 구동했다면 브라우저에서 http://localhost:8500으로 접속해서 제대로 실행되는지 확인한다.

6. 이제 한 노드에서 스웜 클러스터를 구동한다. 이때 maxpeers 플래그를 0으로 지정한다.

```
$ swarm --bzzaccount <account_address> --maxpeers 0
```

7. 멀티노드 클러스터로 구성할 때는 피어를 추가하고, 피어의 enode 주소를 지정한다. 노드의 enode 주소를 확인하려면 admin.nodeInfo.enode 커맨드를 실행한다.

```
$ geth --exec "admin.nodeInfo.enode" attach ipc:/path/to/bzzd.ipc
```

8. 피어를 추가하는 방법은 이더리움과 같다. admin.addPeer 커맨드에 enode_address 매개변수를 지정한다.

```
$ geth --exec='admin.addPeer(<enode_address>)' attach
ipc:/path/to/bzzd.ipc
```

9. 파일을 업로드하려면 swarm up 커맨드를 이용한다.

```
$ swarm up ../filename.txt
// 그러면 해시 값이 리턴된다.
```

10. 리턴된 해시 값은 예제 파일을 담은 JSON 파일에 대한 해시다. 이 파일을 매니페스트manifest라 부른다. 파일에 담긴 내용과 매니페스트는 모두 기본적으로 업로드된다.

> ℹ️ 매니페스트 파일을 직접 지정하면 따로 생성하지 않아도 된다. 그러면 콘텐츠가 현재 상태 그대로 업로드된다. 하지만 이 파일을 bzz:/ 스킴으로 불러오면 404 Not Found 에러가 발생한다. 이 파일에 접근하려면 bzz-raw:/ 스킴을 사용해야 한다.

11. 업로드한 파일에 접근하려면 hash에 스웜의 엔드포인트를 지정한다.

```
http://localhost:8500/bzz:/<hash_value>/
```

12. 디렉터리를 업로드하려면 --recursive 플래그를 지정한다.

```
$ swarm --recursive up ./path/to/directory
```

13. 업로드한 파일을 다운로드하려면 swarm down 커맨드를 사용한다.

```
$ swarm down bzz:/<hash_value>
```

14. 디렉터리를 다운로드할 때도 같은 커맨드에 --recursive 플래그를 지정하면 된다.

```
$ swarm down --recursive bzz:/<hash>
```

15. 스웜에서는 CLI^{Command Line Interface} 뿐만 아니라, HTTP를 통해 파일을 업로드하고 다운로드하는 기능도 제공한다. HTTP를 이용하려면 스웜에서 제공하는 HTTP 엔드포인트를 지정한다.

```
$ curl -H "Content-Type: text/plain"
       --data "data_for_uploading"
       http://localhost:8500/bzz:/
```

16. 그러면 해시 값이 리턴된다. 이 값은 11단계에서 설명한 것처럼 HTTP로 파일을 읽을 때 사용한다.

17. 스웜은 bzz와 bzz-raw 뿐만 아니라 다음과 같은 네 가지 URL 스킴도 지원한다.

- bzz-list: 매니페스트의 <path> 아래에 담긴 파일 목록을 리턴한다. 이 목록은 공통 접두어 단위로 그룹으로 묶여 있으며 /를 구분자^{delimeter}로 사용한다.
- bzz-hash: raw 콘텐츠에 대한 해시 값으로 응답한다. 이 값은 bzz-raw 스킴으로 요청했을 때 리턴된 콘텐츠와 같다.
- bzz-immutable: 특정한 bzz-immutable URL이 항상 똑같이 고정된 불변형 콘텐츠를 가리킨다.
- bzz-resource: 다른 버전으로 해석한 ENS 엔트리의 콘텐츠를 가리키는 해시 포인터를 받는다.

18. CLI와 HTTP외에도 스웜은 파일시스템에 직접 접근하는 기능도 지원한다. 이때 FUSE^{Filesystem in Userspace}를 사용한다.

19. FUSE는 윈도우를 지원하지 않는다. 따라서 리눅스, 맥OS, 프리BSD에서만 사용할 수 있다. FUSE를 설치하려면 다음과 같이 커맨드를 실행한다.

```
// 리눅스
$ sudo apt-get install fuse
$ sudo modprobe fuse
$ sudo chown <username>:<groupname> /etc/fuse.conf
$ sudo chown <username>:<groupname> /dev/fuse

// 맥OS
$ brew update
$ brew install caskroom/cask/brew-cask
$ brew cask install osxfuse
```

20. FUSE로 파일을 업로드하려면 swarm up 커맨드로 일부 컨텐츠를 스웜에 업로드한다. 그래서 매니페스트 해시를 리턴받으면, 이 값으로 매니페스트에 마운트한다.

```
$ swarm fs mount --ipcpath <path-to-bzzd.ipc> <manifest-hash>
<mount-point>
```

21. 스웜 사용법에 대한 자세한 사항은 공식 문서(https://swarm-guide.readthedocs.io)를 참고한다.

BTCRelay로 비트코인 트랜잭션 모니터링하기

이더리움은 기본적으로 이더를 전송하고 검증하는 기능을 제공한다. 타겟 사용자가 이더리움보다 비트코인을 더 많이 사용한다면, 비트코인과 이더리움의 상호 호환성에 관련된 문제가 발생한다. 이를 해결하도록 이더리움은 비트코인 트랜잭션을 저장해서 릴레이하는 스마트 계약을 제공한다. 이를 통해 이더리움 댑에서 비트코인 트랜잭션을 검증할 수 있다.

이 절에서는 비트코인 블록체인과 이더리움 스마트 계약을 연결하는 BTCRelay의 사용법을 소개한다.

이더리움 네트워크에 새로 나온 유명한 댑을 검색하려면 댑 레지스트리인 State of the DApps(https://www.stateofthedapps.com)를 이용한다. 여러분이 만든 댑도 여기에 등록할 수 있다.

준비

이 절에서 소개하는 내용을 제대로 이해하려면 이더리움과 스마트 계약에 대한 기초를 갖추고 있어야 한다. 이더리움 개념과 댑 제작 방법에 대한 기초를 다지고 싶다면 이 책의 1장부터 3장을 참고하기 바란다.

방법

1. 이 서비스는 여러 가지 API를 계약 형태로 제공한다. 이를 이용해 비트코인 트랜잭션을 검증하거나 릴레이할 수 있다. 댑에서 이 API를 이용해 비트코인에 관련된 검증 작업을 수행한다. 그럼 BTCRelay 계약에서 제공하는 주요 함수의 사용법을 구체적인 예제를 통해 살펴보자.

2. 비트코인 트랜잭션은 verifyTx 함수로 검증한다. 트랜잭션에 대해 최소한 여섯 개의 승인confirmation을 받아야 검증됐다고 본다. 이 함수는 검증된 비트코인 트랜잭션의 해시를 리턴한다. 검증에 실패하면 0을 리턴한다.

```
verifyTx(
    rawTransaction, // 로 트랜잭션 바이트 - bytes
    transactionIndex, // 트랜잭션에 대한 인덱스 - int256
    merkleSibling, // 머클 증명 시블링 해시 - int256[]
    blockHash // 트랜잭션 블록의 해시 - int256
) returns (uint256)
```

3. 특정한 계약에 대한 트랜잭션을 검증하고 릴레이하려면 BTCRelay에서 제공하는 relayTx 함수를 사용한다. 이 함수는 verifyTx와 굉장히 비슷한데,

contractAddress란 매개변수를 하나 더 받는다는 점이 다르다. 타겟 주소는 반드시 processTransaction이란 함수를 가지고 있어야 한다. relayTx 함수는 processTransaction 함수의 결과나 에러 코드를 리턴한다.

```
relayTx(
    rawTransaction, // 로 트랜잭션 바이트 - bytes
    transactionIndex, // 트랜잭션의 인덱스 - int256
    merkleSibling, // 머클 증명 시블링 해시 - int256[]
    blockHash, // 트랜잭션 블록의 해시 - int256
    contractAddress // 타겟 계약의 주소
) returns (int256)

// 타겟 계약 함수
// relayTx에서 호출한다.
processTransaction(
    bytes rawTransaction,
    uint256 transactionHash
) returns (int256)
```

4. 이 서비스에서 제공하는 다음과 같은 함수를 이용해 블록 해시의 블록 헤더를 설정하거나 가져온다.

```
// 헤더 가져오기
getBlockHeader(
    blockHash // 블록 해시
) returns (bytes)

// 헤더 설정하기
storeBlockHeader(
    blockHeader // 로 블록 헤더 - bytes
) returns (int256)

// 여러 헤더를 동시에 설정하기
bulkStoreHeader(
    bytesOfHeaders, // 연이은 로 블록 헤더 - bytes
    numberOfHeaders // 헤더 개수
) returns (int256)
```

5. getBlockHeader는 발견된 헤더를 바이트 단위로 리턴한다. 헤더가 존재하지 않으면 80바이트 길이로 표현된 0을 리턴한다. 비용이 충분하지 않아도 0을 리턴한다. 비용은 getFeeAmount 함수로 계산한다.

```
getFeeAmount(blockHash) returns (int256)
```

6. 비트코인 트랜잭션에 대한 데이터를 더 많이 읽거나 쓰려면 다음과 같은 함수를 이용한다.

```
// 주어진 블록 높이에 대한 해시를 리턴한다.
getBlockHash(blockHeight) returns (int256)

// 최신 체인워크와 10번째 이전 블록의 체인워크의 차이를 리턴한다.
getAverageChainWork()

// 최신 블록의 해시를 리턴한다.
getBlockchainHead() returns (int256)

// 최신 블록의 높이를 리턴한다.
getLastBlockHeight() returns (int256)
```

7. BTCRelay는 릴레이어에게 인센티브를 지급하는 함수도 제공한다. 여기서 릴레이어relayer란 최근 블록체인 트랜잭션으로 계약을 업데이트하는 이를 말한다.

```
// 하나의 블록 헤더와 그 비용을 저장한다.
storeBlockWithFee(blockHeader, fee) returns (int256)

// 주어진 블록 해시에 대한 수신자와 비용을 설정한다.
changeFeeRecipient(blockHash, fee, recipient) returns (int256)

// 주어진 블록 해시에 대한 비용 수신자를 가져온다.
getFeeRecipient(blockHash) returns (int256)

// changeFeeRecipient에 설정된 비용을 가져온다.
getChangeRecipientFee() returns (int256)
```

8. 애플리케이션에서 이 서비스를 사용하려면 배치된 주소와 ABI를 지정한다. 이 함수를 호출하는 예는 다음과 같다.

```
var btcRelayAddr = "0x...";
var btcRelayAbi = [...<BTCRelay_ABI>...];

var btcRelay = web3.eth.contract(btcRelayAbi).at(btcRelayAddr);

btcRelay.verifyTx.call(
    transactionBytes,
    transactionIndex,
    merkleSibling,
    transactionBlockHash,
    { from: '0x..', ...}
);
```

9. 이더리움 계약과 내부 메커니즘에 대한 자세한 사항은 공식 깃허브 리포지터리 (https://github.com/ethereum/btcrelay)를 참고한다.

알람 클락으로 이더리움 트랜잭션 스케줄링하기

이더리움은 트랜잭션을 수행하기 위해 외부 액터가 필요하다. 그래서 나중에 실행될 트랜잭션에 대한 스케줄링을 아무나 할 수 없다. 이더리움에서 제공하는 스케줄링 스마트 계약을 이용하면 이 문제를 해결할 수 있다. 이 계약을 이용하면 미래 트랜잭션에 의존하는 복잡한 댑을 설계하고 구현하는 작업을 쉽게 처리할 수 있다.

이 절에서는 미래에 실행될 트랜잭션을 스케줄링하고, 이러한 미래 트랜잭션을 활용하는 댑을 작성하는 방법을 소개한다.

준비

이 절에서 소개하는 내용을 제대로 이해하려면 이더리움과 스마트 계약에 대한 기본 지식이 필요하다. 이더리움 개념과 댑 제작 방법에 대한 기초를 다지고 싶다면 이 책의 1장부터 3장을 참고하기 바란다.

1. EAC^{Ethereum Alam Clock}(이더리움 알람 클락)이란, 이더리움 블록체인에 있는 스마트 계약이다. 이를 통해 서비스를 신뢰하고 다른 스마트 계약에서 접근할 수 있다.

2. EAC 서비스를 다루기 위해서는 scheduler 인터페이스가 필요하다. 이 인터페이스는 EAC 계약에서 필요한 함수를 식별하는 몇 가지 함수 시그니처를 제공한다.

```solidity
pragma solidity ^0.4.21;

/**
 * @title SchedulerInterface
 * @dev BaseScheduler, BlockScheduler and TimestampScheduler와 같은
 *    상위 계약이 상속하는 베이스 계약
 */
contract SchedulerInterface {
    function schedule(
        address _toAddress,
        bytes _callData,
        uint[8] _uintArgs
    ) public payable returns (address);

    function computeEndowment(
        uint _bounty,
        uint _fee,
        uint _callGas,
        uint _callValue,
        uint _gasPrice
    ) public view returns (uint);
}
```

3. scheduler 함수에 필수 매개변수를 지정해서 트랜잭션을 스케줄링한다. 스케줄링 서비스를 사용하는 계약을 다음과 같이 작성한다.

```solidity
pragma solidity ^0.4.24;

import "./SchedulerInterface.sol";
```

```
contract DelayedPayment {
    SchedulerInterface public scheduler;
}
```

4. 함수나 생성자로 EAC 계약의 주소를 설정한다.

```
constructor(address _scheduler) public payable {
    scheduler = SchedulerInterface(_scheduler);
}
```

5. scheduler 함수는 세 개의 매개변수를 받는다. 첫 번째 매개변수는 타겟 주소다. 여기서는 이 주소를 스케줄링 계약의 주소로 사용한다.

```
_toAddress = address(this); // 스케줄링 계약의 주소
```

6. 두 번째 매개변수는 트랜잭션에 보낼 calldata다. 이 값은 보낼 트랜잭션의 타입에 따라 결정된다. 이 값을 비워두면 타겟 주소의 폴백 함수를 호출한다.

```
_callData = ""; // 또는 다른 함수 시그니처를 지정한다.
```

7. 세 번째 매개변수는 uint 배열이다. 다음과 같은 매개변수들을 여기에 지정한다.

- callGas: 트랜잭션에 보낼 가스양
- callValue: 트랜잭션에 보낼 웨이 단위의 이더양
- windowSize: 트랜잭션을 실행할 수 있는 상태의 블록 개수
- windowStart: 실행 가능한 상태의 트랜잭션의 첫 번째 블록 번호
- gasPrice: 트랜잭션을 실행하는 측에서 보내야할 웨이 단위의 가스 가격
- fee: 프로토콜 메인테이너에게 제공하도록 트랜잭션에 담을 웨이 단위의 비용
- bounty: 인수를 실행하는 데 인센티브로 지불하기 위해 트랜잭션에 담을 웨이 단위 지불액
- deposit(옵션): 실행 에이전트의 지분에 해당하는 웨이 단위의 이더양

8. 이러한 매개변수를 적용해서 작성한 스케줄러 계약은 다음과 같다.

```
contract ScheduledPayment {

    SchedulerInterface public scheduler;

    address public scheduledTransaction;

    constructor(address _scheduler) public payable {
        scheduler = SchedulerInterface(_scheduler);
    }

    function scheduleTransaction(uint _numBlocks) public {
        uint lockedUntil = block.number + _numBlocks;

        scheduledTransaction = scheduler.schedule.value(0.1 ether)(
            address(this),
            "",
            [
                200000,
                0,
                255,
                lockedUntil,
                20000000000 wei,
                20000000000 wei,
                20000000000 wei,
                30000000000 wei
            ]
        );
    }

    function () public payable {
        // ...
    }
}
```

오픈제플린 라이브러리 사용하기

이더리움 스마트 계약의 재사용성에 관련된 오픈 소스 라이브러리가 많이 나와 있다. 그 중 가장 많이 쓰이는 라이브러리로 오픈제플린^{openzeppelin}이 있다. 이 라이브러리는 이더리움 블록체인에서 흔히 처리하는 작업을 수행하는, 엄격한 검증을 거친 모듈화된 스마트 계약을 제공한다. 이 라이브러리를 활용하면 전반적인 댑 표준과 보안을 향상시킬 수 있다.

이 절에서는 오픈제플린 라이브러리에서 제공하는 스마트 계약에 대해 소개한다. 또한 여러분이 작성하는 댑에 이 라이브러리를 설치해서 사용하는 방법도 소개한다.

준비

이 절에서 소개하는 내용을 제대로 이해하려면 이더리움과 스마트 계약에 대한 기본 지식이 필요하다. 이더리움 개념과 댑 제작 방법에 대한 기초를 다지고 싶다면 이 책의 1장부터 3장을 참고하기 바란다.

방법

1. 오픈제플린은 npm으로 배포하므로, 다음과 같이 npm install 커맨드로 설치한다.

    ```
    npm install -E openzeppelin-solidity
    ```

    > ℹ️ npm은 설치하는 동안 보안성을 높이고 버그 픽스를 적용하기 위해 자동으로 시맨틱 버전 업데이트를 수행한다. 오픈제플린을 설치할 때는 이 기능을 적용하지 않는 것이 좋다. 계약의 사소한 변경으로 작동 방식이 크게 달라질 수 있기 때문이다. 시맨틱 버전 업데이트를 끄려면 설치할 때 —save—exact나 -E 옵션을 지정한다.

2. 파일은 node_modules 폴더에 다운로드된다. 계약 파일의 경로를 지정해서 직접 참조한다.

```
import 'openzeppelin-solidity/contracts/ownership/Ownable.sol';

contract NewContract is Ownable {
    // ...
}
```

3. 솔리디티는 깃허브를 참조하는 기능을 제공하므로, 이 라이브러리를 깃허브 리포지터리에서 직접 불러와도 된다.

```
import "github.com/OpenZeppelin/openzeppelinsolidity/
contracts/ownership/Ownable.sol";

contract NewContract is Ownable {
    // ...
}
```

4. 각각의 계약 카테고리를 자세히 살펴보자. access 계약을 이용하면 솔리디티 계약에 제약 사항을 선택적으로 적용하고 기본적인 권한 검증 제어 함수를 제공할 수 있다. 이를 통해 주소 화이트리스팅, 시그니처 기반 접근 권한 관리, RBAC^{Role-Based Access Control} 등과 같은 주요 기능에 접근한다.

```
import "openzeppelinsolidity/
contracts/access/SignatureBouncer.sol";
import "openzeppelin-solidity/contracts/access/Whitelist.sol";
import "openzeppelin-solidity/contracts/access/RBAC/..";
```

5. ICO 집합은 ICO 운영에 필요한 거의 모든 종류의 계약을 제공한다. 기본 crowdsale 계약을 사용하거나, 여기서 제공하는 다른 모듈을 이용하도록 좀 더 수정해서 사용한다. 배포^{distribution}, 배출^{emission}, 가격^{price}, 검증^{validation}을 제어하는 모듈도 있다.

```
import "openzeppelin-solidity/contracts/crowdsale/...";
```

6. introspection은 ERC-165 표준 계약을 체결하는 데 사용할 인터페이스를 제공한다.

```
import "openzeppelin-solidity/contracts/introspection/...";
```

> ℹ️ ERC-165는 스마트 계약에서 구현하는 인터페이스를 공개하고 감지하는 표준 메소드를 생성한다. 때로는 계약에서 이 인터페이스를 지원하는지, 그렇다면 어떤 버전의 인터페이스를 지원하는지를 조회하면, 그 계약의 상호작용 방식에 보다 적합하게 만들 수 있다.

7. lifecycle 집합은 계약과 계약의 자금에 대한 존재와 동작을 관리하는 데 사용할 수 있는 베이스 계약 집합을 제공한다.

```
import "openzeppelin-solidity/contracts/lifecycle/...";
```

8. math 섹션은 가장 많이 사용되는 라이브러리를 담고 있다. 이 계약을 이용하면 정수 오버플로우나 언더플로우가 발생하지 않는 안전한 산술 연산을 수행할 수 있다.

```
import "openzeppelin-solidity/contracts/math/...";
```

9. ownership 스마트 계약을 이용하면 계약과 토큰 소유권을 관리할 수 있다.

```
import "openzeppelin-solidity/contracts/ownership/...";
```

10. payments 섹션에 있는 스마트 계약 컬렉션을 사용하면 애스크로 동의, 인출, 청구 등을 관리할 수 있다.

```
import "openzeppelin-solidity/contracts/payment/...";
```

11. 흔히 사용하는 표준 토큰 구현을 구현하려면, token 컬렉션을 사용한다. 여기서는 ERC20과 ERC721 토큰 구현을 모두 제공한다.

```
import "openzeppelin-solidity/contracts/token/ERC20/...";
import "openzeppelin-solidity/contracts/token/ERC721/...";
```

12. 이 라이브러리에는 주소 검증이나 재진입성 방지 등과 같은 자잘한 작업을 수행하는 유틸리티 계약도 추가로 제공한다.

13. 이 라이브러리에 대한 자세한 사항은 공식 깃허브 리포지터리인 https://github.com/OpenZeppelin/openzeppelin-solidity를 참조한다. 이더리움과 이더리움 생태계는 지속적으로 변경되기 때문에, 항상 최신 버전의 라이브러리를 사용하는 것이 보안 문제를 방지하는 데 유리하다.

11

스마트 계약 작성 관련 기법

11장에서 다루는 주제는 다음과 같다.

- 바이퍼로 스마트 계약을 작성하는 방법
- 리믹스로 스마트 계약을 디버깅하는 방법
- 리믹스로 스마트 계약을 배치하는 방법
- 솔리디티 코드에 대한 문서를 생성하는 방법
- 린터로 더 좋은 코드를 작성하는 방법
- 솔리디티 코드를 다른 사람과 공유하는 방법

지금까지 이더리움 네트워크를 설정하고, 확장성 좋게 스마트 계약을 작성하고, 탈중앙화 애플리케이션을 만들고, 버그에 안전한 스마트 계약을 작성하는 방법을 비롯한 다양한 주제에 대해 살펴봤다. 이더리움 생태계는 하루가 다르게 급속도로 발전하고 있으며, 지금 이 순간에도 새로운 기능과 모듈이 등장하고 있다. 따라서 애플리케이션을 더욱 안전하고 풍부한 기능을 갖추도록 최신 릴리즈와 변경 사항을 주의 깊게 지켜볼 필요가 있다.

탈중앙화 생태계는 근본적인 설계 특성상 애플리케이션 개발에 대한 관점을 완전히 바꾸고 있다. 전통적인 클라이언트–서버 개념이 잘 들어 맞지 않을 때가 많다. 애플리케이션의 아키텍처를 확정하기 전에 반드시 상당한 조사를 거치는 것이 바람직하다.

11장에서는 개발 과정에서 요긴하게 쓸 만한 몇 가지 기법을 소개한다. 스마트 계약 작성을 위한 새로운 프로그래밍 언어부터 개발 과정에 도움이 되는 다양한 범용 도구까지 다양하게 소개한다.

바이퍼로 스마트 계약 작성하기

바이퍼Vyper란, EVM 바이트코드로 컴파일되는 새로운 프로그래밍 언어다. 바이퍼는 간결함과 보안, 감사 용이성auditability을 높이도록 만든 언어다. 바이퍼는 오버플로우 검사, 십진 고정 소수점 수, 다양한 데이터 타입을 비롯한 여러 가지 기능을 추가로 제공한다.

이 절에서는 바이퍼와 바이퍼에서 제공하는 여러 가지 기능을 이용해 보다 나은 스마트 계약을 작성하는 방법을 소개한다.

준비

바이퍼는 파이썬 3.6 이상의 버전을 설치한 시스템에서만 빌드할 수 있다. 패키지 설치를 격리할 수 있도록 가상 파이썬 환경을 구축하는 것을 권장한다. 다음과 같이 커맨드를 실행해서 파이썬 환경을 구축한다.

```
virtualenv -p python3.6 --no-site-packages ~/vyper-venv
source ~/vyper-venv/bin/activate
```

방법

1. 다음과 같이 커맨드를 실행해 깃허브 리포지터리에서 vyper를 다운로드해서 설치한다.

```
git clone https://github.com/ethereum/vyper.git
cd vyper
make
make test
```

2. 다 설치했다면 예제 계약을 컴파일해서 제대로 설정됐는지 확인한다. 계약을 컴파일하려면 콘솔에서 다음과 같이 커맨드를 실행한다.

```
vyper examples/name_registry.vy
```

3. 컴파일러의 출력 형태를 변경하려면 -f 플래그로 출력 매개변수에 대한 배열을 지정한다.

```
vyper -f ['abi', 'json', 'bytecode'] fileName.vy
```

4. 바이퍼에서는 계약을 별도 파일에 저장한다. 파이퍼에서 파일은 OOP 언어의 클래스와 비슷하다.

5. 바이퍼 계약에서 상태 변수를 작성하는 구문은 다음과 같다. 선언할 때마다 이름과 데이터 타입을 지정한다.

```
beneficiary: address
index: int128
```

6. 바이퍼에서 제공하는 기본 데이터 타입은 다음과 같다.

- uint256: 부호 없는 정수
- int128: 부호 있는 정수
- decimal: 십진 고정 소수점 값
- address: 이더리움 주소를 표현하는 20 바이트 값
  - balance: 주소의 잔고를 wei_value 타입의 값으로 가져온다.
  - codesize: 이 주소에 저장된 코드를 가져와서 int128로 리턴한다.
- timestamp: 시간을 표현한다.
- timedelta: 시간 차이를 표현한다.
- wei_value: 이더를 최소 단위로 표현한다.
- bool: true나 false

7. 바이퍼는 struct를 이용해 데이터 타입을 직접 정의할 수 있다. struct 키워드에 이름을 지정하고, 이를 구성하는 멤버와 멤버의 타입을 지정한다.

```
// 문법
<struct_이름>: {
    <값>: <데이터_타입>,
    <값>: <데이터_타입>,
    ...
}

// 예
voters: {
    isVoted: bool,
    delegate: address
}
```

8. 이 언어는 키-값 쌍을 저장하는 매핑도 지원한다. 매핑을 생성하는 문법은 다음과 같다.

```
// 문법
<매핑_이름>: <값_타입>[<키_타입>]
```

```
// 예
isAllowed: address[bool]
```

9. 매핑의 값을 struct 타입으로 지정해서 좀 더 복잡한 매핑을 생성할 수 있다. struct 타입은 별도로 구현할 수도 있고, 매핑과 함께 표현할 수도 있다.

```
userDetails: {
    name: bytes32,
    age: int128
}[address]
```

10. 바이퍼는 함수를 정의하는 기능도 제공한다. 함수를 정의하는 구문은 def 키워드로 시작한다.

```
@public
@payable
def function_name():
// ...
```

> ℹ️ 함수는 내부 또는 외부에서 호출할 수 있으며, 가시성(visibility)의 단계를 다양하게 지정할 수 있다. 바이퍼로 작성한 계약에서 함수는 반드시 @public이나 @private 중 하나로 지정해야 한다. 또한 @payable로 지정해서 값을 전달 받을 수 있다.

11. 함수는 매개변수를 받아서 작업을 수행한 뒤 결과를 리턴한다. 입력과 출력 매개변수의 타입을 반드시 지정해야 한다. 상태 변수는 앞에 self 키워드를 붙여서 표현한다.

```
@public
@payable
def buy():
    self.buyer = msg.sender
```

12. 바이퍼에서 생성자는 __init__ 함수로 정의한다. 생성자 함수는 계약을 생성할 때마다 실행된다.

```
@public
@payable
def __init__():
    self.value = msg.value
    self.owner = msg.sender
```

13. 계약에 디폴트^{default} 함수를 정의할 수도 있다. 이 함수는 계약을 호출할 때 주어진 함수 시그니처와 일치하는 함수가 없을 때 실행된다. 솔리디티의 폴백 함수와 비슷하다. 디폴트 함수를 작성하는 방법은 다음과 같다.

```
@public
@payable
def __default__():
    ...
```

14. 바이퍼에서 이벤트는 event 키워드로 정의한다. 이벤트 매개변수는 인덱스를 지정할 수 있다. 로그를 기록할 때 생성된 이벤트에 log 키워드를 붙여 호출할 수 있다.

```
Deposit: event({value: int128, from: indexed(address)})


@public
@payable
def invest():
    log.Deposit(msg.value, msg.sender)
```

15. 검증 문장은 assert 키워드로 표현한다. 변수를 검증하려면 assert 키워드 뒤에 조건을 지정한다.

```
@public
def doSomething():
    assert not self.isAllowed
    assert msg.sender == self.isOwner

    ...
```

바이퍼의 목적은 스마트 계약을 보다 간결하고 보안에 안전하게 작성하는 데 있다. 이를 위해 솔리디티와 달리 다음과 같은 몇 가지 제약 사항을 도입했다.

- **제한자**modifier: 바이퍼는 제한자를 지원하지 않는다. 의도와는 다른 코드가 나오기 너무 쉽기 때문이다. 제한자를 사용하면 실행 흐름이 제멋대로 건너뛰어 복잡도가 높아진다. 제한자로 검사하던 부분은 함수에서 assert로 표현하는 것이 바람직하다.
- **상속**: 계약 상속 기능을 사용해 코드를 작성하면 이해하기 힘들 정도로 복잡해진다. 이러한 점은 감사 가능성에 나쁜 영향을 미친다.
- **인라인 어셈블리**: 인라인 어셈블리를 사용하면 변수를 읽거나 수정하는 모든 지점을 찾기 위해 변수 이름으로 검색하기 힘들게 한다.
- **함수 오버로딩**: 함수 오버로딩을 사용하면 복잡도가 높아지고 코드 내용을 검색하기가 훨씬 힘들어진다. 함수의 호출 관계를 일일이 추적해야 하기 때문이다.
- **연산자 오버로딩**: 연산자 오버로딩을 이용하면 "+"도 오버로딩할 수 있는데, 이렇게 하면 의도와 다른 기능이 실행될 수 있다. 가령 보내지 말아야 할 자금을 전송해버릴 수 있다.
- **재귀 호출과 무한 루프**: 이를 허용하면 가스 제한에 상한선을 설정할 수 없어서 가스 제한 공격에 취약해진다.
- **바이너리 고정 소수점**: 바이너리 고정 소수점 근사값binary fixed point approximation을 사용해야 할 때가 많은데, 이는 값을 정확히 표현하지 않는다.

리믹스로 스마트 계약 디버깅하기

이전에 여러 차례 설명했지만, 리믹스Remix는 스마트 계약을 작성하고, 테스트하고, 배치하는 데 사용하는 풍부한 기능을 갖춘 IDE다. 효과적인 개발 환경에 필요한 핵심 기능을 모두 제공한다. 또한 유용한 디버거도 기본으로 제공한다.

계약에 전달된 트랜잭션을 디버깅하기란 쉽지 않다. 리믹스 IDE를 이용하면 특정한 트랜 잭션을 쉽게 디버깅할 수 있다. 이 절에서는 이더리움 스마트 계약을 디버깅하는 방법을 단계별로 소개한다. 그러면 버그를 쉽게 발견해서 수정하는 데 도움된다.

준비

리믹스는 브라우저 기반 IDE다. 따라서 크롬, 파이어폭스, 엣지 등과 같은 최신 웹 브라 우저로 온라인 IDE에 접속한다. 리믹스는 테스트용 이더리움 네트워크도 함께 제공한다. 여기에 계약 코드를 배치해서 테스트할 수 있다. 물론 기존 네트워크에 접속하는 기능도 제공한다.

방법

1. 리믹스가 있는 https://remix.ethereum.org로 접속한다.
2. 다음과 같이 작성된 스마트 계약으로 디버깅 기능을 살펴보자. 이 계약은 상태 변 수의 값을 설정하는 함수를 사용하기만 한다.

```solidity
pragma solidity^0.4.24;

contract Sample {
    uint value;
    address sender;
    function setValue(uint _value) public {
        value = _value;
        sender = msg.sender;
    }
}
```

3. 오른쪽 패널에 있는 **Run** 탭으로 가서 **Deploy**를 클릭해서 계약을 배치한다. 이때 반드시 **Environment**를 자바스크립트 VM으로 지정한다. 그러면 다음 그림과 같 이 계약이 내장 이더리움 인스턴스에 배치되면서 오른쪽 패널에 이 계약을 다룰 수 있는 인터페이스가 생성된다.

4. 오른쪽 패널의 **Debugger** 탭으로 가면 디버거를 다룰 수 있다. 여기서 다음 그림과 같이 트랜잭션 인덱스를 통해 트랜잭션 해시나 블록을 지정해서 디버깅을 시작할 수 있다.

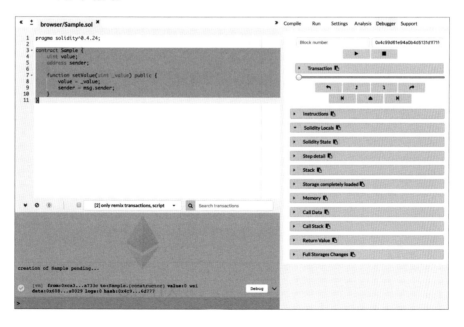

5. 이 디버거는 코드를 인스트럭션 단위로 살펴보는 기능도 제공한다. 디버그 윈도우를 통해 현재 머신의 상태도 볼 수 있다. 이 윈도우를 통해 인스트럭션, 로컬 상태, 각 단계의 세부 사항, 스택 값, 메모리 값, 콜 데이터, 콜 스택 등을 볼 수 있다.

6. 트랜잭션을 하나 만들어서 디버깅해보자. Run 탭 아래에 있는 Deployed contract 섹션에서 setValue 함수를 호출한다. 이 트랜잭션이 전송되면 하단에 있는 콘솔에서 이 트랜잭션의 상태를 볼 수 있다. 이 트랜잭션을 디버깅하는 옵션도 제공된다.

7. Debug 버튼을 클릭해서 주어진 트랜잭션에 대한 디버깅 작업을 시작한다.

8. 슬라이더를 움직이거나 그 아래 버튼을 클릭해서 인스트럭션을 하나씩 실행한다. 현재 실행되는 인스트럭션은 에디터 윈도우에 반전되어 표시된다. 또한 다음 그림과 같이 인스트럭션을 통해 변경되는 상태 값도 볼 수 있다.

9. 디버거 윈도우에 stop 아이콘을 클릭하면 언제든지 디버거를 멈출 수 있다.

리믹스로 계약 배치하기

리믹스는 여러 이더리움 네트워크에 접속해서 상호작용하는 기능을 지원한다. 이러한 네트워크를 직접 접속할 수도 있고, 프로바이더를 거칠 수도 있다. 또한 계약 배치나 상태 변경과 같은 트랜잭션을 수행하는 옵션도 제공한다.

이 절에서는 여러 이더리움 네트워크에 접속해서 계약을 배치하는 방법을 소개한다. 이를 활용하면 개발자는 커맨드라인 도구로 코드를 작성하거나 조작하는 번거로움 없이 간편하게 계약 코드를 테스트할 수 있다.

준비

리믹스는 브라우저 기반 IDE다. 따라서 크롬, 파이어폭스, 엣지 등과 같은 최신 웹 브라우저로 온라인 IDE에 접속한다. 리믹스는 테스트용 이더리움 네트워크도 함께 제공한다. 여기에 계약 코드를 배치해서 테스트할 수 있다. 물론 기존 네트워크에 접속하는 기능도 제공한다.

방법

1. 브라우저 주소창에 `https://remix.ethereum.org`를 입력해서 리믹스 IDE에 접속한다.
2. 기존 이더리움 네트워크에 접속하려면 Run 탭으로 가서 Environment를 선택한다.
3. Environment 필드에서는 다음과 같은 옵션을 제공한다.

   - JavaScript VM
   - Injected Web3
   - Web3 provider

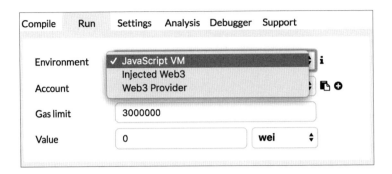

4. JavaScript VM 옵션을 선택하면 리믹스에서 제공하는 가짜 이더리움 네트워크에 접속한다. 간단히 테스트하기에 가장 적합한 네트워크다.

5. Injected Web3 옵션을 선택하면 메타마스크나 다른 지갑에서 제공하는 프로바이더에 접속한다. Web3 provider 옵션을 선택하면 지정한 RPC URL로 직접 접속한다.

> ℹ️ 리믹스를 HTTPS URL로 접속하면 RPC도 HTTPS 서비스로 접속해야 한다. HTTPS RPC에 접속할 수 없다면 HTTP(http://remix.ethereum.org)로 접속한다.

6. 네트워크에 성공적으로 접속했다면, 다음 그림처럼 Account 드롭다운 메뉴에 계정 목록과 각각의 잔고가 표시된다.

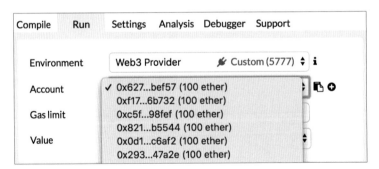

7. 트랜잭션을 수행할 계정을 선택하고 Deploy를 클릭한다. 한 파일에 여러 개의 계약을 작성했다면, Deploy 버튼 근처에 있는 계약 리스트에서 원하는 계약을 선택한다.

8. 계약에 매개변수를 받는 생성자가 있다면 배치 과정에서 이 값을 물어본다.

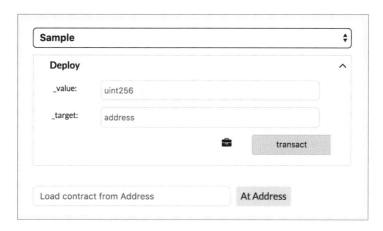

9. 이미 배치된 계약이 있다면 Load contract from Address에 계약 주소를 지정하면 이 계약을 다룰 수 있다.

솔리디티 코드에 대한 문서 생성하기

프로젝트를 제대로 관리하려면 소스 코드에 대한 문서도 반드시 만들어야 한다. 그러면 개발자들이 코드를 좀 더 쉽게 이해할 수 있다. 새로운 기능을 추가해서 코드를 개선하려는 개발자 입장에서 굉장히 유용한 자료다. 솔리디티 커뮤니티는 개발자가 작성한 코드에 대한 초기 문서를 쉽게 만들 수 있도록 문서 생성기를 제공한다. 이 절에서는 독시티Doxity를 이용해 계약 코드에 대한 문서를 생성하는 방법을 소개한다.

독시티^{Doxity}란, 자바스크립트로 구현한 문서 생성기로서, npm으로 배포한다. 따라서 예제를 실행하려면 현재 머신에 최신 버전의 NodeJS를 설치해야 한다.

방법

1. 먼저 npm으로 현재 시스템에 doxity를 설치한다. 필요에 따라 시스템 전체에 설치하거나 로컬로만 설치한다.

```
// 시스템 전체 설치
npm install -g @digix/doxity
// 로컬 설치(현재 프로젝트만 적용)
npm install @digix/doxity
```

2. doxity를 설치했다면 이를 이용해 각 함수마다 작성된 주석을 기반으로 문서를 생성한다.

3. 범용 주석 패턴(natspec)에 따라 각 함수를 정의할 때마다 주석을 작성하는 것이 좋다.

4. 예를 들면 다음과 같다.

```
/**
 * @dev 주요 기능을 설명한다.
 * @param <param1_이름> param1에 대한 설명
 * @param <param2_이름> param2에 대한 설명
 */
function functionName(...params...) {
    ...
}
```

5. 리턴 타입이 여러 개라면 JSON으로 표현한다.

```
/**
 * @dev 두 수의 합과 차를 계산하는 함수
 * @param _a 첫 번째 수
```

474

```
 * @param _b 두 번째 수
 * @return {
 *     "_sum": "Sum of first and second number",
 *     "_difference": "Difference between first and second number",
 * }
 */
function calc(uint _a, uint _b) { ... }
```

6. doxity 프로젝트를 설정하려면 init 커맨드를 실행한다. 그러면 보일러플레이트 프로젝트를 클론해서 초기화한다.

   doxity init

7. 현재 계약에 대한 문서를 생성하려면 build 커맨드를 실행한다. 그러면 정적 HTML 파일이 생성되면서 현재 프로젝트의 docs 폴더에 저장된다.

   doxity build

8. 문서를 생성한 뒤에 코드를 변경했다면 다음과 같이 compile 커맨드를 실행해서 업데이트한다.

   doxity compile

9. doxity는 프로젝트를 편집하기 위한 개발용 서버를 제공한다. 다음과 같이 커맨드를 실행해서 이 서버를 구동한다.

   doxity develop

10. 프로젝트를 완성했다면 publish 커맨드를 실행해서 배치 가능한 문서를 생성한다. 현재 프로젝트의 docs 폴더에 있는 파일을 사용해도 된다.

    doxity publish

11. 최종 문서는 다음 그림과 같다. 계약마다 구체적인 탭의 구성은 달라지며 각 탭마다 계약의 세부 사항을 담고 있다.

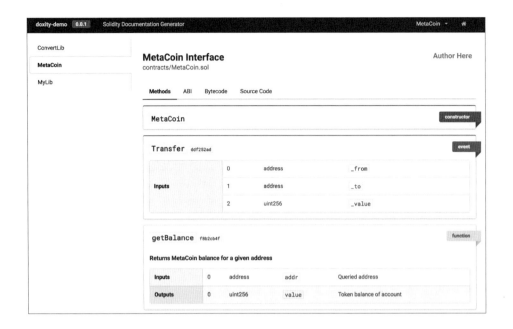

린터를 이용해 코드 향상시키기

코드를 작성할 때 모범 작성법을 따르는 것이 굉장히 중요하다. 특히 솔리디티로 스마트 계약을 작성할 때는 보안 문제가 발생할 수 있기 때문에 더더욱 중요하다. 초보 개발자는 사소한 사항을 놓치기 쉽다. 이를 방지하려면 린터[linter]를 사용해 작성한 코드가 모범 작성법을 따르는지 확인하는 것이 좋다.

이 절에서는 솔리디티에서 흔히 사용하는 린터를 소개한다. 이를 활용하면 여러분이 작성한 스마트 계약의 가독성과 보안 안전성도 더욱 높일 수 있다.

준비

여기서 소개하는 린터는 자바스크립트로 구현된 것으로, npm을 통해 배포한다. 이 절의 예제를 실행하려면 현재 머신에 최신 버전의 NodeJS를 설치한다.

1. 솔리움^{Solium}은 인기 있는 린터로서 작성한 코드가 모범 작성법을 따르는지 검증하는 데 많이 사용한다. 솔리움은 npm으로 배포하므로 다음과 같이 커맨드를 실행해서 설치한다.

```
npm install -g solium
```

2. 제대로 설치됐는지 확인하도록 다음과 같이 커맨드를 실행한다. 그러면 현재 설치된 버전이 표시된다.

```
solium -V
```

3. 현재 프로젝트에서 솔리움을 사용하려면 다음과 같이 init 커맨드를 실행한다.

```
solium --init
```

4. 그러면 프로젝트 디렉터리에 두 개의 파일(.soliumignore와 .soliumrc.json)이 생성된다. .soliumignore 파일은 린터에서 무시할 파일과 디렉터리 이름을 담고, .soliumrc.json은 규칙, 플러그인, 공유 가능한 설정 등과 같은 설정 사항을 담는다.

5. solium의 설정이 끝나면 원하는 솔리디티 계약 파일을 지정하거나 그 파일이 담긴 디렉터리를 지정해서 현재 프로젝트에 린터를 적용한다.

```
// 특정한 파일에 대해 린터를 실행한다.
solium -f fileName.sol

// 폴더에 담긴 여러 파일에 대해 린터를 실행한다.
solium -d contracts/
```

6. 솔리움은 권장 사항을 자동으로 수정하는 기능도 제공한다. 이를 적용하려면 린터를 실행할 때 --fix 플래그를 지정한다.

```
solium -d contracts/ --fix
```

7. 솔리움을 백그라운드에서 와치 모드^{watch mode}로 구동할 수도 있다. 그러면 지정한 디렉터리에서 변경 사항이 발생할 때마다 즉시 결과를 출력한다.

```
solium --watch --dir contracts/
```

8. 린터를 구동할 때 각 라인에 적용할 규칙을 주석을 통해 지정할 수 있다. 예를 들어 솔리움에서 특정한 라인이나 파일을 무시하거나 특정한 권장 사항을 무시하게 할 수 있다.

```
// 다음 줄에 린터를 적용하지 않는다.
/* solium-disable-next-line */

// 전체 파일에 린터를 적용하지 않는다.
/* solium-disable */
```

9. 솔리움에 대한 자세한 사항은 공식 문서인 http://solium.readthedocs.io를 참고한다.

다른 이와 솔리디티 코드 공유하기

개발 도중 또는 개발을 마친 후 작성한 계약 파일을 다른 이와 공유해야 할 때가 있다. 제대로 관리하는 프로젝트라면 여러 사람과 코드를 공유할 수 있는 소스 관리 리포지터리가 있을 것이다. 다른 이와 계약 코드 일부를 간편하게 공유할 수 있는 도구나 서비스가 많이 나와 있다. 이 절에서는 이러한 서비스를 사용하여 코드를 쉽게 공유하는 방법을 소개한다.

준비

이 절에서는 몇 가지 브라우저 기반 도구를 소개한다. 이 절에 나온 예제를 실행하려면 현재 시스템에 크롬, 파이어폭스, 엣지 등과 같은 최신 브라우저가 설치돼 있어야 한다.

1. 코드의 일부분을 공유하거나 저장하려면 지스트[gist]를 사용한다. 대부분 수동으로 처리하며 코드를 복사해서 붙여 넣는 방식으로 공유한다. 지스트는 https://gist.github.com에 있다.

2. 리믹스 IDE는 작성한 계약 파일을 익명 공용 gist에 직접 퍼블리시하는 옵션을 제공한다. 리믹스 IDE의 좌측 상단 IDE에서 **publish to Gist**를 클릭하면, 현재 작성한 모든 계약 코드를 공용 지스트로 퍼블리시한다. 이 작업을 수행할 때 보안을 지켜야 할 파일을 공개해버리지 않도록 주의한다.

3. 간단한 IDE인 EthFiddle로도 코드를 공유할 수 있다. 이 도구는 솔리디티 스마트 계약을 대상으로 제공하는 것으로 https://ethfiddle.com에서 사용할 수 있다. 다음 그림은 이 도구의 화면을 보여주고 있다.

4. 소스 코드가 준비됐다면, 상단 패널에 있는 **share** 버튼을 클릭해서 코드를 공유한다. 그러면 다른 이와 공유할 수 있는 링크가 출력된다.

5. 이 도구는 솔리디티 컴파일러도 함께 제공한다. 이를 통해 작성한 계약을 컴파일할 수 있다. 우측 상단 패널에 있는 Compile 버튼을 클릭하면 된다. auto-compile 체크박스를 선택하면 계약을 실시간으로 컴파일할 수 있다.

6. 컴파일러 버전을 변경하려면 Compile 버튼 옆에 있는 드롭다운 메뉴를 클릭한다.

7. 하단 패널에 있는 Compiler Errors를 클릭하면 현재 코드에 발생한 문법 에러를 볼 수 있다.

8. 성공적으로 컴파일됐다면 Compiler Output 탭을 클릭해서 결과를 확인할 수 있다.

9. 계약이 문제 없이 컴파일됐다면 Deploy 버튼을 클릭해서 계약을 배치할 수 있다.

10. from 주소, 값, 가스 등을 직접 지정해도 되고, 기본으로 설정된 값으로 실행해도 된다. 그러면 다음 그림과 같이 이 도구에서 기본으로 제공하는 이더리움 네트워크에 계약을 배치한다.

11. 오른쪽에 있는 계약 패널에서 배치된 계약을 다룰 수 있다. 이를 통해 계약에서 값을 읽거나 쓸 수 있다. Call 버튼을 클릭하면 트랜잭션을 수행할 수 있다. 이에 대한 세부 사항은 Call 버튼 아래에서 볼 수 있다.

12. EthFiddle은 여기서 소개한 기능 외에도 최근 공유한 코드를 저장하는 기능도 제공한다. 이 기능을 사용하려면 하단 패널에 있는 Recent Fiddles를 클릭한다.

찾아보기

에이콘출판의 기틀을 마련하신 故 정완재 선생님 (1935-2004)

이더리움 쿡북

실전 예제와 함께 배우는 이더리움 기반 토큰, 게임, 스마트 계약, 댑 구현 방법

발　행 | 2019년 3월 29일

지은이 | 마노지 P R
옮긴이 | 남 기 혁 · 최 현 영

펴낸이 | 권 성 준
편집장 | 황 영 주
편　집 | 배 혜 진
디자인 | 박 주 란

에이콘출판주식회사
서울특별시 양천구 국회대로 287 (목동)
전화 02-2653-7600, 팩스 02-2653-0433
www.acornpub.co.kr / editor@acornpub.co.kr

한국어판 ⓒ 에이콘출판주식회사, 2019, Printed in Korea.
ISBN 979-11-6175-284-6
ISBN 978-89-6077-210-6 (세트)
http://www.acornpub.co.kr/book/ethereum-cookbook

이 도서의 국립중앙도서관 출판시도서목록(CIP)은 서지정보유통지원시스템 홈페이지(http://seoji.nl.go.kr)와
국가자료공동목록시스템(http://www.nl.go.kr/kolisnet)에서 이용하실 수 있습니다.(CIP제어번호: CIP2019010299)